U0934344

厦门大学百年校庆系列出版物 · 编委会

主　任：张　彦　张　荣

副主任：邓朝晖　李建发　叶世满　邱伟杰

委　员：（按姓氏笔画排序）

王瑞芳　邓朝晖　石慧霞　叶世满　白锡能　朱水涌
江云宝　孙　理　李建发　李智勇　杨　斌　吴立武
邱伟杰　张　荣　张　彦　张建霖　陈　光　陈支平
林　辉　郑文礼　钞晓鸿　洪峻峰　徐进功　蒋东明
韩家淮　赖虹凯　谭绍滨　黎永强　戴　岩

学术总协调人：陈支平

百年校史编纂组　组长：陈支平

百年院系史编纂组　组长：朱水涌

百年组织机构史编纂组　组长：白锡能

百年精神文化系列编纂组　组长：蒋东明

百年学术论著选刊编纂组　组长：洪峻峰

校史资料汇编（第十辑）与学生名录编纂组　组长：石慧霞

厦门大学百年校庆系列出版物

百年院系史系列

厦门大学
海外教育学院 / 国际学院院史

覃红霞　主编

厦门大学出版社
XIAMEN UNIVERSITY PRESS
国家一级出版社
全国百佳图书出版单位

图书在版编目（CIP）数据

厦门大学海外教育学院/国际学院院史 / 覃红霞主编
. -- 厦门 ：厦门大学出版社，2021.12（2023.6 重印）
（百年院系史系列）
ISBN 978-7-5615-8437-8

Ⅰ. ①厦… Ⅱ. ①覃… Ⅲ. ①厦门大学－学院－校史
Ⅳ. ①G649.285.73

中国版本图书馆CIP数据核字(2021)第251842号

出 版 人　郑文礼
责任编辑　刘　璐
封面设计　李嘉彬
技术编辑　朱　楷

出版发行　厦门大学出版社
社　　址　厦门市软件园二期望海路 39 号
邮政编码　361008
总　　机　0592-2181111　0592-2181406(传真)
营销中心　0592-2184458　0592-2181365
网　　址　http://www.xmupress.com
邮　　箱　xmup@xmupress.com
印　　刷　厦门市青友数字印刷科技有限公司

开本　720 mm×1 000 mm　1/16
印张　25.5
字数　257 千字
插页　2
版次　2021 年 12 月第 1 版
印次　2023 年 6 月第 2 次印刷
定价　52.00 元

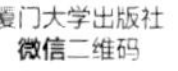

厦门大学出版社
微信二维码

厦门大学出版社
微博二维码

本书如有印装质量问题请直接寄承印厂调换

总序

厦门大学 | 党委书记　张　彦
校　　长　张　荣

2021年4月6日，厦门大学百年华诞。百载风雨，十秩辉煌，这是厦门大学发展的里程碑，继往开来的新起点。全校师生员工和海内外校友满怀深情地期盼这一荣耀时刻的到来。

为迎接百年校庆，学校在三年前就启动了“百年校庆系列出版工程”的筹备工作，专门成立“厦门大学百年校庆系列出版物编委会”，加强领导，统一部署。各院系、部门通力合作，众多专家学者和相关单位的工作人员全身心地参与到这项工作之中。同志们满怀高度的责任感和紧迫感，以“提升质量，确保进度，打造精品”为目标，争分夺秒，全力以赴，使这项出版工程得以快速顺利地进行。在这个重要的历史时刻，总结厦大百年奋斗历史，阐扬百年厦大“四种精神”，抒写厦大为伟大祖国所做出的突出贡献，激发厦大人的自豪感和使命感，无疑是献给百岁厦大最好的生日礼物。

“百年校庆系列出版工程”包括组织编撰百年校史、百年组织机构史、百年院系史、百年精神文化、百年学术论著选刊、校史资料与学生名录……有多个系列近150种图书将与广大读者见面。从图书规模、涉及领域、参编人员等角度看，此项出版工程极为浩大。这些出版物的问世，将为学校留下大量珍贵的历史资料，为学校深入开展校史教育提供丰富生动的素材，也将为弘扬厦门大学“自强不息，止于至善”校训精神注入时代的新鲜血液，帮助人们透过“中国最美大学校园”

的山海空间和历史回响，更加清晰地理解厦门大学在中国发展进程中发挥的独特作用、扮演的重要角色，领略“南方之强”的文化与精神魅力。

百年校庆系列出版物将多方呈现百年厦大的精彩历史画卷。这些凝聚全校师生员工心血的出版物，让我们感受到厦大人弦歌不辍的精神风貌。图文并茂的《厦门大学百年校史》，穿越历史长廊，带领我们聆听厦大不平凡百年岁月的历史足音。《为吾国放一异彩——厦门大学与伟大祖国》浓墨重彩地记述厦门大学与全国34个省级行政区以及福建省九市一区一县血浓于水的校地情缘，从中可以读出厦门大学在中华民族伟大复兴征程中留下的深深烙印。参与面最广的“厦门大学百年院系史系列”、《厦门大学百年组织机构史》，共有30多个学院和直属单位参与编写，通过对厦门大学各学院和组织机构发展脉络、演变轨迹的细致梳理，深入介绍厦门大学的党建工作、学科建设、人才培养、组织管理、社会服务等方面的发展历程，展示办学成就，彰显办学特色。《厦门大学校史资料选编（1992—2017）》和《南强之星——厦门大学学生名录（2010—2019）》，连同已经出版的同类史料，将较完整、翔实地展现学校发展轨迹，记录下每位厦大学子的荣耀。“厦门大学百年精神文化系列”涵盖人物传记和校园风采两大主题，其中《陈嘉庚传》在搜集大量史料的基础上，以时代精神和崭新视角，生动展现了校主陈嘉庚先生的丰功伟绩。此次推出《林文庆传》《萨本栋传》《汪德耀传》《王亚南传》四部厦门大学老校长传记，是对他们为厦大发展所做出的突出贡献的深切缅怀。厦大校友、红军会计制度创始人、中国共产党金融事业奠基人之一高捷成的传记《我的祖父高捷成》，则是首次全面地介绍这位为中国人民解放事业做出杰出贡献的烈士的事迹。新版《陈景润传》，把这位“最美奋斗者”、“感动中国人物”、令厦大人骄傲的杰出校友、世界著名数学家不平凡的人生再次展现在我们眼前。抒写校园风采的《厦门大学百年建筑》、《厦门大学餐饮百年》、《建南大舞台》、《芙蓉园里尽芳菲》、《我的厦大老师》（百年华诞纪念专辑）、《创新创业厦大人2》、

《志愿之光》、《让建南钟声传响大山深处》、《我的厦大范儿》以及潘维廉的《我在厦大三十年》等，都从不同的角度，引领我们去品读厦门大学的真正内涵，感受厦门大学浓郁的人文精神和科学精神。

此次出版的“厦门大学百年学术论著选刊”，由专家学者精选，重刊一批厦大已故著名学者在校工作期间完成的、具有重要价值的学术论著（包括讲义、未刊印的论著稿本等），目的在于反映和宣传厦门大学百年来的学术成就和贡献，挖掘百年来厦门大学丰厚的历史积淀和传统资源，展示厦门大学的学术底蕴，重建“厦大学派”，为学校“双一流”建设提供学术传统的支撑。学校将把这项工作列入长期规划，在百年校庆时出版第一辑共40种，今后还将陆续出版。

“自强！自强！学海何洋洋！”100年前，陈嘉庚先生于民族危难之际，抱着“教育为立国之本，兴学乃国民天职”的信念，创办了厦门大学这所中国历史上第一所由华侨独资建设的大学。100年来，厦大人秉承“研究高深学术，养成专门人才，阐扬世界文化”的办学宗旨，在实现中华民族伟大复兴的征程上书写自己的精彩篇章。我们相信，当百年校庆的欢庆浪潮归于平静时，这些出版物将会是一串串熠熠生辉的耀眼珍珠，成为记录厦门大学百年奋斗之旅的永恒坐标，成为流淌在人们心中的美好记忆，并将不断激励我们不忘初心继承传统，牢记使命乘风破浪，向着中国特色世界一流大学目标奋勇前行！

张彦 张荣

2020年12月

厦门大学百年院系发展概述

朱水涌

100年在历史长河中只是短暂的一瞬,但对于一所中国现代大学以及这所大学的学院科系来说,则意味着经历过极不平凡的历程。百年学府沧桑、十秩院系辉煌,为迎接厦门大学建校百年华诞,学校决定编撰出版“厦门大学百年院系史”系列,梳理淬炼院系的建设发展历程,以史为鉴,彰往考来,将院系的昨天、今天与明天联系在一起,发扬踔厉,这是一件极富建设意义与厦大特色的历史性工程。

一

20世纪初的中国,正如校主陈嘉庚所言:“吾国今处在列强肘腋之下,成败存亡千钧一发。”就在这千钧一发之际,为救国而创办大学成为一道时代的特别风景。马相伯因“慨自清廷外交凌智”而创办震旦学院(复旦前身)①,南开大学的创办者因国家的“贫弱”是因为“教育未能发展”而创立南开②,唐文治执掌交通大学砥砺第一等人才,目的就是“宏济艰难,救我中国”③。厦门大学校主陈嘉庚则在《筹办厦门大学演讲词》中直截了当地指出:“今日国势危如累卵,所赖以维持者,惟此方兴之教育与未死之民心耳。”出自民族救亡而诞生的中国现代大学,在她向欧美学习现代大学的办学时,一开始便融入了民族救

① 《复旦大学百年志》编纂委员会:《复旦大学百年志(1905—2005)》,复旦大学出版社2005年版,第9页。

② 《南开大学校史资料选》,南开大学出版社1989年版,第12页。

③ 唐文治:《上海交通大学第三十届毕业典礼训词》,载《茹经堂文集》三编卷一。

亡图存的历史内涵和办学志向，民族振兴的需求与国家最需要的人才，成了中国现代大学初创时学科与专业设置的重要出发点，呈现出中国现代大学鲜明的中国特色。这里，当年的创办者与一校之长的救国思想与办学理念产生了重要作用。

厦门大学创校时期选择的教学体制沿用了近代英国大学学制，但在科系组成与学科设置上却没有完全按英国大学的体制与模式，与民国时期的各大学一样，当时并没有很强的专业观念，而依照时代与国家的急需人才设立科系。厦大建校初期，科系成型时的学科最初形态是文科设 8 个系，理科设 6 个系，工科归理科，其中的教育、工、商、新闻，都是那个危机时代国家急需人才的学科。

1930 年 2 月，在通过国民政府大学院立案后两年，厦门大学遵照国民政府教育部令，将“科”改为学院，设 5 个学院 21 个学系。至此，经过近 10 年的建设，厦门大学具备了较为完备的院系体制，开始以院系这样一种与世界接轨的基本单元建构教学科研体制，开展“研究高深学术，培养专门人才，阐扬世界文化”，厦大的多学科性业已形成。

1929 年，世界经济危机爆发，陈嘉庚公司每况愈下，1934 年 1 月公司被迫收盘。这期间虽然有厦大教职员的半年捐薪活动，有陈嘉庚的“出卖大厦办厦大”惊世壮举，厦门大学的办学经费还是难以为继。在此情况下，厦大及时调整院系结构，以系科合并的方式突围经济上的窘迫，推进学科的艰辛运转。至私立时期的最后几年，全校 5 个学院压缩成文学、理学、法商 3 个学院，21 个系经合并与撤销浓缩为 9 个学系。尽管这种合并是无奈之举，从数字上看办学规模是缩小了，但这次的学科浓缩却无意中为学科的整合、为打破欧美当年系科划分过细的弊端打下了基础。

建校时期厦门大学的院系建设与学科发展，按国民政府大学院调查专家的看法，在全国高校中有“方之他处，有过无不及”[①]的优势。这一时期，林文庆主持制定的《厦门大学校旨》（以下简称《校旨》）明确指出：“本大学之主要目的，在博集东西各国之学术及其精神，以研究一切现象之底蕴与功用，同时并阐发中国固有学艺之美质，使之融会贯通，成为一种最新最完善之文化。”《校旨》从大学文化的建构出发，鲜明地提出厦门大学办学的理念与目标。与这个理念和目标相联系，厦大初期的院系与学科、专业的建设，有如下几个特点：

---

① 《厦门大学十周年纪念刊》（1931 年 4 月），载《厦门大学校史》第 1 卷，厦门大学出版社 1987 年版，第 94 页。

其一是注重“功用”,“切于实用”,培养国家、民族稀缺人才。《校旨》提出教学“以切于实用,造就应用科学人才为前提”。建校初期,教育学占有举足轻重的位置,原因如《校旨》所言:“我国目下师资及教育专门人才甚为缺乏,故对于教育系特加注意,以期养成良好师资及教育界领袖,因以提高一般教育之程度。”[①]陈嘉庚的信念是“国家之富强,全在乎国民,国民之发展,全在乎教育”[②],他办厦门大学一个重要的担当就是要纠正当年教育的“偏估”与“颓风”,解决中国教育缺乏新知识新思想师资的问题,以免“国粹日稀,精神日减,必至无救药之惨痛”。厦大商学与工学的较早创设与运行,也都体现了这样一种办学理念。这个特点,奠定了厦门大学从国家需要建设专业发展学科的厚重底色。

其二是博集东西精神、阐发中国学艺之美质、“研究高深学术”的学科特色。厦大成立时,《厦门大学组织大纲》明确表明厦大的三大任务之一是研究高深学术。林文庆在《校旨》中具体指出要建设科学研究机关,厦大要“成为我国南部之科学中心点”[③];院系体制形成后,厦大各学院在其“学院学则”的第一条“宗旨”中都一致性地提出“以培养专门人才,研究高深学术为宗旨”[④],这表明厦大建校初期就具备浓厚的学科建设意识。而且,在西学东渐、中西文化激烈论争与冲突的情势下,厦大独到地提出“阐发中国固有学艺之美质”和“首重国文”的主张,这也就形成了厦门大学学科建设中注重本土资源与文化精神的中国特色。文科的国学研究与理科的生物学研究是这方面的范例。1926年创建的国学研究院被认为是“大有北大南移之势”,是当年全国国学研究的中心之一。其影响不仅在于大师云集、研究规划与实际成果,更重要的是厦大国学研究体现了五四时期“重估价值”的精神,它的学科新范畴,研究问题的新方法、新史料和新观点,代表了五四之后国学研究的新趋势。植物系与动物系同样引起全国乃至世界的关注,尤其是结合本土地理优势的海洋生物研究更是锋芒毕露。1923年厦大美籍教授莱德的论文《厦门大学附近之文昌鱼渔业》在国际顶尖科学期刊 *Science* 上发表,成为中国高校最早在 *Science* 上发表的研究成果之一,引起国际学术界瞩目。鉴于海洋生物学科的成果,中央研究院及太平洋科学学会,特别委托厦门大学建立海洋生物研究室。与此同时,

---

① 《厦门大学校史》第1卷,第26页。

② 陈嘉庚:《筹办厦门大学演讲词》,载《新国民日报》1920年11月30日。

③ 《林文庆校长报告》,载《厦门大学民国十年度报告书》,1922年。

④ 《厦门大学一览》(1935—1938年度),载《厦大校史资料》第1辑,厦门大学出版社1987年版,第66页。

厦大的动植物标本的数量与丰富多样在全国领先。

其三是开放性的院系学科构成与人才培养学制。在中国高等教育滥觞时期，中国的大学虽然学的是西方体制，但中国文化原本就缺乏精确细致的分类，对事物不那么条分缕析，而且大学刚刚兴起，很多学科、专业更是因国家需要而设置而存在，大学的一切都在尝试与践行当中，这也就带来了中国现代大学院系学科设置上的开放性。厦大私立时期四次较大的院系变动与学科设置，就可以清楚地看到这个现象。院系设置与专业、学科结构的不断变动，实际上对打破学科体制的僵化是有驱动力的，它为以后厦大百年发展中院系所面临的不断调整、不断改革奠定基础。

在人才培养上，厦门大学"虽为厦门大学，实为世界之大学"①，一开始就招收大量的东南亚华侨子女和朝鲜国学生，颇具开放性。这所地处东南沿海一隅的大学却坚持要"使本校之学生虽足不出国外，而其所受之教育，能与世界各大学相颉颃"②，除不惜重金聘任国内外特别是世界名牌大学经历的名师学者外，在教学体制上，厦门大学沿用英国近代大学学制，本科修业 4 年，以修满 150 学分（绩点）并通过毕业论文及有关实验为毕业，各院各系实行课程交叉的修课计划，注重了知识结构的多元化。打破课程的专业界限，这样一种强调博集东西学术，打通院系界限学科界限的修学制度，实际上更吻合现代大学的人才培养规律。

厦门大学建校初期 16 年间，其"切于实用"的人才培养方针，"研究高深学术"的学科特色，院系学科结构与教学体制的开放性，不仅是时代的产物，也是百年厦门大学的宝贵珍藏，在百年厦大的院系建设发展中体现了一所名校的潜在发展实力，不仅为厦大创建"世界之大学"目标打下了坚实的基础，而且在学科的发展上为一流学科的发展奠定了先天优势。

二

1937 年 7 月 1 日，私立厦门大学正式改为国立厦门大学。7 月 6 日，国民政府行政院任命清华大学萨本栋教授出任厦门大学校长。7 月 7 日，抗战全面爆发。12 月，日寇兵临厦门，厦门大学内迁山城长汀，坚持在烽火硝烟中办

---

① 《林文庆先生在中华俱乐部之演说词》，载《南洋商报》1925 年 2 月 2 日。

② 《林文庆校长报告》，载《厦门大学民国十年度报告书》，1922 年。

学，“单独担负铁路线（粤汉铁路）以东国立最高学府的全付责任”①，成为加尔各答以东最逼近战场的学府，肩起中国高等教育的东南半壁江山。由此开始到 1949 年新中国成立，这是厦门大学的国立时期。

抗战时期，在极其艰难困苦的条件下，萨本栋校长抱着“在艰危中”“不负嘉庚先生毁家兴学及政府将厦大收归国立之至意”的意志②，以自己的未雨绸缪和身体力行，推进拓展厦门大学的院系与学科建设，赢得了战争中“国魂所托的事业”③的重大发展。

作为坚守在战区的最高国立学府，在战争中自觉担负起为战后的祖国建设培养与储备人才的使命，这成了厦大院系与学科建设的出发点与目的地。萨本栋说：“吾人应知此次战争，关系数千年固有文化之持续，将来永固国基之奠定者至巨。”④置身残酷的战争中，厦大想的是战后建设所需的大量“永固国基”的人才。据当年的新闻媒体报道，厦大筹备设立水产研究室，是为了“战后东南沿海水产研究之总框”⑤；增设外国文学系与法律系司法组，“以应目前全面反攻及将来建国之需要”⑥。

这种穿透硝烟的未雨绸缪，更体现在厦门大学工科院系的创设与发展上。厦大工科开始于 1922 年，在 1930 年科改系后，工科已悄然消失。萨本栋来自清华大学，自己又是著名的电机专家，他对工科建设既熟悉又有主见，从战后建国的急需出发，工科人才显然要比其他学科人才需求更迫切、需求量更大，萨本栋决定补齐厦大学科上的工科短板。

1938 年 7 月，厦大创设土木工程系，到 1941 年秋季，萨本栋校长就很自豪地说：“现在土木系设备，固尚未达到我们理想的境地，但教师则已充实到可以与国内任何大学相颉颃。”⑦这个科系，为战后中国大规模的基础设施建设培养了大批人才。1940 年秋季，在土木工程大力扩展的同时，萨本栋又创设机电工程系。机电工程系创立后，理学院扩充为理工学院。1944 年 4 月，创建航空工程系，厦大成为全国最早开办航空专业本科教育的少数高校之一，培

---

① 《萨本栋开学词》，载《厦大通讯》第 3 卷第 10 期，1941 年 10 月 25 日。

② 萨本栋：《勖勉同学词》，载《唯力》旬刊第 3 期，1938 年 4 月 3 日。

③ 萨本栋：《勖勉同学词》，载《唯力》旬刊第 3 期，1938 年 4 月 3 日。

④ 萨本栋：《“七七”二周年纪念与节约运动》，载《唯力》第 2 卷第 7/8 期合刊，1938 年 7 月 7 日。

⑤ 《母校设立水产研究室》，载《厦大通讯》第 6 卷第 1 期，1944 年 3 月 31 日，

⑥ 《厦大增设外语、司法等系组》，载南平《东南日报》1945 年 8 月 4 日。

⑦ 《萨本栋开学词》，载《厦大通讯》第 3 卷第 10 期，1941 年 10 月 5 日。

养出像中国工程院院士张启先这样一批优秀的中国早期航天航空专家。

1945年12月厦大复员厦门，汪德耀已接掌厦大。这期间院系与科建设的最大事件是1946年夏季海洋学系与中国海洋研究所的创办。海洋学科创立于天时地利人和之中：抗战胜利后海洋与海权重要性凸显，复员厦门后的东南沿海地理环境优势，校主陈嘉庚“力挽海权，培育专才”的誓言与著名海洋学家唐世凤博士的加盟，共同促成了中国第一个海洋学系诞生，同时，厦大与中英文教育基金会合办的中国第一个海洋研究所也在厦大成立，厦大的海洋观测站也获准设立。由此，厦门大学在全国率先开始了“谋中国海洋科学事业之发展”“研究与教育并重”的造就培养海洋人才的行动。

国立时期文科的发展以复办法学为主要标志。厦大的法学，最早创立于1926年6月，1937年改归国立后，法律系奉命撤销，法学学科停办。到1940年，由于国民政府教育部不同意建立福建大学，并将已经开学的福建大学法学院并入厦门大学，这样，战火中的厦大法学学科就在接收福建大学法学院的契机中复办起来。

在人才培养理念与培养模式上，萨本栋取的是美国芝加哥大学的通识教育思想和从清华带过来的通识教育理念，遵循梅贻琦的“通识为本，专识为末”[①]教育思想制定校制、设置课程，实行强化通识基础与打通学科界限的修学制度，实施教授全力上课制度。他要求即使在战争中，也要坚持“未到‘最后一课’的时候，应加紧研究学术与培养技能”[②]，他提出，“现在不是个推诿责任的时代”，“需一身肩负二人之重任，一日急二日之操作”[③]，以不辜负陈嘉庚先生的期待，不辜负国家事业所托。比如新成立的机电工程系系主任朱家炘教授，据统计最高一学期每周上课达81课时，每周最高达1725人时。这时期的厦大学生则“把战区当课堂，把笔杆当枪杆”，越是艰难越是坚韧学习。在1940年与1941年国民政府教育部举行的两次专科以上学生学业竞赛中，获奖总数与获奖系数的比例评定，均名列全国第一。

从抗战全面爆发到复员厦门，在极其艰危的战争环境与艰苦的复员中，厦门大学的院系建设不仅没有停顿，而且还得以有力扩充，院系规模与学科发展都有历史性的突破，多科性大学已然向综合性大学迈进，也因此开始确立厦门

---

① 梅贻琦：《大学一解》，载《清华学报》第13卷第1期，1941年4月。

② 萨本栋：《勖勉同学词》，载《唯力》旬刊第3期，1938年4月3日。

③ 萨本栋：《“七七”二周年纪念与节约运动》，载《唯力》第2卷第7/8期合刊，1939年7月7日。

大学位居全国高等教育前列的位置。更重要的是这一时期积淀下来的办学精神，那种由战争烽火淬炼出来的自强、坚韧与艰危中担当重负的使命感，为厦门大学的发展积累了一份极宝贵的精神财富。

三

1949年10月1日，中华人民共和国成立，人民当家做主的时代开始。10月17日，厦门解放，厦门大学迎来了办学史上的新纪元。1949年10月21日，中共厦门市委在厦大建立中共厦门大学支部。不久，在原有基础上设立中共厦门大学党组。1950年5月，中华人民共和国政务院任命著名经济学家、曾任厦门大学法学院院长的王亚南为厦门大学校长。

1952年6月，中共福建省委派15名党的干部到厦大，7月，中共福建省委决定程璐任中共厦大临时党委书记，党在学校的领导得以体现与加强；1953年1月，厦门大学成立校务委员会，标志着学校由"校长负责制"开始向"党委领导下的校长负责制"过渡。这一年，符合条件的科系先后成立党支部。1955年1月召开中共厦门大学第一次代表大会，成立中共厦门大学党委会，之后，各系先后建立系党总支，直到1999年校院二级管理体制改革时，党总支、党支部为厦门大学各科系的最直接领导，保证科系建设与学科发展的正确方向和健康发展。

新中国成立后，在东西方意识形态冷战的背景下，中国大学放弃对西方欧美的学习，而强调向"苏联老大哥"学习。1952年，中央提出高等教育"发展专门学院和专科学校，整顿和加强综合大学"的方针，并学习苏联高校模式，进行大规模的院系调整。从1952年到1955年底，厦门大学在调整中从多学科大学向文理科综合大学转变，被确定为华东四所综合性大学之一。

1952年8月，一年前刚刚由省立并入厦大并改名的厦大农学院奉命与福州大学农学院合并为福建农学院；9月，厦大海洋系一分为三，厦大航海专修科与集美水产商船专科合并成立福建航海专科学校，之后再分别归入大连海运学院与上海海运学院；海洋系理化组并入山东大学，与山东大学海洋学科建立海洋系，发展为山东海洋学院，即后来的青岛海洋大学；为保存厦大发展海洋学科的力量，厦大成立海洋生物研究室，将海洋生物组的骨干教师与标本留在厦大，聘郑重教授为研究室主任。1953年7月，厦大又奉命将工学院的土木、电机、机械3个系及土木专修科调整到浙江大学、南京工学院和华东水利学院，将企业管理并入上海财经学院，法学院归入华东政法学院。1954年7

月，厦大教育系调整到福建师范学院；8月俄语专修科部分师生并入南京大学。

在此调整中，厦门大学文理科也有所壮大。1951年私立福建学院的政治、法律、经济归并到厦大。1952年福州大学财经学院的会计、贸易、财金、统计、企业管理5个系并入厦大财经学院，并增加贸易专修科。1953年，福州大学文理两院的中文、外文、历史、数学、物理化学、生物学6个系也奉命并入厦门大学。1955年，厦大奉命停办统计、会计、财金、贸易4个系，改在经济系之下设政治经济学、统计学、会计学、货币与信贷、贸易5个专业。

从历史现场上看，大规模院系调整是新中国改造旧教育制度、建立新教育体制的战略措施，这是中华人民共和国教育史上一个重要事件。这场调整既为厦大文理科综合大学模式打下基础，也一定程度上削弱了厦大综合性大学的实力，厦大一些经营多年而形成厦大特色的院系、学科被调整出去，充实其他高校乃至成为新学校成立的基础。厦大在为国家做出贡献的同时，也造成基础学科与应用学科的相互分离，综合性大学学科交叉渗透的优势也受到一定的损失。

院系调整后，苏联高等教育的专业制度也随之取代了中国大学的院系体制。新中国成立之前的大学一般只设学科不设专业，学科业务范围要比专业宽阔，但专业有利于针对性培养专门人才，培养目标十分专一。为贯彻专业人才培养目的，厦门大学院级建制最后被正式撤销，实行以系为教学单位，系内设若干专业，形成按专业培养人才的办学模式。到1958年，全校设8个系16个专业，并设16个专门化科目。

这一时期，教育部确定厦门大学发展方向为"面向东南亚华侨，面向海洋"，要求各专业各教研组加强与南洋、台湾、海洋及本地特点有关的各种问题研究。王亚南校长对厦大的综合性大学也提出新的目标定位，他说："今天我们所在的学校是个综合性大学，不是工业大学、农业大学，而是综合性大学，不同地方是培养目标不同。工农科培养工农业所需技术人才，师范培养教师，综合性大学主要是培养研究人员，科学研究人员。"他对学生说："你们将来就是要培养成为科学家。"[①]这样的办学方向与文理综合性大学的形成，明确指明科学研究是厦大办学的重要任务，学科建设水平成为办学水平的重要表现。

由此，在那个以专业为主的发展时期，厦门大学依然将研究机构建设与学科建设发展当成院系建设的重要内容。

---

① 王亚南：《怎样做一个大学生》，录自厦门大学校办档案56-11。

王亚南校长抵达厦大后，首先恢复和建立研究机构，成立了经济研究所、化学研究所和南洋研究馆(1963 年升格为教育部部属研究所)、人类博物馆，文科理科各学院普遍成立研究室。这时福建研究院社会科学研究所也奉命归并厦大，充实了厦大文科主要是经济学科的研究实力。

这一时期，经济学科开始成为全国的翘楚学科。从 1946 年王亚南的《中国经济原论》研究被誉为“中国式的《资本论》”开始，厦门大学“以中国人的资格研究政治经济学”的独特学派开始形成。1950 年王亚南执掌厦大后，建立厦大财经学院，创办全国第一个经济研究所，这是当年全国高校最新经济学教学科研建制。院系调整中财经学院被撤销。1958 年 9 月，中国经济问题研究所成立，并创办中国第一家全国性经济学刊物《中国经济问题》。这个时期，经济学各学科研究全面展开，在《资本论》研究、社会主义所有制研究、会计、统计、财政学方面的研究，成绩斐然，为全国瞩目，奠定了经济学迈向一流学科的坚实基础。

化学为厦大理科中最早的学科之一，展示着一流学科的形象。1939 年，傅鹰博士受聘厦门大学并任教务长兼理学院院长，他给厦门大学带来了化学正在从经典的统计热力学深化为理论化学、结构化学的最新发展信息与理论，从而让厦大化学学科及时捕捉到量子化学、量子力学的发展，跟上世界潮流。自此，化学学科的发展呈现云帆济海之势。新中国成立后，催化的研究与应用、海洋化学分析成果显著，电化学研究、物质结构研究、有机物电极、电分析和有机物点解制备也都在学术界崭露头角。1972 年，蔡启瑞教授与唐敖庆、卢嘉锡两教授联袂承担国家重大基础理论研究课题化学模拟生物固氮研究，与国际同步攻关世界理论难题，成果受到国际同行的赞赏。这个时期的厦大化学，已具备国内一流、国际具有重要影响的学科声望。

除此，海洋生物研究，生物系在金定鸭研究及北京鸭与金定鸭的杂交研究，半导体物理、半导体化学、植物生物学以及数学等方面的基础理论研究，都有全国性影响。理科各系与福建省其他单位联办建立的 8 个新的研究所，有效地促进了厦门大学科学研究与地方建设的紧密结合，拓宽了厦门大学科学研究的思路与途径，这也说明了成为文理综合性大学的厦门大学在学科建设上的明显进展。

从 1949 年新中国成立到 1966 年“文化大革命”爆发，厦门大学与全国高校一样，经历过“整风运动”、“教育大革命”和“大跃进”高潮，作为面对两岸对峙炮火中海防前线大学，社会主义的办学方向和党在学校中的领导地位更加明确与坚定，在人才培养与科学研究上探索前进，书写出新中国高等教育的新篇章。1963年9月12日，教育部以〔63〕教厅秘字第178号文件，将厦门大学定位全国重点大学，“这是国家对厦门大学几十年来办学成就的充分肯定，从教育体制上明确地确立了厦门大学在全国教育事业中的重要地位”①。

1966年到1976年“文化大革命”运动期间，厦门大学与全国高校一样，遭受空前的洗劫。这是中国高等教育发展史上一次挫折和重大教训，经历过这样的风雨，拨乱反正之后，厦门大学的院系与学科建设自有空前的发展。

四

1976年10月6日，党中央一举粉碎“四人帮”；1977年9月，全国恢复高考制度，1978年2月，教育部恢复厦门大学为全国重点大学。1981年10月，厦门被国务院确立为中国四个经济特区之一，身处中国经济特区的国家重点大学，厦门大学被历史推向了改革开放的前沿，学校逐渐顺利走向“党委领导下的校长负责制”的领导体制中，院系建设发展进入一个崭新的历史新时期。2000年之后，按照校院二级管理体制改革，各学院建立学院党委，建立并逐步完善学院党政联席会议制度，厦门大学院系建设得到空前发展。

至2020年，改革开放中的厦门大学全校已建有30个学院16个研究院，展现出门类齐全、学科强劲、专业特色明显、布局合理的整体风貌。依据院系建设与发展的历史，以1995年启动“211工程”为界，整个42年的改革开放可分为两个时期：1978年至1995年为恢复与快速发展时期；1995年之后伴随着国家“211工程”、“985工程”、创建“双一流”建设，厦门大学院系建设进入跨越式发展时期。

1978年春天，当恢复高考制度后的第一届大学生走进厦大时，厦大共设有10个系29个专业，这些系与专业还只是集中于自然科学与人文社会科学的基础理论学科，基础雄厚，但面对世界新技术革命浪潮的兴起和新时期党与国家工作中心转移到社会主义现代化建设和改革开放上，尤其是经济特区和沿海开放城市、经济开发区的设立，原本的科系已经不能很好地适应新形势的需要，于是，学校大胆突破文理结构框架，调整学科与专业设置，大力充实、改造、复办老专业，增设一批新学科，优先创办一批涉外专业、应用科学和应用技术专业，开展边缘新兴学科研究，迈步向文理渗透、多学科组成的综合性大学

① 厦门大学档案馆、厦门大学校史研究室编：《厦门大学校史》第2卷(1949—1991)，厦门大学出版社2006年版，第142页。

方向发展。

其一，以“起点要高，起点要新”的要求，创办一批新专业，集中在涉外、经济管理、新兴交叉学科与新技术专业。到1995年，全校已发展到26个系61个专业，突破长期以来保持的文理财经综合性大学格局，形成了包括智能科学、技术科学、人文科学、社会科学、管理科学、教育科学在内的多学科、结构比较合理、内容比较先进的学科体系。

其二，开始恢复学院建制。专业增多后，科、系不断发展，从管理与学科建设出发，开始逐步恢复学院建制。在20世纪80年代初期，先后成立经济学院、政法学院、全国综合性大学的第一个艺术教育学院、技术科学学院，其中技术科学学院的成立既带有复办工科的动机，更是以为国家培养急需的大量科技人才为目标，着重造就工科与理科相结合、交叉的学科的开创性人才。学院作为学校派出机构，具有一定自主权。

其三，以长远的战略眼光，充实、更新老专业。如20世纪70年代复办海洋系。在1952年的院系调整中，厦大将海洋系一分为三，用建立海洋生物研究室的名义战略性留住了海洋生物学科的骨干师资与教学标本，这使得厦大在1962年前后依然成为我国海洋科学的重要基地之一。海洋系虽然不再存在，厦大理科其他系却增设了海洋物理、海洋化学和海洋生物等新的专业、专门化，各系与华东海洋研究所密切配合，共同进行了26项海洋科学研究，成果引起国外学术界注意，《美国科学界对中国科学的看法》一书也提到厦大海洋科学研究的情况。复办后的海洋系，采取少招本科生、多招研究生、重拳科研、提高质量的策略，开展学科建设，并增设海洋水文气象和海洋地质地貌两个专业，为海洋系成为全国一流学科打下了坚实良好的基础。

1995年，厦门大学进入国家“211工程”行列；2001年，被列入国家“985工程”重点建设高校；2017年，入选国家A类“双一流”建设高校。在中国教育从教育大国走向教育强国的历史进程中，厦门大学的院系发展与学科建设，实现了跨越式发展。

1999年3月，全校深化校内管理体制改革，开始实行校院二级管理，学院建制全面铺开，各学院按照学院办大学的发展趋势，遵循“优化结构、强化内涵、扶优促新、鼓励交叉”的原则推动学科与专业建设，从1995年到2020年，全校共设置30个学院16个研究院，新增52个专业，撤销4个专业，调整18个本科专业，最终设置本科专业99个，涵盖文学、哲学、历史学、法学、经济学、管理学、理学、工学、建筑学、医学、艺术学等11个学科门类，以学科为支撑，打造一批定位明确、管理规范、改革成效突出，师资力量雄厚、培养质量一流的院系与专业群；全校有17个国家级特色专业，2个国家级人才培养模式试验区，2个国家级专业综合改革试点，3个专业入选教育部基础学科拔尖学生培养计划，24个专业13个项目入选教育部卓越人才培养计划。

这个时期，也是厦大研究生教育的大发展时期。1986年9月，国务院批准厦大试办研究生院；1996年3月，厦大正式获准设立研究生院；2018年，厦大成为全国首批20所学位授权自主审核单位之一。至2020年，全校共设有32个博士后流动站，36个一级学科博士学位授权点，45个一级学科硕士授权点。研究生院的建设与发展，推动了厦大研究生教育的空前发展，也更紧密地将厦门大学的学科建设与学院建设融为一体。

学科作为高校实施科研、教学活动和集聚人才的最基本的单元，是学校根本性的基础建设，也是院系建设发展的基础与支撑。这个时期，凭借国家“211工程”、“985工程”建设和创建“双一流”的支持，院系以学科为支撑，以学科建设为重心，凸显了学科建设的基础性与关键性。

其一，以学科建设为支撑为龙头，整合组建符合学科发展和拓展创新学科建设的学院，优化学科布局。如整合厦大早期传播和研究马克思主义与当代马克主义教学研究的资源，成立马克思主义学院，设立“985工程”重点学科“马克思主义理论”、“211工程”三期国家重点学科“中国特色社会主义理论与实践”建设项目，与中共福建省委宣传部合作共建“厦门大学中国特色社会主义理论体系研究与培训基地”，加强学科建设，建设国内高水平的马克思主义理论学术创新基地。如整合全校电子工程、电子科学、微电子与集成电路、电磁声等相关学科，组成电子科学与技术学院，入选国家示范性微电子学院；整合软件学院、物理科学与技术学院、计算机与信息工程学院相关资源成立信息学院；将公共事务管理学院的社会学系与人文学院的人类学系组合成社会与人类学院，更准确对应国际学科范式；而像数学科学学院、国际关系学院、台湾研究院、教育研究院、萨本栋微米纳米科学技术学院，则是应对历史与国家的需求，在学校原本的优势或特色学科基础上建立起来的学院。其中数学与应用数学为国家级一流专业、国家一类特色专业、国家理科数学与应用数学基础科学研究和教学人才培养基地，入选国家基础学科拔尖学生培养试验计划；台湾研究院入选国家高端智库试点建设、培育单位。以教育部人文社科重点研究基地会计发展研究中心和国家重点学科工商管理为依托，整合MBA和EMBA、会计系、工商管理系、管理科学系与旅游管理专业组成管理学院，很快使管理学院成为中国最具竞争力的十大商学院之一。工商管理、会计学、财务管理和电子商务4个专业入选国家一流本科专业建设点，在2017年教育部公布的全国第四轮学科评估中，工商管理一级学科获评A类学科，经济学与商学进入ESI全球前1%行列。

其二，以大学科理念、通过国家人才培养基地和重点学科的依托带动，推进院系与学科的建设发展。1999年校院二级管理体制改革伊始，学校就开始推行大学科的学院建制理念，文、史、哲3个系6个一级学科，以国家文科历史学基础科学研究和教学人才培养基地与国家重点学科中国经济史为带动，组建人文学院，力图打通文史哲，"研究高深学问"和培养人文学科精英人才。以大医科理念，整合生命科学学院、医学院、药学院、公共卫生学院等力量，推进学科交叉融合，构建医、教、研有机融合的医科教育体系。2018年和中国卫生信息与健康医疗大数据学会共同建立医疗健康大数据国家研究院，汇聚理、工、医及社会科学十几个学院的教师与研究团队，通过自主创新和跨学科合作，产生一批国内外领先的具有良好产业转化价值的一流研究成果，凸显大学科整体的优势。

在大学科建设与学科协同创新中，由厦门大学牵头，与复旦大学、中国社会科学院台湾研究所、福建师范大学共同建设的国家协同创新中心"两岸关系和平发展协同创新中心"，由厦门大学、复旦大学、中国科学技术大学和中科院大连化物所为核心层，组建的国家级协同创新中心"能源材料化学协同创新中心"，都体现出大学科、跨学科与跨越部门、学校的创新优势。2018年12月，国家自然科学基金委依托厦门大学建设"国家天元数学东南中心"，该中心由数学科学学院牵头，联合5个省14所高校为共建单位，更是以大学科、大组合、大跨越的组织形态呈现出构建一流核心竞争力的重要举措。

其三，发挥优势，打造国内领先、国际一流的高峰学科，是这一时期厦大院系建设与发展水平最基本也是最重要的成果之一。目前厦门大学有理论经济学、应用经济学、工商管理、化学、海洋科学5个国家一级重点学科，另有25个国家二级重点学科，分布在经济、管理、化学化工、数理、海洋与地球、生态与环境、法学、高等教育、生命科学、人文等学院。另有化学、工程学、农学、社会科学、计算机科学、分子生物学与遗传学、微生物学、药物理与毒理学、地学、物理学、经济学与商学等18个学科在ESI全球排名前1%；17个学科在QS世界大学学科排行榜上有名，上榜数居中国大陆高校第12位；37个学科登上软科世界一流学科排行榜，上榜数居中国大陆高校第8位。2017年，化学、海洋科学、生物学、生态学、统计学入选国家"双一流"建设行列。

当我们对厦大100年的院系发展做出梳理后，我们会发现，厦大百年院系的历史脚步，实际上是伴随着100年来中华民族伟大复兴的风云变幻与中国高等教育的命运嬗变而砥砺行走的，它走的是一条从小到大、从少到多、从大到强的历史发展脉络，一条是院系建设与学科发展紧密融合的道路，一条是国际竞争力和整体实力不断提升的道路。百年院系不断调整不断演化的进程，也就是百年学科不断变革不断创新的历程，这里有成功的喜悦，也有挫折的教训，有起伏的艰辛，也有前进的欢笑，但无论在什么时候、在什么样的空间里，都向着校主陈嘉庚先生提出的“世界之大学”目标前行，都沿着“与世界各大学相颉颃”的意志行进，都朝着“中国特色，世界一流”的憧憬踔厉奋进。

五

“厦门大学百年院系史”系列的编撰出版，是各院系向厦门大学百年华诞献上的一份礼物，她以100年来各个学院、研究院的学科发展、专业建设、院系在时代中变动的脚步为主要内容，呈现不同历史时期南方之强的个性与风采。目的在于总结经验，传承命脉，弘扬自强不息、止于至善精神，激励“双一流”建设，为厦门大学与中国高等教育留下一份珍贵的历史叙述。全校共有35个院系、研究院及厦大出版社参加了这个规模空前的编写工程。每部院系史主要包含以下内容：

一、历史的脚步。这是全书最主要的叙述，它通过对院系的历史梳理，描述出在各个历史时期的发展脉络与特征，客观呈现各学院发展进程中的主要事件，重点叙述以学科建设、人才培养为重心的发展变化、主要特点和成就，以及行政管理、社会服务上的变更发展。

二、党政管理。叙述院系党的建设情况，行政机构的变更，历任党、政领导等。

三、学科发展。叙述院系学科建设发展的轨迹与特色、地位与成绩，包括博士授权点、硕士授权点介绍及其人才培养特色，研究基地、研究所、中心介绍及其工作特色，重点实验室介绍及其工作成就，对外交流成果等。

四、教学成果。阐述院系在人才培养与教学教育中的发展嬗变，包括专业设置、课程体系、精品课程与教改项目、教学成果奖、特色专业与创新试验区、教学团队、教材建设、人才培养基地、创新创业教育等内容。

五、学术成就。配合学科建设的发展，叙述学术上的做法与成就，包括获奖学术成果、主要著作与论文、主要研究课题。

六、附录：院系大事记。

这是一项具有长远意义且严肃的工作，学校要求各院系在编撰中坚持正确的政治导向，突出与中国共产党同龄的厦门大学教育救国、教育兴国、教育强国的历史步点；重点叙述与提炼各学科、各专业及人才培养的发展与成就，彰显学术大师和著名校友的贡献；历史须客观叙述，要求准确无误有根有据，尽可能追根溯源，填补漏缺，还原历史，强调学术传承。但历史的写作须经千锤百炼，百年院系历史的叙述需要长期的淬炼，今天打开的这个脚步，难免深浅不一，难免有疏漏之处，还有许多需要打磨甚至勘正的地方，还请各位读者批评指正。

全校的百年院系史系列编撰工作在2019年的春天启动，历时两年的时间，在厦门大学百年华诞到来之际，终于与厦大人、与各方读者见面了。当各院系的撰写者在各自的历史隧道中搜寻攫微、考辨记载而写出自己的院系历史的时候，实际上是在对一个学科、一个院系的过去与今天的研究梳理，也是与明天的一个重要联系与启示。相信经过这次院系史的研究编写，各学院各学科将会以史为鉴，以更宏伟的规划更准确的定位更实在的工作，在党的坚强领导下，向着“中国特色，世界一流”的建设方向，奋力推进厦门大学院系建设与学科发展。

2021年3月12日

目录

c o n t e n t

第一章 厦门大学海外教育学院/国际学院发展历程

第一节　厦门大学华侨函授部的建立与发展

新中国成立后，广大海外侨胞爱国热情空前高涨，学习和传承汉语和中华文化的愿望日益强烈，为了提升自身在当地生存发展的能力，迫切需要掌握相关的科学知识和专业技能。海外教育学院的前身——厦门大学华侨函授部正是因应海外侨胞这一迫切需求而诞生，它是我国高等院校最早专门从事对外教育的机构，也是第一代海外远程教育的开拓者。

一、厦门大学与华侨教育

由于历史和地理的原因，长期以来，厦门大学与海外华侨有着深厚感情与密切联系。校主陈嘉庚先生选址厦门创办大学，不仅出于爱国爱乡、兴学救国的拳拳赤子之心，还由于福建是南洋华侨的重要祖籍地，厦门是华侨出入国门的重要港口。厦大自创办之日起，就以多种方式鼓励侨生报考就学，并给予"华侨特别生"的特殊照顾政策。广大南洋华侨也对厦门大学的发展予以大力支持。新中国成立后，陈嘉庚先生重视归国侨生的教育，积极建议政府创办归国侨生补习学校，"面向东南亚华侨"更是成为厦门大学的发展方向之一。[①] 当时，为弘扬东方传统文化，促进当地及乡梓建设，许多侨居地的华侨掀起了兴办海外教育的热潮。据不完全统计，仅东南亚地区就办起了华侨小学3000多所，中学200多所。由于华侨学校发展迅猛，各地普遍出现了"教师荒"的现象，教学质量得不到保

① 洪永宏.厦门大学校史(第一卷)[M].厦门：厦门大学出版社，1996：1.

证。不少学生在华侨小学一毕业就受聘当小学教师，在中学一毕业就受聘当中学教师。面对侨校师资奇缺的问题，海外侨团、侨校和各界人士纷纷要求祖国创办海外教育，培养海外华侨中小学教师，满足华侨社会知识青年学习文化、谋生就业或回国参加建设的愿望。[①]

二、华侨函授部的建立

厦门大学华侨函授部的建立与厦门大学和海外华侨关系的发展密不可分。天时、地利、人和，使厦门大学与海外华侨华人之间形成难以割舍的亲密关系，对海外尤其是东南亚地区各国的政治、经济、社会和文化教育等方面的研究在全国亦独树一帜。[②] 在1956年党的八中全会确定大学实施党委领导下的校长负责制之前，大学由校长担任第一把手。1955年1月，中共福建省委派陆维特教授到厦大担任副校长、党委书记，协助王亚南校长管理学生工作。陆维特是陶行知的学生，具备教育理论基础，有信心办好教育事业。到厦门大学不久，经过一番历史和地理的考察，他提出厦门大学的两个办学方向，即“面向海洋、面向东南亚华侨”。1955年5月，陆维特在参加中央高教部召开的高教工作会议上代表厦大就上述发展方向进行汇报，得到高教部领导的肯定。潘懋元教授专门撰文回忆了这一历程：1955年5月，我随当时厦大副校长、党委书记陆维特到北京参加高教部召开的全国高教工作会议。会议期间，陆副校长向高教部副部长黄松龄汇报厦大发展方向问题：根据厦大的历史背景和地理条件，拟以面向东南亚华侨、面向海洋作为长期的努力方向。黄副部长表示十分赞同，并嘱拟出具体方案，报请批准。陆副校长回校后，经过一番酝酿，并请示福建省省委省政府、中侨委和陈嘉庚先生，得到各方的同意和支持，正式提出申请。当年底，高教部就批复，颁发了《关于厦门大学发展方向的决定》，确定：“厦门大学应以面向东南亚华侨、面向海洋为今后发展方向。”并提出具体指示：除要求在物理、化学、生物和经济、外语、历史等系分别设置有关这两个方向的专业或专门化和逐年增加侨生招

---

① 厦门大学校史编委会.厦大校史资料(第七辑)[M].厦门:厦门大学出版社,1990:3.

② 潘懋元.开拓理论研究的新局面促进华文教育的繁荣与发展[J].海外华文教育,2000(1):1.

生比例外，还提出要筹建有关的科研与教学机构。次年，就创办了“南洋研究所”“华侨函授部”和与中科院合作创办的“海洋研究所”（即第三海洋研究所的前身）。[①]

1956年1月6日，经中侨委（今国务院侨办）和高教部（今教育部）批准，厦门大学创办华侨函授部，先行开设数学、物理、化学3个函授专修科，面向海外华侨及其子弟（当时主要是东南亚华侨学校在职教师）招生，要求在两三年内，经过系统学习达到相当于国内高等学校专修科毕业生的程度，毕业考试及格者授予毕业证书。这是华侨教育史上一件大事，也是新中国海外函授教育事业发展的先声。当时组建华侨函授部主要出于三个方面的考虑：第一，新中国的国际地位不断提高，函授部有利于我国与其他各国人民之间的文化交往，增进人民间的相互了解；第二，未来满足广大华侨在学习祖国文化、了解祖国发展方面的强烈要求；第三，为当时尚存的数量相当的海外华文学校开展培训并充实华文、华语教学的各科师资。[②]

根据规定，厦门大学华侨函授部在招生、教学和管理上实行高教部、中侨委和厦门大学“双重领导”的管理体制。同年3月，厦门大学成立华侨函授部筹备委员会，草拟开办计划和招生简章；4月，数学、物理、化学三个系分别成立函授教学组，各组拟定函授教育计划；5月，通过高等教育部、中央侨委会着手对外招生；6月，各函授教育组开始编写教材；8月，厦门大学正式成立华侨函授部招生委员会，由陆维特担任主任委员，数、理、化三个系的主任为副主任委员，共有委员13人；8月初，陆续发出新生录取通知，办理注册手续。第一届计划招收函授生300人，正式报考的华侨青年476人。经过考试，华侨函授部数学、物理、化学3个专修科共招生306人。

1956年10月1日，厦门大学华侨函授部正式成立，方德植任函授部首任主任。据潘懋元先生回忆：

南洋研究所和华侨函授部都是在1956年10月1日正式成立的。两个机构的成立大会联合举行，地点在建南大会堂的三楼会议厅。说是成立大会，并没有那么多繁文缛节，出席的领导、来宾、各系代表、两个机构的教师共百余人。陆副

---

① 潘懋元.海外教育学院历史杂忆[J].海外华文教育，2006(4)：2.

② 张唐生.厦门大学海外函授学院[C]//暨南大学华侨研究所.华侨教育（第二辑）.广州：广东省教育厅知青印刷厂，1984：68-75.

校长主持，王亚南校长讲了话。10月1日，正是秋高气爽的好日子，天气晴朗。我至今还清晰地记得当时大家在大会堂三楼上，眺望大海，水天一色，开阔的视野，象征着无限的前程。在南洋研究所大楼尚未建成之前，两个单位就在建南大会堂的三楼工作，其后才迁到南洋研究所大楼，函授部只占用大楼的第三层。华侨函授部最初只设数、理、化三个专修科，还曾一度增设生物专修科。聘请数学系的方德植系主任兼任部主任。其后设置了中文专修科，又由于函授部当时是培养侨校的中学教师，增聘教育学教研室的陈汝惠副教授任部副主任。培养中学教师必须开教育课程，但国内的社会主义教育学不宜作为海外教材，由我主编、张曼因执笔，编写了一本《教育概论》。[①]

三、华侨函授部的早期发展

1957年9月，经中侨委和高教部批准，函授部增设中国语文专修科，学制三年。该年华侨函授部中文、数学、物理、化学4个专修科共招生649人。1958年，中侨委批复同意了《厦门大学华侨函授部教育改革方案》，同意函授部在印尼、缅甸设立教学辅导站，在当地聘任辅导教师。根据国内教改精神和海外教育的具体情况，学制也拟从三年改为两年。早期毕业生郭温和撰文记录了早期学习的生活：

对厦门大学，我一直有一种特别的亲切感。20世纪50年代，印尼的华校经历着蓬勃的发展。那时的华校都是华侨学校，用的是中国的教科书，办学的目标之一是为祖国——中国培养人才。印尼华侨绝大部分都是爱国的，在新中国奋发图强的强烈感召下，华校发展得很快。由于政治的原因，印尼华校不能从中国聘请教师，以致印尼各地的华校都闹师资荒，不得不从华校高中毕业生寻找师资。最初，高中毕业生只教小学，后来连初中、高中也教了。那时华校的高中生，普遍都有这样的打算：毕业后，先留下，到最需要的地方去教两三年书，然后回国深造，学成后为祖国的建设贡献力量。

---

① 潘懋元. 海外教育学院历史杂忆[J]. 海外华文教育，2006(4)：2.

1954年,我在巴中高中毕业,便跟六位同届的同学一起到西加里曼丹的坤甸去教书。我们七位同学,只有一位教文史和代数,其他的都教数理化。我教的是初中数学。那时印尼各地的华校师资荒,最缺的就是数理化老师。一个高中毕业生教初中数理化,其水平如何,可想而知。如何提高师资水平,便成为华校亟待解决的问题。1956年,厦门大学设立了华侨函授部,公开对海外华侨招收学生,优先照顾教师。报纸一登这个消息,一位前辈同事张老师即对我说:"小郭,你应该去报考,不要老想着回国。现在不回国也能当大学生。"在前辈们的鼓励下,我报考了。入学考试由坤甸中华工会主席亲自监考。大约一两个月后,有一天,张老师拿着一个褐色包裹找我,一见到我就说:"大学生,恭喜你!"一面把包裹递给我。我一看,包裹上有"厦门大学华侨函授部"红色印刷字。我打开一看,里面是算术讲义和通知书,我被厦大录取了。我的高兴就不用再说了。

厦门大学,是第一个关心、扶助海外华校的中国的大学,是海外华校的及时雨。按学习计划,我应该在1959年学完。可惜,因当年印尼发生了经济上的排华事件,印尼实施所谓"十号法令",华侨不许在县级以下城市居住,被迫迁移到县级城市投靠亲戚,中国不得不派船来接难侨回国。函授学习,为此暂停了几年。好在中印关系几年后又恢复正常,函授学习又恢复进行。1962年,我终于拿到了厦门大学的毕业证书,是王亚南校长签的字。

1965年印尼发生"九卅"事件后,进入长达三十多年的反华时期,特别是文教领域。1966年4月6日,全印尼的华校被封闭,校舍被霸占,不少华校教师被逮捕,一些反华的印尼大学生和中学生组织KAMI和KAPI,经常突击检查华人住家,看到中文书籍就没收或捣毁,主人被刁难和勒索。我十多年来陆陆续续买来的书,凡属社会科学和红色经典的,因恐怖不得不悄悄地焚毁了,连高中毕业的文凭、历年的成绩单,也跟着付之一炬。可是,王亚南校长签字的厦大文凭,我仍然保留到今天。因为它蕴涵着我的艰辛和厦大的温情。我要重说:厦门大学,是第一个关心、伸手帮助海外华校的中国的大学。①

1956年,福建省著名中医专家、曾任厦门市中医师公会理事长的盛国荣教授接受一项艰巨的任务:组建厦门大学华侨中医函授部。1959年3月,在厦门

---

① 郭温和.我与厦大[C]//厦门大学海外教育学院.厦门大学海外教育学院沿革大事记(1956—2006).内部资料,2006:140.

市卫生局大力支持下，华侨函授部、厦门市卫生局、市中医院、市中医学院成立中医函授部筹备委员会，成立中医函授教研室，制订教学计划并开展招生等一系列工作。[①] 5 月，中侨委批复同意华侨函授部增设中医专修科。在当时的东南亚地区，由于环境的限制，学习中医相当困难。海外华人并没有因此改变求知的渴望。他们通过各种方式和途径开展华文教育，传承中医。在这种情况下，中医函授部的成立，实在是件意义深远的事情。它成为当时东南亚人士学习中医的主要途径。新加坡著名中医学家李金龙教授感慨地说："没有厦门大学的中医教育，就没有东南亚的中医。"[②]

10 月 16 日，因应东南亚各国对华文教师需有师范教育背景的要求（东南亚部分国家规定，教师需经师范专业正规训练方可获准任教），中文专修科增设师范专修科。12 月 24 日，数学、物理、化学三个专修科增设师范专修科。

1960 年学校任命尹一民为华侨函授部副主任。5 月 20 日，函授部增设中国语文进修班和化工技术班，共招收 500 人，同时为了保证中医函授教育的质量，函授部组织编写中医函授生必修教材《中医基础学》，提出了中医针灸函授生回国实习计划并获得批准。该年华侨函授部中文、数学、物理、化学、中医内科 5 个专修科及针灸、中国语文、化工技术 3 个进修班共招生 1192 人。

1961 年 10 月，中侨委发文，要求根据海外侨校教师实际需求，修改教学计划，确保更多人能坚持函授学习。为了保证学习质量，函授部专门成立函授教学参考资料编委会，组织编写《语文教学参考资料》《化学小知识》《物理教学参考资料》《中医学习》四种教辅刊物，加上 1957 年创刊的《函授数学》，函授部充分考虑与满足了函授学生的学习需要。在中医方面，中医内科和针灸函授生的回国实习计划得到批准。1962 年，为加强函授教育的管理，保证函授教育质量，函授部制定《函授教学条例》与《教务管理条例》，对函授教学的作业批改、通讯答疑、信件收发等事项提出具体要求，相关管理进一步制度化。

1963 年，为适应东南亚及其他地区大部分华侨已经加入当地国籍的新情况，经中侨委和高教部批准，华侨函授部更名为厦门大学海外函授部，函授教育对象扩大到海外华人。同时，为保证教学质量，中侨委批复同意函授部将中国语

---

① 厦门大学校史编委会.厦大校史资料(第七辑)[M].厦门:厦门大学出版社,1990:5.

② 走进厦门大学中医系[C]//厦大人志马来西亚厦门大学校友会 19 周年纪念特刊.马来西亚厦大校友会,2011:89-90.

文进修班的修业年限由一年改为两年，要求两年后达到相当于高中毕业语文水平。9月16日，根据中侨委指示，函授部为修完函授课程的缅甸华校19名骨干教师颁发厦门大学函授毕业证书。

据潘懋元先生回忆："华侨函授部后来改称海外函授部，意在扩大生源，非华侨的华人和港澳同胞都可作为招生对象。设科也有所变动，数、理、化、生这四个专业因为所需要的华校教师数量不多，也不一定非在国内培养不可，所以陆续停办。华文、华语教师需要量较多，而且华文报纸、华人作家以至商务部门，都需要华文、华语人才，因而华文专修科一枝独秀。不久，海外函授部又应华侨的要求，增设中医科，包括针灸班。中医教育不能只靠函授，还必须面授和临床实习，就和厦大医院合作在厦大医院设置面授和实习基地，聘请医院的中医师兼职。中文和中医的函授教育，对弘扬祖国文化起了重大作用，对厦门大学的海外声誉也起了很大的作用。许多东南亚华侨华人，是先知道海外函授部然后才知道祖国东南还有厦门大学这一最高学府的。"[①]1966年1月，为适应海外华侨华人提高农业知识和技能的需求，函授部增设生物学专修班。

四、华侨函授部的成就

1956年，厦门大学华侨函授部正式成立。它不仅是我国高等院校最早专门从事对外教育的机构和第一代海外远程教育的开拓者，也是厦门大学教育对外开放和走向世界的重要窗口。可以说，在厦门大学成立华侨函授部不仅是华侨教育发展的必然，也是厦门大学历史发展的创举。

华侨函授部成立后不断总结海外函授教育的经验，适应海外需要，十年间有很大发展。第一，招生数量不断增加，招生范围不断扩大。根据资料记载，1956年华侨函授部数学、物理、化学3个专修科共招生306人。学生主要分布在东南亚、南非、加拿大等10多个国家，分属106所华侨学校，其中教师占69%，社会青年占31%；1957年招生649人；1958年招生743人；1959年招生1062人；1960年招生1192人；1961年招生1339人；1962年招生1369人；1963年招生

① 潘懋元.海外教育学院历史杂忆[J].海外华文教育，2006(4)：2.

1218人;1964年招生1273人;1965年招生1278人。至1966年5月,华侨函授部/海外函授部先后招生10128人,当年各专修科在学学生4134人,分布在5大洲28个国家和地区。参加学习的基本都是二十至三十岁的青年,并从事过文教、卫生等项工作。他们中有华文学校教师、家庭教师、新闻工作者、工人、商人、学生、药剂师及门诊人员,还有家庭主妇。①

第二,招生专修科目不断增加。1956年,华侨函授部仅设数学、物理、化学三个专修科;1957年增设中国语文专修科;1959年增设中医专修科(分内科进修班和针灸进修班);同年函授部决定各专修科增设师范专修科;1960年增设化工技术进修班和中国语文进修班,传授中等专业技术知识;1966年增设生物学专修班。当时有近60%的学生攻读中文专科和中文进修班,学习数学、化学的人数分别居第二、第三位。中文科的学生人数最多,在海外的影响也较大。②

第三,教师队伍不断完善。创办初期华侨函授部的规模不大,教职工仅有10名。为了进一步加速海外函授建设的步伐,上级部门从各地抽调了一批精干教职人员加强教学和管理工作。到1964年,函授部教职员人数达到47人,教学人员达到33人。③ 由于平时批改作业与试卷、书面回答函授生所提问题,工作量很大,函授部还组织了有关系、所的助教进行协助.

第四,开启了海外函授教育制度的初步探索。初设华侨函授部,是创举也是探索。在管理、招生、教学上,华侨函授部实行"双重领导"体制。为提高培养质量,函授部制定函授部暂行规程、海外通信工作暂行办法、出版发行工作条例、教学条例、教务管理条例、实习条例等,对函授部教学计划、通信、出版、教学作业批改、通讯答疑等作出专门规定;在教学上函授部组织编写课程设置、教学大纲与教材、创办了教学辅导刊物《函授教学》,后专门成立函授教学参考资料编委会,组织编写《语文教学参考资料》《物理教学参考资料》《化学小知识》《中医学习》等教辅刊物;在印尼、缅甸等设立了教学辅导站,在当地聘任辅导教师;拟定与实施

① 张唐生.厦门大学海外函授学院[C]//暨南大学华侨研究所.华侨教育(第二辑).广州:广东省教育厅知青印刷厂,1984:68-75.

② 张唐生.厦门大学海外函授学院[C]//暨南大学华侨研究所.华侨教育(第二辑).广州:广东省教育厅知青印刷厂,1984:68-75.

③ 张唐生.厦门大学海外函授学院[C]//暨南大学华侨研究所.华侨教育(第二辑).广州:广东省教育厅知青印刷厂,1984:68-75.

中医、针灸函授生回国实习计划等。

以编写中医教材为例，1960 年函授部组织编写了《中医基础学》；1962 年，函授部专门召开中医函授教材编写工作会议，福建、浙江、江苏、江西等地中医学院派代表参加以保证教材的质量；1963 年，在卫生部中医司的支持下，函授部专门召开“中医函授教材工作会议”，全国各地中医学院领导和专家与会，研讨如何依据海外学生特点编写中医函授教材。直到 1965 年，卫生部正式审核通过函授部编写的针灸、医经、伤寒、中药、方剂等 5 门课程的函授教材。1966 年中医教研组负责人专程赴京，听取卫生部对中医函授教材的审核意见。上述措施保证了函授教育的质量。绝大部分学员通过刻苦认真学习，打下了比较扎实的专业基础，提高了华文阅读、表达能力及翻译水平，不少人成为侨校的骨干教师。

总的来看，厦门大学通过兴办海外函授教育之举，有效提升了学员（包括海外华侨、华人以及外国人士）的中国文化知识水平和业务能力，使他们更好地为当地社会和民众服务；帮助海外函授生掌握知识与技能，解决就业与工作的困难，增进了海外同胞爱国爱乡的热情，并促进了文化交流与友好交往。

第二节　改革开放以来海外教育学院/国际学院的发展

1966 年，因受“文化大革命”影响，与海外联系受阻，海外函授教育被迫中断 12 年。1969 年底，函授部撤销。

1978 年 10 月，“文化大革命”结束后，海外华侨华人和校友纷纷要求复办海外教育。为此，学校决定复办海外函授部，首先恢复中文和中医函授教育。经过一番呼吁与努力，函授部获批准复办招生。

一、改革开放以来的主要发展

（一）海外教育学院的发展

复办后至今的海外教育学院主要经历了以下几个发展阶段：

1.复办时期(1978—1980)

1978 年 11 月 20 日,教育部发文同意复办海外函授部。学校将分散在校内各单位的原函授部的干部和教师调回海外函授部,并配备领导班子,开始筹备对外招生。12 月 24 日,学校任命蒋林为复办后的海外函授部主任,黄选卿与蔡铁民为副主任。[①] 1979 年 3 月 20 日,海外函授部向教育部、国侨办汇报海外函授教育的工作进展以及复办后的工作思路。根据上级主管部门提出的"促进与世界各国文化交流,发展友好关系,用函授与面授等多种形式向外国朋友提供学习中国文化的机会,为海外华侨华人和港澳台同胞学习祖国文化提供条件"的宗旨,考虑到各国华侨在当地就读数理化已有方便条件,海外函授部决定先恢复中文和中医两大科目,并报请卫生部组织南京中医学院、上海中医学院、江西中医学院、福建中医学院、广东中医学院协助编写中医教材,并邀请厦门大学中文系协助编写中文教材。同时,着手进行教师和干部的配备,教学和行政机构设置等方面的工作。[②]

4 月 5 日,国务院侨办批复同意函授部对"文革"期间海外信函中断情况的处理意见。4 月 13 日,函授部向教育部、国侨办报送复办后的招生简章、教学计划及中国语文专修科和中医专修科内科班的教学方案。5 月 19 日,教育部和国侨办在京召开海外函授工作座谈会,教育部副部长刘仰峤、国侨办副主任林一心等出席会议,并对复办后的函授教育提出具体要求。7 月 3 日,卫生部医学教育局发函,就中医函授教材编审工作提出具体要求,并计划召开教材编审会议。8 月15 日,函授部召开中文专修科教材编写工作会议,决定先组织编写"现代汉语""中国现代文学作品选读""文艺理论""中国古代文学作品选""中国文学史"5 门课程的函授教材,同时安排编写、审稿人员及时间进度。9 月 10 日,函授部承办全国中医函授教材编审会议召开,与会的各地中医学院领导和专家就海外中医函授各类教材编审原则和编写大纲等进行了研讨交流。1980 年 4 月 2 日,国侨办先后批复同意函授部报送的《现代汉语》《中国现代文学作品选》《中药学》

---

① 潘懋元.海外教育学院历史杂忆[J].海外华文教育,2006(4):2-3.

② 厦门大学校史编委会.厦大校史资料(第七辑)[M].厦门:厦门大学出版社,1990:6.

《中国语文》等教材送审稿。

经过一系列前期工作的恢复与准备，1980 年 5 月 24 日，教育部、国侨办批复同意对外发布厦门大学海外函授部复办消息和招生简章，并同意复办中国语文进修班和针灸班。随后，函授部在世界各地发布复办消息并筹备招生。7 月 8 日，海外函授部对外恢复招生，先行开设中国语文专科、中医学专科、中国语文进修班。1980 年，海外函授部中国语文、中医内科两专科及中国语文进修班共招生 514 人。

2.海外函授学院时期(1980—1991)

1980 年 10 月 8 日，为适应新形势的需要，教育部批复同意海外函授部更名为海外函授学院。1981 年 6 月 8 日，学院开办首期对外汉语教学班，学员全部来自美国，为厦门大学第一期短期中文学习班。1981 年 11 月 17 日，学校正式宣布海外函授部改名为厦门大学海外函授学院。潘懋元任海外函授学院首任院长，蒋林、蔡铁民为副院长。同时，敦聘福建中医学院盛国荣教授为名誉院长。为扩大生源，学院在海外华侨华人集中的地区挑选若干华社文教团体、友好人士和校友，建立招生代办处，协助学院开展招生工作。学院招生章程明确指出，其办学旨在促进与世界各国的文化交流、发展友好关系，向有志参加函授学习的外国朋友提供学习中国文化的机会，并为海外侨胞、港澳同胞和台湾同胞学习祖国文化提供条件。① 在此背景下，学院招生几乎不受国籍、职业、年龄的限制，但是，入学前学生必须通过两项规定科目的测验，中文作文是每个专业必测的公共科目，另一项测验则根据不同的专业而定。中文进修班要测中国语言文学基础；中医针灸班和中医内科分别要测中国语文常识、中国医学常识。学生的组成情况发生了很大变化，外籍学生占学生总数的比例越来越大。以 1982 年 9 月统计的在校生为例，学生总数 1064 人，华侨学生占 16%，港澳学生占 22%，外籍学生(包括华人)占 62%。②

---

① 张唐生.厦门大学海外函授学院[C]//暨南大学华侨研究所.华侨教育(第二辑).广州:广东省教育厅知青印刷厂,1984:68-75.

② 张唐生.厦门大学海外函授学院[C]//暨南大学华侨研究所.华侨教育(第二辑).广州:广东省教育厅知青印刷厂,1984:68-75.

1981 年 7 月，厦门大学第一期短期中文学习班结业留念

1981 年卫生部中医局审核通过函授部自编的《针灸学》《中药方剂学》。5 月，学院增设中医针灸班，并与厦大医院共建中医门诊部，作为中医函授生的临床实习基地，后来学院在厦大医院专门设置中医门诊部，作为中医函授生的临床实习基地，并分别与厦门中医院、厦门第二医院达成接收中医函授实习生的协议，接受中医内科、中医针灸两专科的海外函授生来校实习。6 月 8 日，学院开办首期对外汉语教学班，学员全部来自美国，并与美国美中教育基金会肯尼迪主席签署举办对外汉语学习班的协议。对外汉语学习的模式不断得到推广，1982 年 1 月，学院与日本国际交流协会达成举办短期汉语学习班协议。随后学院举办的汉语教学班，学员分别来自美国、新西兰、澳大利亚、日本等多个国家。1983 年 1 月，教育部公布普通高等院校举办函授部和夜大学名单，海外函授学院为当时全国唯一经教育部批准的面向海外开展函授教学的专门机构。

1983 年 7 月 6 日，学校成立厦门大学国际教育中心（最初在外事办下设留学生科招收外国留学生，后改名为国际培训中心，1983 年改为国际教育中心），招收外国留学生来校学习。教育部拨款 200 万供建造留学生宿舍楼 3 座。9 月 5 日，第一批外国留学生正式开学。1983 年，海外函授学院中国语文、中医内科两专科，针灸进修班，中国语文高中班，中国文史、中医选修课及短期汉语培训班共招生365人，另招收入院系学习的外国留学生22人。1985年，学院开始增设中国文化的课程，并增设“简明中国历史”“民俗学”“中国书法”“唐诗欣赏”“医古文”等课程；举办篆刻进修班、中医面授高级研究班、中医妇科学和中医骨伤科进修班。10月，为了加强招生宣传，学院先后在菲律宾、泰国、印尼、马来西亚、新加坡、日本、美国、法国、澳大利亚等国以及港澳地区设立海外招生代办点。1985年，海外函授学院中国语文、中医内科两专科，针灸、骨伤科进修班，中国语文高中班，中国文史和中医选读课程及短期汉语培训班共招生509人。另招收入院系学习的外国留学生62人。

1983年9月，厦门大学首届留学生开学式

从1985年开始，学院的办学发生了显著变化。随着全国性改革开放浪潮的兴起、厦门经济特区的开发、学校改革与开放工作的同步推进、海外函授生和外国留学生人数的节节上扬，办学质量也显著提高。以1986年为例，学院开始举办针灸英语面授班，扩大针灸实习场所；与香港新华中医学院签订“关于在香港合作设立临床教学中心”协议。此后，学院先后在香港开办12期临床带教进修班；并与厦门大学医院、厦门市中医院、第一医院、第二医院、思明区医院、开元区医院、漳州市中医院等单位合作，建立稳定的中医临床实习基地；建立教学评估制度，制订《课程评估系列指标》《作业批改细则》《临床实习带教细则》等。1986

年，海外函授学院中国语文、中医内科两专科，针灸、骨伤科进修班，中国语文高中班，中国文史和中医选读课程及短期汉语培训班共招生 477 人。另招收入院系学习的外国留学生 54 人。从 1980 年恢复招生至 1986 年，函授学院设立了中文、中医两个专科及相关选修课程，举办各类进修班及对外汉语教学班，自编教材 22 种，总计 800 多万字。函授学院在学的中文、中医函授生共 3500 多名，分布在 54 个国家和地区，另招收外国留学生 300 名。

为适应海外教育的发展，加强对外教育工作，1987 年 3 月 22 日，学校宣布将海外函授学院与国际教育中心合署，成立统一的领导班子，下设中文部、中医部、留学生部和办公室。庄明萱任海外函授学院院长，周世雄任副院长。1987 年，中文函授增设了文学创作研习班、华文教师高等师范进修班、中国文化专修班、短期文化旅游班等，新开设多门选读课程。中医专业在原有中医内科、针灸、骨伤、妇科进修班基础上，又新开设多种专题进修班和选读课程。该年函授学院共招收中文、中医函授生及短期汉语班学生 501 人；另招收入院系学习的外国留学生 148 人。从 1987 年至 1989 年，在学函授生发展到 5000 名，已毕业或结业的 800 多名，留学生 600 名，来校中医实习生也逐年增加。学院共设有海外招生代办处 30 个（它们分布在新加坡、菲律宾、马来西亚、泰国、日本、美国、加拿大、巴西、澳大利亚及我国香港、澳门、台湾等地），并在香港设立中医临床实习基地。

1990 年 4 月，厦门大学举办马来西亚第一届中医内科针灸实习班开学典礼

1991 年 2 月 25 日，教育部成人教育司批复同意增设针灸专科班。4 月 6

日，由菲律宾华商总会副理事长蔡清洁先生捐资530万元人民币兴建的留学生楼（后命名为“蔡清洁楼”）举行奠基仪式。学校敦聘蔡清洁先生为海外函授学院名誉院长。11月，学校为蔡清洁先生颁发“荣誉校友”证书，以表彰他热爱桑梓、关心教育，捐资兴建留学生楼的义举。

1991年4月，厦门大学留学生楼奠基仪式

3.海外教育学院时期(1991—2007)

1991年6月2日，教育部下发批文，同意将厦门大学海外函授学院更名为厦门大学海外教育学院，同时批准在学院设立厦门大学海外暨港澳台汉语言文化教学研究所（简称为“海外汉语言文化教学研究所”，后又称“海外华文教育研究所”），该所创办了学术刊物《海外华文教育》，并定期辑印资料《海外华文教育动态》。学校任命庄明萱为海外教育学院院长兼研究所所长，周世雄为副院长兼副所长。

早期的《海外华文教育》杂志

1992年5月19日,国家中医药管理局批准中医海外函授教育列入全国中医函授成人高等学历教育。1993年1月5日,经国家中医药管理局批准,学院被列为全国中医药培训中心海外教育分中心。2月经教育部批准,中文专修科和中医专修科提升为本科,中文函授获海外成人高等教育学士学位授权,针灸进修班升格为针灸专科班。11月6日,中医部在全国首届高等中医药院校函授、夜大学教育办学水平评估中获二等奖。

1995年9月29日,学校任命周世雄为海外教育学院院长。1996年11月15日,举办院庆40周年庆典暨科学讨论会。中共中央政治局委员、国务院副总理兼外交部长钱其琛题词"发展对外教育事业,促进国际文化交流",第六、七届全国人大常委会副委员长叶飞题词"培育英才",对海外教育学院40周年院庆表示祝贺。

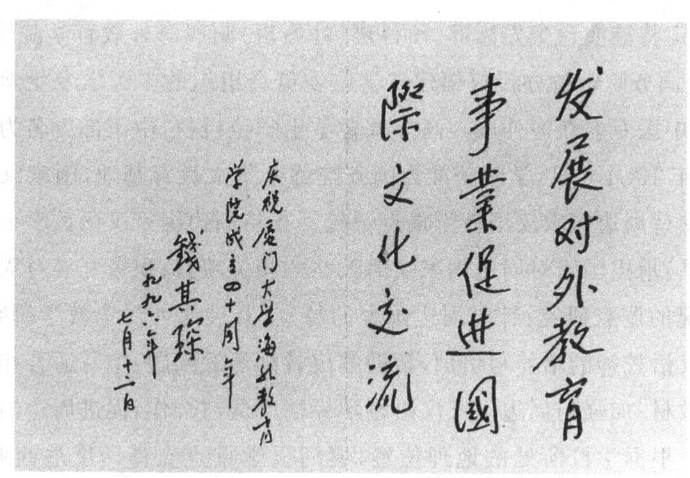

学院四十周年庆，钱其琛题词

1997 年 6 月 1 日，国家汉办批准厦门大学海外教育学院开设对外汉语专业本科学位课程，开始招收外国留学生。9 月 30 日，海外教育学院与中文系联合组成学位论文答辩委员会，负责海外中文本科生的论文答辩及学位授予审核。2000 年，开设对外汉语经贸本科班。

1998 年，学院与福建中医学院签订联合授予学院中医本科毕业生医学学士学位协议书。2000 年 8 月 20 日，华文远程教学网站——“网上华文学苑”和中医远程教学网站——“网上中医教室”开通，为海外学生通过互联网接受华文和中医教育拓展了新的途径。2000 年 3 月 14 日，由福建省教育厅学位办、省中医学院教授等组成的专家评审组，对厦门大学海外教育学院中医系中医学专业海外成人教育本科申请学士学位授予权的报告进行了认真的评审。专家们听取了学院自评汇报，实地考察办学设施条件和办学成果，召开教师、学生座谈会，一致认为该专业自 1993 年招收海外中医学本科生以来，以传播中华文化、促进中外文化交流为宗旨，培养了一批质量较高的海外中医学高级人才，扩大了祖国医学在世界的影响。该专业培养目标明确，重视教学内容和方法的研讨，建立了一套适应海外中医教学的规范化制度，毕业生达到本科教学要求，符合学士学位授予条件，同意将该专业增列为医学学士学位授予专业。由此，学校中医专业获全国唯一海外成人高等教育学士学位授予权。2001 年，中医远程教育开始招生，此后远程教育成为函授教育的重要途径。

1999 年 6 月 14 日，学校任命詹心丽为海外教育学院院长。2000 年 2 月 25

日，学校决定将港澳台生先修部(预科班、补习班)归属海外教育学院管理。3 月 15 日，通过国务院学位办授权福建省学位委员会组织的中医学专业学士学位授予权评审，中医专业获海外成人高等教育学士学位授权，中医部更名为中医系。

2001 年 10 月 6 日，学院获准为国务院侨办华文教育基地，国家汉办确定厦门大学为支持周边国家汉语教学重点学校。支持周边国家汉语教学重点学校的主要任务是：承担国家对周边国家汉语教学的相关项目；积极开展对周边国家汉语教学情况的调查研究；针对周边国家的特点，开展对外汉语教学研究；加强对相邻国家汉语教师的培养与培训，帮助解决教师短缺问题；编写适合相关国家需要的汉语教材；加强与周边国家汉语教学界的交流与合作，促进周边国家的汉语教学发展。根据学校所处的地理位置，厦门大学重点支持印度尼西亚、马来西亚、菲律宾的汉语教学。国家汉办要求各重点学校针对相邻国家的特点和实际，充分发挥地缘、亲缘优势，积极、稳妥、有效地开展支持周边国家汉语教学工作。[①]

2003 年，马来西亚汉语教师培训班开班仪式

2002 年 9 月 1 日，中医系获准面向国内招收全日制本科生(5 年制)，首批 23 名学生入学。9 月 8 日，设立语言学与应用语言学专业对外汉语教学方向，与中文系联合面向国内外招收培养硕士研究生。12 月 31 日，学校召开港澳台侨生社会管理专题会议，决定全校港澳台侨生归属海外教育学院统一管理。2003

① 陈澜.厦门大学获准为国务院侨办华文教育基地[J].海外华文教育，2001(4)：80.

年 7 月 30 日，经学校批准，留学生部更名为海外学生部，统筹管理全校各类海外学生。为满足广大海外华文教师提高汉语应用研究能力和汉语教学水平的迫切需求，进一步增强他们的专业理论和文学文化修养，经批准，海外教育学院从 2003 年开始开办面向海外的对外汉语教学硕士学位班。该班招生对象主要是海外汉语教师及华文教育工作者，采用在厦大集中授课与外派教师赴当地授课相结合的灵活的教学形式，并辅以自学、讨论、读书报告及答疑辅导等多种形式。该学位班学制 2～3 年，开设课程有“现代汉语研究”“应用语言学”“教育学原理”“教育心理学”“对外汉语教学语法研究”“海外华文教育研究”“第二语言教学理论与实践”“华文经典作品解读”“中国现当代文学专题”“中国古代文学专题”“中国文化概论”“中西文化与文学比较研究”等。入学条件和入学手续参照厦门大学招收外国留学生研究生的相应规定办理。9 月 8 日，首批 6 名泰国华文教师入学。①

鉴于学院在远程教育与汉语教育的成绩，2003 年 2 月 6 日，教育部聘请学院卢伟老师为中美网络语言教学项目的专家。2002 年 10 月，中美两国教育部签署了《中华人民共和国教育部和美利坚合众国教育部开展网络语言教学合作项目谅解备忘录》，正式启动中美网络语言教学合作项目，共同为两国 12～18 岁学生开发中英文网络语言教学课件，通过网络支持中学生外语学习。中美网络语言教学合作项目对促进中美两国相互了解和开展教育文化交流及推动两国长期友好具有重要意义。该项目是通过中美专家合作，应用网络、多媒体和模拟等先进技术，开发出一套国际一流的网上英语和汉语学习的教育系统，为美国中学生学习汉语和中国中学生学习英语提供良好的学习资源。此后，学院专门成立厦门大学语言技术中心，该中心由厦门大学计算机科学系、中文系、海外教育学院、外文学院等 4 个院系的语言处理人才组成，是一个跨系科、跨专业，以语言信息处理的理论研究与应用开发并重的研究实体，挂靠计算机与信息工程学院。其中，第三研究室设在海外教育学院，以对外汉语教学研究为主。2004 年 11 月 29 日，时任校长朱崇实听取学院领导工作汇报，对学院今后发展定位提出要求，强调海外教育学院应在传统函授教学基础上，大力拓展网络远程教育。

---

① 厦门大学开办面向海外的对外汉语教学硕士学位班[J].海外华文教育，2004(4)：68.

2003年8月，卢伟老师参加教育部中美网络语言教学项目第三次专家组会议

2004年6月22日，国家汉语水平考试委员会批准在学院设立HSK考点。汉语水平考试是为测试母语非汉语者汉语水平而设立的国家级汉语水平考试，1992年被正式确定为国家标准化考试，由教育部设立国家汉语水平考试委员会全权领导此项工作，每年定期在国内和海外举办。考试共分基础、初中等、高等三种11个级别，凡考试成绩达到规定标准者，由国家汉语水平考试委员会颁发相应等级的汉语水平证书。证书的效力包括：(1)作为达到进中国高等院校入系学习专业或报考研究生所要求的实际汉语水平的证明；(2)作为汉语水平达到某种等级或免修相应级别汉语课程的证明；(3)作为聘用机构录用汉语人员的依据。截至2003年年底，HSK考试在全球34个国家设立了140个考点，已有来自120多个国家和地区的35万人次参加了HSK考试，国际影响越来越大。[①] HSK考点的设立，标志着社会对海外教育学院汉语教学与培训的认可。12月15日，学院首次举办国家汉语水平考试(HSK)，共有来自13个国家的133名考生参加此次考试。

---

① 昕.国家汉语水平考试委员会在厦门大学设立HSK考点[J].海外华文教育，2004(4)：18.

2004 年 12 月,学院首次举办国家汉语水平考试(HSK)

2004 年 9 月 17 日,詹心丽院长陪同张颖副校长赴京出席教育部召开的孔子学院工作会议。国家汉办同意我校与泰国皇太后大学共建孔子学院。共建孔子学院成为学校国际化的重要工作之一。

2005 年 6 月 22 日,校研究生院批准海外教育学院与人文学院新闻传播系合作面向海外招收传播学专业中华文化传播方向硕士研究生。自 2005 年起,中医远程教育划归医学院管理,学院不再招收中医函授远程教育的学生。

2005 年学院承担国家汉办下达的国外汉语师资培训网络课件开发任务。2006 年 12 月 1 日,海外远程师资培训网站开通,首批推出 40 门在线视频课程,基本实现国际汉语师资培训成套超媒体课件与视频课件跨国点播。12 月 3 日至 10 日,黄鸣奋院长、陈荣岚副院长赴印尼雅加达、泗水、万隆、井里汶等多个城市推广学院海外网络远程教育,与西爪哇省井里汶华文学习中心签署合作开展网络远程教学协议,为首届华文网络远程教育 100 多名学员颁发结业证书,并与印尼建国大学和万隆国际外语学院商讨合作开展网络远程教育有关事宜。12 月 24 日,由学院杨子菁、陈昕、刘强等多位老师组成的师资培训团赴印尼雅加达、万隆、牙律、井里汶、玛琅等地培训华文教师和推广网络远程教育,共有 845 名印尼本土汉语教师参加了培训。此次培训活动得到国家汉办大力支持,凡全程参加课程培训者均可获得国家汉办颁发的汉语教师培训证书。

2006 年 11 月，学院举办建院五十周年文艺晚会合影

2007 年 8 月，鉴于学院多年在对外汉语教学与远程教育上的卓越成绩，国务院侨务办公室批复，确定海外教育学院为“中国华文教育网”教学栏目课件制作基地。10 月 28 日，学院完成国侨办“中国华文教育网”首批网络视频课件的样课拍摄。

(二)国际学院创办时期(2005—2007)

2005 年，为适应中外教育交流合作新形势和我国日益增长的自费出国留学的迫切需求，厦门大学国际学院的前身留学预科学院正式成立。3 月 16 日，厦门大学决定成立厦门大学留学预科学院，任命郑通涛为院长。为了明确学院的发展，郑通涛教授等参加在北京召开的 15 所加盟留学预科学院的工作研讨会，进一步明确留学预科学院今后的发展方向、运作模式以及当年的招生宣传等事宜。留学预科学院为保证教学、办公、教师和学生住宿，经过漳州校区实地考察后，向学校申请了 5 间学院办公室、4 间集中专用小教室、1 间专用大教室、100 间学生宿舍、12 间教师宿舍。

鉴于国际学院创办伊始面临师资和办学经费缺乏的状况，学院决定自筹用人经费、采用新的用人机制，并向学校提出了自主招聘专职教师的申请，首批计划向社会公开招聘 11 名双语专职教师，以满足学院的教学需求。所招收教师的工资先从学校预拨的 50 万启动经费中支付。2006 年，学院启动多项中外合作项目，即法国高商硕士预科项目、预本硕连读项目、英中大学学位教育项目、国际管理硕士学位项目、国际预科项目、IBTQ 双语教师资格培训项目，招收 257 名学生，其中预本硕连读项目 185 名、中法项目 17 名、本科预科项目 27 名、管理硕士 9 名、硕士预科 2 名、中英 17 名。

2007 年 9 月，国际学院新生开学典礼

2007 年，随着办学层次的提高和办学规模的扩大，留学预科学院从单一的短期预科课程培训发展到开设国外大学专业课程的特色学院。学校为全面推进高等教育对外开放进程，扩大对外办学领域，提升中外合作办学层次，决定将厦门大学留学预科学院更名为厦门大学国际学院，任命郑通涛为院长。学院进一步拓展与海外高校的合作，与日本静冈产业大学、法国兰斯高商学院签署合作协议，联合培养学生。

(三)海外教育学院/国际学院合并时期(2008—2020)

2008年1月2日,厦门大学决定将海外教育学院与国际学院进行合并,实行“两个牌子、一套人马”的管理体制。2月8日,学校正式将海外教育学院与国际学院合并,实行统一管理体制,学校任命郑通涛为海外教育学院/国际学院院长,黄建军、耿虎为副院长,曾坤瑜为党总支书记。海外教育学院/国际学院合并,形成对内、对外教学一体化,既有针对国外留学生的汉语国际教育,又有以中国学生为对象的国际化合作的人才培养,中外学生济济一堂,教学形式呈多样化、综合化特点。

2010年7月,教育部正式批准了厦大与爱尔兰都柏林商学院合作举办的会计学和金融学本科教育项目,该项目也是学校首个中外合作办学项目,招生专业为会计学和金融学,文理兼招,面向全国高考本一批次进行招生。该项目采用厦大和都柏林商学院双方共同确定的课程体系。教学师资由厦大和都柏林商学院共同承担,学生在厦门大学学习四年,成绩合格者可获得厦门大学会计学或金融学本科毕业证书和学士学位证书(毕业证书上注明“中外合作办学”),也可选择在厦门大学学习三年,再到都柏林商学院学习最后一年本科课程,成绩合格者可同时获得厦门大学毕业证书和学位证书(毕业证书上注明“中外合作办学”)及都柏林商学院荣誉学士学位证书。学院还与美国布里诺大学商学院、英国伦敦大学玛丽皇后学院正式签订合作协议。2011年,国际学院都柏林项目迎来了首批学生。

2008年6月18日,学校审核通过由学院起草的《孔子学院总部南方基地筹备方案》,并报送国家汉办。该方案确定南方基地的总体任务是以服务汉语国际推广和孔子学院建设为目标,以网络平台和信息资源建设为基础,以师资培训、教材和课程课件开发为龙头,以汉语国际教育和文化传播研究及市场推广为取向,及时跟踪汉语国际推广与全球孔子学院建设的现状和发展需求,为世界各国孔子学院和汉语学习者提供丰富多样的汉语言文化资源及教学服务,促进孔子学院的办学质量和汉语国际教育水平的全面提升。南方基地的建设规划是通过3～5年的建设,建成对促进汉语国际推广与孔子学院可持续发展具有领先与示范作用的“一个平台、六个中心”,即一个网络平台和信息与资源、师资与管理人员培训、教材与课程课件开发、测试与评估、汉语和中华文化推广研究、市场开拓与运营六个中心。9 月 26 日，国家汉办正式批复成立厦门大学汉语国际推广南方基地。国家汉办在批文中要求，南方基地应充分发挥厦门大学“侨、台、特、海”的办学特色，开展国际汉语教学、教师和教材状况的调查研究，建设远程教师教育体系和教学资源支撑体系，研发国别化教材和教学法，培训师资及志愿者，建立汉语推广人才储备库，开展汉语国际推广法律法规研究，为汉语国际推广和孔子学院建设可持续发展提供支撑和服务。

2010 年 8 月，学院承办国家汉办孔子学院外方院长高级研修班

2009 年 4 月 2 日，学院获准独立招收培养国内对外汉语硕士生和面向海内外招收国际汉语教育专业硕士。2011 年 11 月 12 日，学校批准在学院设立厦门大学孔子学院发展研究中心。2012 年 6 月 26 日，学院申报的自主设置目录外二级学科“对外汉语教学博士点”顺利获批。2013 年 7 月 24 日，学院申报的自主设置目录外二级学科“汉语国际推广”博士点顺利获批，计划于 2015 年开始招生。该二级学科博士点与硕士点隶属新闻传播学一级学科。2014 年 7 月 8 日，学院申报的自主设置目录外二级学科“国际汉语教育”博士点与硕士点顺利获批。

2018 年，学院牵头负责厦门大学与英国创意艺术大学联合申办厦门大学创意与创新学院的工作。2019 年 12 月 18 日，教育部正式发文批准设立厦门大学创意与创新学院，该学院为学校首个中外合作办学机构。

2020 年 10 月，学校撤销中共厦门大学海外教育学院/国际学院委员会、中共厦门大学汉语国际推广南方基地总支部委员会，将厦门大学汉语国际推广南方基地/孔子学院办公室与厦门大学海外教育学院合并，成立“厦门大学国际中文教育学院”，保留厦门大学海外教育学院名称，厦门大学国际中文教育学院与厦门大学海外教育学院实行“一套人马、两块牌子”运行机制，学院下设“厦门大学中外语言交流合作中心”，原海外教育学院系级机构予以保留。成立中共厦门大学国际中文教育学院/海外教育学院委员会、中共厦门大学国际学院委员会。

根据学校部署，2020年秋季国际学院第一批新生入读漳州校区。国际学院在2020年春季对学校划拨的教学楼进行装修改造，做好课程调整，妥善做好教职工跨两地工作的调整，并协同学校各部门做好学生宿舍安排，解决好教师及行政人员临时住宿、交通等问题。8月底，教学楼内设备资产清点、网络综合布线工程、空调安装调试以及办公室、教室等装修工程基本完成，总计装修改造教师办公室30间，会议室2间，招生办公室1间，行政办公室1间，专业教室6间，公共教室12间。9月，学院完成漳州校区首批搬迁工作，教学办公设施配置齐全，保障新学期教学工作开展。

二、改革开放以来海外教育学院/国际学院的主要成绩

自1978年以来，海外函授部及由它更名而来的海外函授学院（1981）、海外教育学院（1991）根据我国和海外社会的实际需求，秉持“开放、融合、创新、共赢”的办学理念，彰显学校“侨、台、特、海”的独特优势，与广大海外侨胞、港澳台同胞以及世界各国友好人士建立了密切的交流合作关系，形成了远程教育与面授教学并举、学历教育与非学历教育兼备、院内学习与其他院系学习互补、面向世界与侧重东南亚及港、澳、台的办学特色。海外教育学院与国际学院合并办学之后，对内、对外教学一体化，不断规范管理、加强师资队伍建设、拓展对外办学渠道、营造良好办学条件、创新人才培养模式，学院发展迈入了创新开拓新的历史发展阶段，成为厦门大学教育对外开放和走向世界的一个重要窗口。

(一)加强制度建设,学院管理更加规范化、科学化

学院积极加强制度建设,完善内部控制体系,确保各项活动科学决策、有力执行、监督到位,提升管控效能,做到治理有方、管理到位。2018年,学院先后拟订了《海外教育学院/国际学院"三重一大"决策制度实施方案》《〈海外华文教育〉期刊管理章程》《海外教育学院/国际学院人才引进政审制度》《厦门大学海外教育学院/国际学院思想政治与意识形态考核实施条例》《厦门大学海外教育学院/国际学院党委会议事规则》《厦门大学海外教育学院/国际学院党政联席会议议事规则》《海外教育学院/国际学院采购实施细则》《海外教育学院/国际学院新闻宣传工作管理办法》《海外教育学院/国际学院公务用车管理规定》《厦门大学国际学院推荐2019年免试研究生工作细则》等制度,在建立健全整改落实长效机制方面做了大量工作。2019年,学院对资产采购、教学、科研奖励、安全保障等各方面继续进行规范管理,出台包括《厦门大学海外教育学院/国际学院采购管理办法》《海外教育学院/国际学院科研奖励实施办法》《海外教育学院教师教学工作量计算办法》《厦门大学海外教育学院海外研修及公派出国(境)制度实施办法》《海外教育学院/国际学院防台防汛应急预案》等规章制度十余项,学院制度化、科学化管理迈上了新台阶。

(二)招生人数稳步上升,学院创收不断创新高

学院作为厦门大学国际化教育最突出、最有特色的学院,充分整合学院教育"走出去"及"走进来"的资源优势,近年来,招生人数稳步上升,学院规模不断发展,质量不断提升。2018年,海外教育学院学历生总数比2017年增长了16.83%,国际学院学生人数比2017年增幅达25.17%,为学院的发展打下了良好的基础。2019年度,海外教育学院留学生在校生443人,其中语言生266人,本科生177人。在学远程学生共370人。研究生在校生260人,其中博士生11人,硕士研究生249人。举办涉外短期班7次,共计226人。国际学院自主招生学生人数1223人,与爱尔兰都柏林合作举办会计学和金融学专业(荣誉)学士学位项目本科生在校生726人,学生总人数1949人。

(三)优化人才培养,促进学生全面发展,培养国际化创新型人才

学院的办学规模逐步扩大,办学层次不断提升。海外教育学院通过函授、网络远程教育、面授教学、学历教育与进修培训、合作教育等多种途径,累计为世界五大洲100多个国家和地区培养了6万多名各类专门人才,其中包括3万名中文、中医专业人才,约2万名包括博士、硕士在内的外国留学生和台港澳学生,约1万名外国教育官员和本土教师,在海内外享有"传学四海,载誉五洲"的声誉。国际学院从单一的留学预科教育逐步发展成为具有中外合作办学本科项目(与爱尔兰都柏林商学院合作的会计学和金融学)和自主留学项目等多种办学模式,是福建省唯一经中国教育部留学服务中心授权的出国留学培训基地,拥有60余所知名大学"国际合伙人",自2005年办学以来已经培养了近5000名具有国际化视野的毕业生。

学院通过中外教育合作,引进国外优质教育资源,借鉴世界先进教育理念和管理经验,培养建设创新型国家所需要的具有国际视野、通晓国际规则、能够参与国际竞争的各类拔尖的创新人才,全面提升教育的国际化水平和国际影响力。学院有4000多名学生分别赴英国、法国、美国、日本、澳大利亚、加拿大等多所合作大学深造。都柏林项目每年出国深造的学生中,有70%以上前往世界知名的国(境)外高校深造。

学院重视学生全面发展,2018年两院学生在国家、省、市及学校各类比赛中取得优异成绩。来自土耳其的留学生白婷丽获得汉教英雄会(孔子学院总部与中国教育电视台合作举办的中外汉语国际教育硕士交流活动)三等奖,2018级汉语国际教育专业研究生耿嘉宁在全国高校储备华文教师教学比赛中以总分第三名的成绩荣获大赛二等奖。国际学院2016级预本硕连读项目酒店管理专业的姜慧染同学在第三届中国高校大学生侍酒师大赛中喜获"最佳人气奖"。

在学校不断深化创新创业教育改革的过程中,学院进一步加大力度,鼓励、引导师生积极投身"大众创业、万众创新",师生参与科创竞赛的积极性明显增强,学生创新创业能力显著提升。2018年10月,在学校举办的第四届中国"互联网+"大学生创新创业大赛中,学院都柏林项目苏博同学参与的项目"诺康得:全球首创CECT－NK疗法战胜白血病"夺得金奖。2015级都柏林项目本科生组成的团队——厉泽昊、蓝子俊、赖致光和李维耕以创立厦门晨星启辰投资管理

有限公司和启辰公益基金会荣获第四届“互联网＋”大学生创新创业大赛校级金奖。2017级都柏林项目学生邹翘楚荣获校防诈骗金点子征集大赛二等奖。2018年11月，国际学院都柏林项目学生15项项目进入学校“2018年第二批大学生创新创业训练计划项目拟立项名单”。

2019年，第一批大学生创新创业训练计划中，国际学院都柏林项目申报的35个项目全部获得立项，其中3个项目拟推荐国家级立项，4个项目拟推荐省级立项，11个项目获得校级立项，17个项目获得院级立项，立项总数大幅增加、创历史新高。在第十四届“挑战杯”福建省大学生课外学术科技作品决赛中，2016级都柏林项目本科生姜书凝等8位同学合作的参赛作品夺得“挑战杯”省赛特等奖，这是学院在该项赛事上取得最好的成绩。在第五届“互联网＋”大学生创新创业大赛厦大校赛决赛中，2017级都柏林项目本科生王熙月、董雯君、张旭等学生组成的红树林团队项目获金奖。2019年都柏林项目有14名同学获得免试攻读硕士研究生资格，全部被包括北京大学、中国人民大学等在内的高水平大学录取，取得历史最好成绩。

2019年，厦大学生暑期社会实践“互联网＋精准扶贫”专项活动由学院负责管理实施，共有29支实践队伍近210人参加，奔赴西藏、贵州等12个省份进行实践探索，取得丰硕成果。

2020年第一批大学生创新创业训练计划中，国际学院申报的29个项目全部获得立项，其中5个项目拟推荐国家级立项，11个项目拟推荐省级立项，获国家级、省级立项数创历史新高。“红树林公益教育”荣获第六届福建省“互联网＋”大学生创新创业大赛铜奖，第六届厦门大学“互联网＋”创新创业大赛金奖。

学院全力贯彻“三全育人”理念，不断探索、致力构建形式多样的教育教学新模式。学院专门为留学生开设了“中华文化体验”课程，带领学生学习和体验美食文化、企业文化、茶文化、醋文化等多元的中华文化。此外，“中国日”文化节、“汉语角”、“国际青年说”、“泼水节”、“水灯节”等各类丰富多彩的活动，已成为全校重要中外学生交流活动，在活动中弘扬中华优秀传统文化，促进中外文明交流互鉴，营造开放、包容、自信、宽广的校园文化氛围。

(四)加强学科建设,明确发展方向

海外教育学院以夯实汉语国际教育专业为学科建设的重点,设有对外汉语教学、汉语国际推广、国际汉语教育三个二级学科博士、硕士点及语言学及应用语言学、汉语国际教育专业硕士点,分别隶属中国语言文学、新闻传播学、教育学三个一级学科。设有面向外国留学生的汉语言文学、经贸汉语本科和远程本专科学历教育及各类长短期进修班,招收国家汉办/孔子学院总部“新汉学计划”来华攻读博士学位的外籍研究生,招收台港澳侨联考先修班学生。

学院远程教育的专业设置包括:中文类的商务汉语、汉语国际教育(对外汉语方向)、汉语言文学(文学类)、汉语言文学(师范类);商贸类的国际经济与贸易、会计学、市场营销、酒店管理等。

学院和美国、英国、日本、澳大利亚、新西兰等国 60 多所知名大学合作开展本、硕阶段的教育,学科门类涵盖了教育、经济、艺术、管理、信息技术等多个领域。2010 年,国际学院获新浪中国教育盛典最受认可的国际预科项目;2010 年,厦门大学与爱尔兰都柏林商学院中外合作办学项目获教育部批准,成为厦门大学创办以来首个列入国家计划招生(本一批)的中外合作办学项目;2012 年,国家教育部中国留学服务中心与厦门大学共建出国留学培训基地在厦大揭牌成立,由国际学院负责运行。2015 年,厦门大学与爱尔兰都柏林商学院合作办学的会计学专业和金融学专业两个本科教育项目顺利通过了教育部中外合作办学的合格评估。学院引进都柏林商学院的本科学士学位课程、教学计划及教学模式,结合厦门大学的学科优势,制订双方共同认可的课程设置、教学计划,探索既有中国特色又融合国外教育特点的国际化人才培养模式。2018 年至 2019 年,学院按照人才培养规律,对会计学和金融学专业的培养方案进行了全面修订,并在 2019 级新生中全面实施修订后的培养方案。

2019 年,学院通过对北京师范大学、北京语言大学等进行实地考察及调研,召开学科建设发展座谈会,为学科定位及发展方向提供理论和实践支撑。学院重点修订了汉语言本科培养方案和学术型专业研究生的培养方案,推进学院主体课程体系整体升级,为本科与教务系统接轨以及汉语国际教育硕士点评估做好准备。修订硕士方案,将论文写作指导课纳入研究生必修课程,调整学位评定办法,对学术型研究生科研成果要求进行了修订。

2020年，海外教育学院以国际中文教育为学科建设的重点，不断夯实汉语国际教育专业人才培养质量，重点修订汉语国际教育专业硕士培养方案和学术型硕士培养方案，积极协调、组织汉硕专业评估工作，组织专业硕士核心课导师参加教指委课程培训。根据评审专家意见，积极开展汉语国际教育本科专业的申报工作，不断完善学科体系，努力建成本、硕、博完整的人才培养体系。国际学院协调优质学科资源，推进专业开设，修订都柏林项目金融学、会计学两个专业三个年级的培养方案。预本硕连读项目新开设计算机专业及国际营销专业。

（五）加强师资队伍建设，强化教学管理

学院通过人才引进和在职培养，进一步改善师资队伍结构，在教学与研究等方面取得了显著发展。截至2020年6月，海外教育学院/国际学院现有专任教师94名（包括3名外教及4名台湾教师），其中教授6人，副教授21人，助理教授和讲师32人，助教9人，专兼职外教13名。专任教师大多具有博士学位以及海外教学、进修和工作经历，包括加利福尼亚大学戴维斯分校、新南威尔士大学、梅西大学、谢菲尔德大学、伦敦国王学院、香港科技大学等世界一流大学。2019年，学院与学校各部门多方协调，理顺了国际学院教师聘任关系这一多年制约教师队伍发展的症结。国际学院教师聘任合同签订主体、教师资格评聘、教师职务聘任等问题得到解决，为建设一支稳定的高素质教师队伍提供保障。2019年，学院为都柏林项目引进两位具有博士学位的教师，分别毕业于新加坡国立大学和英国丹迪大学，进一步充实了该项目的师资队伍。2020年，引进助理教授1名，毕业于新加坡国立大学；引进兼职教授1名，来自北京语言大学，担任国际中文教育学科带头人。师资队伍建设有了显著改善。

学院重视人才引进与人才培养并重，选拔一批年富力强，专业突出、有热情有冲劲的学科带头人。同时，出台博士生导师资助计划，打造一支高素质师资队伍。通过学术报告、教师座谈等形式，邀请海内外优秀学科带头人、南强青年学者来学院进行学术交流。积极开展教职工岗前培训工作，对新进教职工进行师德师风教育和学院历史、教学技能等相关培训。学院还通过举办青年教师技能大赛及提供海外高校交流培训的机会，鼓励青年教师通过各种渠道提升自身的业务水平。2018年6月，学院举行青年教师技能比赛，首次设立初赛和复赛，利用复赛的形式让两院教师观摩优秀选手教学实践，学习交流教学经验。参赛教师通过比赛、观摩、交流、切磋、赛事评委的讲解和教研组反馈，多方位提升教学技能。2018 年，在厦门大学第十三届青年教师教学技能比赛中，国际学院杨薇老师荣获文科组最佳课件奖。2019 年，在厦门大学第十四届教学比赛中，国际学院王振东老师获得二等奖及最佳课件奖，林颖婷老师获得厦门大学第八届英语教学比赛一等奖。在第五届福建省高校青年教师教学竞赛中，林颖婷老师获得人文社会科学组二等奖，并获得福建省高校青年教学新秀荣誉称号。学院荣获比赛“最佳组织奖”。2020 年，共有 42 位青年教师参加了院级教学技能大赛。学院 2 位教师分别获得英语教学比赛一等奖、青年教师教学技能比赛（理论文科组）二等奖及最佳课件奖，学院荣获“最佳组织奖”。在厦门大学第五届翻转课堂比赛中，肖宁遥老师获最佳教案奖。赖雄传老师获得 2020 年度福建省引进高层次人才和厦门市高层次人才认定；杨帅、史凤霞两位老师获英国高等教育文凭项目“优秀教师”称号。

学院中外师生济济一堂，为不同肤色、不同语言文化背景的留学生提供了一个相互交流、相互借鉴的平台。丰富多彩的留学生活，加深了师生和同学之间的友谊，也丰富了外国留学生对中国的认知，促进了他们与中国人民的友好往来。学院积极推进汉语国际教育教学手段的现代化，着力发展网络远程教育，构建华文网络远程教育平台，拍摄制作汉语和商贸教学视频课件，建立相应的教学资源库和教学管理体系。学院积极完善支撑远程教育平台建设的机房建设和录播室建设，开设了 284 门课，录制的视频课件有 1896 个，完成了汉语言文学及商贸类专业课程，在马来西亚、新加坡、印尼、蒙古等国设立教学点。目前签约的海外教学中心共 8 家，加拿大 5 家，中国香港、英国、日本各 1 家，并承担国侨办海外华文教师远程学历教育项目。

国际学院自主留学项目采用国外大学的课程体系和教学计划，引进国外先进教材，采用双语或外语教学，让学生提前适应国外的教学模式；与国外合作大学密切联系、定期互访，建立内审和外审相结合的制度，形成严格的教学质量监控体系，确保了教学质量，受到外方合作院校的高度评价。

(六)不断提高学院科研水平,夯实学科基础

在科学研究方面,学院以院内设置的研究机构和创办的学术刊物为平台,凝练学院科研特色和优势,以科学研究深化学科内涵,推进学科建设发展。学院现设有部批研究机构1个(即海外华文教育研究所),主办《海外华文教育》刊物。《海外华文教育》是世界各地大学的孔子学院、台港澳地区的相关高校、研究机构与内地高等学校和研究机构在汉语国际教育方面的重要学术交流平台,在海内外学术界特别是东南亚地区产生了广泛的学术影响与社会影响。

学院还积极参与学校哲学社会科学繁荣计划的实施。其中,"汉语国际推广专业网站"项目,旨在推进汉语国际教育信息化建设,及时跟踪世界汉语教学发展态势,使汉语国际教育和中华文化传播的各方面信息和教学资源、成果得到及时传递和资源共享,促进世界各国汉语教学机构的共同交流与发展;"两岸华文教育与文化传播协同创新"项目,旨在构建两岸文教交流融合平台,在华文教育和文化传播领域相互借鉴、优势互补、形成合力,为两岸关系和平发展注入强劲动力。

此外,学院还高度重视学术道德,着力构建长效机制,切实提高学院科研管理工作的整体水平,加强对学院科研机构的监管。2019年,学院以内控体系建设为契机,根据学院特色制定了《海外教育学院/国际学院科研奖励实施办法》,加大对高水平科研成果的奖励力度。制订了《〈海外华文教育〉期刊管理章程》,规范"三审三校"制度以及期刊稿件管理流程,从规章制度上把好学术期刊出版导向关和质量关。

(七)深化国际交流合作,服务国际化人才培养

学院积极通过多样化的教育国际合作交流形式,如中外合作办学、中外间的教师互派、学生互换、学分互认与学位互授,国际竞赛的参与和切磋,教育研究机构国际间的合作,教育国际会议和展览,教育界官员与学者的互访,海外分校的设立等各种教育国际交流与合作活动,带动、加强和深化我国与各国之间在教育文化等领域的相互交流、相互理解与相互融通,为我国教育走出国门和中华文化的世界传播提供了良好的平台与契机。

学院积极开展与国外知名大学和教育机构的交流与合作。学院对外相互合作交流院校及机构达90余所，与爱尔兰都柏林商学院、英国南安普顿大学、英国创新创意艺术大学、英国赫尔大学、澳大利亚麦考瑞大学、澳大利亚南昆士兰大学、荷兰莱顿大学、菲律宾大学、日本静冈产业大学等多所大学结为合作办学伙伴，友好往来不断，为学院国际化办学注入了活力。学院还与马来西亚董教总、印尼雅加达华文教育协调机构、菲律宾华文教育研究中心、菲律宾中正学院、菲律宾光启学校、新加坡中学华文教师会、蒙古国育才中学等"一带一路"沿线国家的华文教育机构建立密切的合作交流关系，共同推动汉语远程教育和师资培训在当地的开展。2019年12月18日，教育部正式发文批准设立厦门大学创意与创新学院，这是厦门大学首个中外合作办学机构。

(八)改善办学条件，营造国际化办学环境

学院充分利用和挖掘现有的资源和有限的空间，因地制宜，改善办学条件，创建平安校园，为师生打造平安、温馨、国际化的学习工作环境。为给师生创造休闲和活动的场所，学院在一楼的多功能报告厅配备了活动桌椅和卡拉OK设施，可随时移动作为跳交谊舞和文娱晚会的场所；负一楼的周边空地建成了排球场，还购置了台球桌、乒乓球桌，方便师生锻炼。2019年，为解决地下车库拥堵、停车难以及楼道、饮水、消防设施较为老旧等问题，学院完成了一系列改造项目，仅用短短一个月的时间就对车库进行了全面改造，将东西两侧门厅、楼道、防火门、电梯、实训室及报告厅等进行全面提升改造。为方便学院女职工特别是哺乳期女职工的工作生活，学院将空置的房间改造成温馨舒适的"妈妈小屋"，在公共区域增加绿植装饰、对饮水机更新换代、进行垃圾分类等，不断营造舒适、温馨、国际化的办学环境。

(九)深化共建，服务地方经济和社会发展的能力不断加强

海外教育学院/国际学院既是国务院侨办华文教育基地，也是福建省唯一经中国留学服务中心授权的出国留学培训基地。学院在汉语推广、中外文化教育交流合作、人才培养、推进学校国际化进程等方面建设取得了明显的新进展，为

中国文化传播和国际教育建设服务方面取得显著成绩，贡献突出，被海内外媒体评价为“为中国学生提供接受国外教育”以及“为外国学生提供接受中国教育”的“双向平台”，构筑中外教育交流合作新“丝路”，着力建设成为教育国际化和中外教育合作办学的示范基地。

2019年，海外教育学院研究生党支部与莲河中学、大嶝中学持续开展党支部共建项目，中外研究生积极为当地中学生组织英语角、素质拓展和讲座分享等活动。此外，学院2009级—2018级国内硕士研究生有近300名同学分别赴世界各地开展汉语教学以及中华文化传播活动，受益海外学生数量高达17000余人。2020年，学院汉语国际教育专业研究生前往海外开展实习实践的工作受到很大影响，为切实解决学生实习的困难，学院积极探索新渠道，发挥国内院校资源优势，开展院校合作，确定双十思明分校的实习项目。2020年11月，首批8名研究生顺利前往双十中学思明分校开展为期三周的实习工作。此外，为解决部分留在中国的外籍学生实习问题，学院主动寻找实习资源，已获厦门市出入境管理局批准。

2019年12月，海外教育学院“中国形象带盐人”志愿服务项目团队喜获福建省志愿服务项目大赛银奖。2019年福建省“我和志愿服务的故事”青年志愿者演讲比赛中，学院2018级硕士研究生黄嘉莉同学凭借饱满的爱国情怀以及真挚的奉献情感荣获二等奖。汉语角志愿服务项目，被评为厦门大学优秀志愿服务项目。2020年，学院“红树林”乡村留守儿童云端陪伴式公益教育项目获得第五届全国青年志愿服务大赛银奖、福建省青年志愿服务大赛银奖。

(十)汉语国际推广，助推中华文化走出去

2001年10月，学院获准成为国务院侨办华文教育基地和国家汉办支持周边国家汉语教学重点院校。2008年9月，国家汉办批准设立厦门大学汉语国际推广南方基地。学校成立了汉语国际推广南方基地理事会，基地日常事务运作挂靠海外教育学院。学院将华文教育基地和南方基地的建设与学院日常的教学科研有机结合起来，拓展华文教育与汉语国际教育的新理念、新空间、新技术、新手段，既促进了学科建设、理论研究、应用开发、人才培养的创新发展，也为汉语国际推广和中华文化走向世界提供了有力支撑与优质服务。

从基地设立至2012年独立建制之前，圆满完成了国务院侨办、国家汉办/孔子学院总部下达的各项师资培训任务，承担国侨办委托的海外华文教师远程学历教育项目，组织教师赴国外开展汉语教学和培训本土化汉语教师。先后派出教师18人次赴海外担任孔子学院中方院长和汉语教师，派出教师160多人次赴海外培训本土汉语教师，派出156名研究生赴泰国、美国、加拿大、英国、德国、法国、西班牙、意大利、波兰等国孔子学院/孔子课堂任教。2018年至2019年又派出58名志愿者前往“一带一路”沿线13个国家（地区）、29所孔院开展汉语教学以及中华文化传播活动，其中，2017级汉语国际教育专业硕士邹维琴在尼日利亚纳姆迪·阿齐克韦大学孔子学院任教时被评为2019年度全球孔子学院先进个人，获“孔子学院奖章”。

第二章 厦门大学海外教育学院/国际学院党政管理与发展

第一节 海外教育学院/国际学院党组织发展及其管理

一、早期海外教育学院/国际学院党组织管理

1949年10月17日,厦门解放。在新中国成立初期,厦门市军事管制委员会是全市最高权力机关,统一领导厦门市党政军的工作。[①] 1952年7月5日,厦大临时党委会成立。9月28日,中共厦门大学第一支部成立。到"文化大革命"前夕,全校共有9个党总支部,2个直属党支部。[②] 这一时期,学院还未成立党支部,党员组织活动主要根据学校部署统一安排,开展组织生活。

二、海外教育学院/国际学院党组织的建设与管理

1980年1月,中共厦门大学海外函授学院党支部正式建立,后更名为中共厦门大学海外教育学院党支部,2003年升格为中共厦门大学海外教育学院党总支。2009年4月16日,正式更名为中共厦门大学海外教育学院/国际学院党总支。其时,学院共有党员51人,均为教职工党员,设有海外华文系教师党支部、海外行政党支部、海外离退休教工党支部和国际学院教工党支部4个支部。

① 中共厦门大学委员会党史编委会.中国共产党厦门大学组织史简编[M].厦门:厦门大学出版社,1996:99.

② 中共厦门大学委员会党史编委会.中国共产党厦门大学组织史简编[M].厦门:厦门大学出版社,1996:135.

2009年6月,南方基地挂牌成立,并挂靠本院。同年9月,海外教育学院首次招收国内硕士研究生。根据需要,学院党总支于2010年1月成立南方基地党支部和海外教育学院研究生党支部,自此,学院第一个研究生党支部诞生。2011年9月,随着国际学院都柏林项目开始招收本科生,学院第一个本科生党支部也应运而生。2013年1月6日,南方基地单独成立党总支,原南方基地党支部随即撤销。

2013年2月,全院党支部数从2008年的3个增加到9个,党员人数从40余人增加到144人。为适应发展需要,按照党章"一般正式党员超过一百人以上的单位可设立党委"这一规定,学校于2013年4月在学院设立党委,全称"中国共产党厦门大学海外教育学院/国际学院委员会"。

表2-1 海外教育学院/国际学院党组织机构负责人更迭情况表

阶段	书记	副书记
直属党支部时期	林去病(1980年1月—1984年10月) 白　蓝(1984年11月—1987年3月) 林去病(1987年3月—1994年9月) 吴锦忠(1994年9月—1997年4月) 詹心丽(1997年4月—1999年6月) 陆　汎(1999年6月—2001年4月) 毛通文(2001年4月—2003年6月)	
党总支时期	毛通文(2003年7月—2003年12月) 林自和(2004年5月—2007年8月) 曾坤瑜(2007年8月—2011年10月) 陈志伟(2011年10月—2013年3月)	伍伟平(2012年8月—2013年3月)
党委时期	陈志伟(2013年4月—2014年9月) 王　艺(2017年6月—2020年10月)	伍伟平(2013年4月—2019年5月) 王　艺(主持工作2014年10月—2017年6月) 陶　涛(2017年11月—2020年4月) 罗俊峰(2018年5月—2020年5月) 陈向柳(2019年6月—2020年10月) 吴　荻(2020年5月—2020年10月)

2020年10月,随着机构撤并,学校党委决定撤销中共厦门大学海外教育学院/国际学院委员会和中共厦门大学汉语国际推广南方基地总支部委员会。厦门大学汉语国际推广南方基地/孔子学院办公室与厦门大学海外教育学院合并

成立“厦门大学国际中文教育学院”，保留“厦门大学海外教育学院”名称，并成立中共厦门大学国际中文教育学院/海外教育学院委员会。国际学院单独成立“中共厦门大学国际学院委员会”。

表 2-2　国际中文教育学院/海外教育学院、国际学院党组织机构负责人

党委名称	书记	副书记
国际中文教育学院/海外教育学院党委	范丽	吴荻
国际学院党委	何元赞	陈向柳

三、党组织建设与管理的成就

党的十八大以来，以习近平同志为核心的党中央不断推动全面从严治党向纵深发展。在校党委的直接领导下，学院党委不断加强党的组织建设，完善制度机制，深化廉政建设，推动学院各项事业的开展。

(一)党的队伍建设和基层组织建设不断巩固

在上级党委的领导下，学院党委不断加强党员的教育管理和培养，并坚持把政治标准放在首位，严把党员发展质量关。2009 年 7 月前，学院只有教职工党支部(含退休党支部)4 个，党员 51 人，无学生党员和党支部。通过十余年的发展，截至 2020 年 10 月，学院共有党支部 9 个，新增教师党支部 1 个，学生党支部 4 个；现有党员 165 人，学生党员从 0 人发展到现在的 84 人。党员人数不断增加，党员队伍不断壮大，党支部建设有序发展，党建工作成效显著，有效地保证了师生党员在学院各个部门的模范带头作用，使师生党员成为学院建设发展各个方面的中坚力量。

2013年7月，举行新党员宣誓仪式暨七一表彰大会

(二)理论学习和政治思想教育不断加强

党的十八大以来，学院党委以习近平新时代中国特色社会主义思想为指导，全面贯彻落实党的十九大精神，按照新时代党的建设总要求，坚持以政治建设为统领，统筹推进学院党组织的政治建设、思想建设、组织建设、作风建设、纪律建设，有效提升基层党组织的组织力、凝聚力和战斗力，进一步强化学院党委的政治核心作用、党支部的战斗堡垒作用，充分发挥党员的先锋模范作用。学院先后在党内开展了"党的群众路线教育实践""三严三实""两学一做""不忘初心，牢记使命"主题教育等专题学习实践活动，党内组织生活进一步规范，党员干部民主生活会和党员组织生活会已形成新常态，"三会一课""固定党日＋"活动蓬勃开展，为学院各项事业发展提供坚强的政治保障、思想保障和组织保障。

学院积极构建意识形态长效工作机制，通过二级党校这个平台，强化了在全院师生中开展马克思主义中国化最新成果、习近平新时代中国特色社会主义思想和党的路线、方针、政策的宣传教育。进一步落实了中心组学习制度、"三会一课"制度、党委书记和党员领导干部上党课制度、党员领导干部联系党支部制度，形成了以上率下的学习氛围。积极运用网络平台组织党员开展理论学习，不断提高党员的政治素养。同时，学院党委通过开展专题讲座、观影、观看视频等方式落实教职工“双周政治理论学习”制度，将理论学习与学院的建设发展和实施“中华文化走出去，提升国家软实力”“实现中华民族伟大复兴”战略目标紧密结合起来，从思想上形成新的合力。

2018 年 7 月，学院组织党员赴中国共产党第一次代表大会会址参观学习

此外，学院党委还积极倡导和支持各支部开展与周边单位的共建活动，发挥厦大作为高等院校对周边的文化辐射作用，组织党员干部、学生、离退休教工走进社区、走向社会，开展形式多样、内容丰富的参观学习和志愿服务活动，涌现出一批优秀的共建项目和社会实践典型，政治思想教育落到了实处、取得了实效。

2018 年 12 月，学院与大嶝中学合作共建，学生党员、入党积极分子组成志愿服务队前往该校开展支教活动

(三)党风廉政建设和意识形态工作不断深化

学院坚决维护党中央权威和集中统一领导，严明党的政治纪律和政治规矩，层层落实管党治党政治责任。不断推进制度化建设以及党务、院务公开，坚持民主集中制，不断健全党委会议制度和党政联席会议制度。学院管理体制和运行机制进一步完善，领导班子整体功能不断增强，议事决策水平不断提高，党的领导不断强化，“三重一大”决策制度得到全面落实，保障和促进了人才引进、教学科研、人才培养和行政管理等各项工作的开展。

(四)以党建为引领，抓好师德师风建设

学院党政主要领导对学院师德师风建设负直接领导责任，建立了党政齐抓共管、专人具体落实、教师自我约束的师德师风建设工作机制。制定了人才引进政审制度、思想政治与意识形态考核条例、公派出国教师选拔与管理条例等多项制度条例，将师德师风建设贯穿到人才引进、日常教育、孔子学院公派教师选拔

和绩效考核评价的全过程,做到党政领导联系教师全覆盖。

积极落实师德师风“三个一”提升计划,将师德师风工作作为重要的工作纳入学院党政联席会和党委会讨论议程,举办了4次大讲堂,树立了以海外教育学院老师肖宁遥、南方基地赴尼日利亚中方院长余章宝、赴菲律宾专职教师陈文倩为代表的师德模范。

重视锤炼教师教学本领,完善监管和奖惩机制,建立领导干部听课制度和党支部书记、系主任、教研室主任年度考评现场述职机制。对师德失范行为保持“零容忍”,对师德师风优秀、获得各类奖项老师的典型事迹进行大力宣传,弘扬师德正气,营造了积极向上的学院氛围。

(五)工会工作和离退休工作取得新突破

学院积极支持部门工会开展年度教学竞赛、文体竞赛和各类文体活动,对教职工结婚生子、访病问疾探视慰问工作也已形成常态。2018年,院工会着力解决了学院近90名院聘教职工的入会问题,并为他们购买了厦门市工会的大病医疗互助保险,极大增强了院聘教职工的集体归属感。2019年,学院拨出两个独立房间建起了“工会之家”和“妈妈小屋”,为教职工开展交流提供了场所,为妈妈和准妈妈们交流健康育婴知识提供了沟通的平台。2020年,学院在漳州校区设立哺乳室投入使用,并积极为非在编教职工争取体检经费、组织体检。

在学院党政领导的积极支持下,工会全民健身运动蓬勃开展。学院先后组建了男女气排球队、乒乓球队、羽毛球队、游泳队和合唱队等,女子气排球队获得了学校首届气排球比赛第五名和第二届气排球比赛第六名的较好成绩;在2017年学校第18届教职工运动会上,学院获得总分第6名的历史最好成绩;院游泳队在校第26届和27届教职工游泳运动会上均夺得团总分第五名的好成绩,并在女子教工乙组50米蛙泳和100米蛙泳两个项目上打破了校纪录;羽毛球队也于2018年获得校团体比赛第3名。2019年,学院获得年度校青年教师教学技能大赛最佳组织奖、第27届教工游泳运动会团体总分第五名、“我和我的祖国”庆祝新中国成立70周年校教职工合唱比赛最佳组织奖、第19届教职工运动会“体育道德风尚奖”等奖项。教职工的集体荣誉感和组织归属感不断增强。

学院党委对离退休工作十分重视,一直保持了离退休教职工每月一次见面会制度。以离退休党支部为核心，定期组织活动，促进离退休人员之间的相互联系。学院还通过召开离退休教工座谈会的方式听取老同志对学院办学的意见和建议，让他们充分感受到集体的归属感和组织的关怀。

(六)文化建设和国际化校园建设取得新成就

坚持以“学生为中心”的工作理念，不断提高学院学生工作科学化水平，努力打造国际化校园，促进中外学生的交流与融合，引导青年学子不忘本来、吸收外来、面向未来，向来华留学生展现全面、真实、立体的中国。坚定文化自信，积极打造学院文化品牌，通过多年的实践探索，学院的文化建设成果凸显，打造了一批如中国日、国际青年说、汉语角、水灯节、泼水节等具有学院办学特色、在学校有较大影响力的固定文化活动，还长年为中外学生举办布袋木偶戏、中国功夫等专场讲座，打造“传统艺术进校园”“迷你世博会”等一系列活动，营造了多元、开放、包容、自信、创新的校园文化氛围。

第二节　海外教育学院/国际学院行政组织发展及其管理

一、早期行政组织及其管理

王亚南担任厦大校长后，一直思考一个问题：要具备什么样特色才能使她在中国的大学里占有一席之地？学校不断讨论，最终认为，从校主陈嘉庚与南洋的关系，再加上厦大面向海洋，学校应该面向东南亚办学，突出海洋特色。当时学校形成一致意见，认为除了在学科渗透这些特色，还要成立南洋研究所、海洋研究所和华侨函授部。当时的华侨函授部主要是为海外华侨补习数理化，因为那时东南亚一带华人学校的数理化的师资很缺乏。1956 年 10 月，厦门大学华侨函授部正式成立，厦大数学系方德植教授任函授部首任主任。

方德植教授

方德植，厦门大学教授，主要从事几何学、数学教育研究，是我国当代第一个完全由国内培养的、以其科研成果赢得国际数学界注目的数学家，他在数学研究、教育和人才培养等方面，都作出了重要贡献。1943年到厦门大学数理系任教授。这时期内，方德植在研究方面给出了曲面的初等形式和射影线素的新定义，发现了一致曲面的特征，研究了曲面的规范直线，两条相交的空间曲线，具有高阶奇异点的平面曲线对，具有(m,n)阶可表示奇异点的平面曲线对等。此外，他翻译了苏联希洛夫的《向量分析讲义》，德国布拉希开的《微分几何引论》。1962年，受教育部委托编写了高等学校通用教材《微分几何》。1985年12月6日，中国数学会在上海举行50周年年会，决定向在数学教学和研究中度过50个春秋的苏步青、柯召、方德植等83位老一辈数学家，颁发荣誉证书。方德植是福建省唯一获此殊荣的数学家。[①] 为了表彰方德植的工作成绩，1986年，厦门大学授予他"南强奖"一等奖。

1963年经中侨委和高教部批准，华侨函授部更名为厦门大学海外函授部。陈曲水任主任。陈曲水，1926年毕业于集美师范学校，后在福建、菲律宾等地任教。1950年1月，陈曲水从香港回到福建，投身侨务工作，历任全国侨联委员，福建省华侨事务委员会办公室主任，省侨委副主任，省侨联名誉主席。后任集美华侨补习学校校长，厦门市侨联名誉主席，厦门大学党委常委、统战部长，南洋研

① 百度百科[EB/OL].[2020-08-08]. https://baike.baidu.com/item/方德植/4631872? fr=aladdin.

究所副所长兼华侨函授部主任等职。[①]

表 2-3 华侨函授部/海外函授部机构负责人情况表

机构名称	主任	副主任
华侨函授部(1956—1963) 海外函授部(1963—1966)	方德植(1956—1957) 陈曲水(1957—1966)	陈汝惠(1957—1958) 尹一民(1959—1966)

二、海外教育学院/国际学院行政组织的发展

1978 年 12 月 24 日，学校任命蒋林为复办后的海外函授部主任，主要恢复与筹办海外函授工作。1981 年 11 月 17 日，海外函授部改名为厦门大学海外函授学院。潘懋元任海外函授学院首任院长。同时，敦聘福建中医学院盛国荣教授为名誉院长。潘懋元是我国高等教育学科的奠基人、开拓者。1945 年毕业于厦门大学教育系，其后在中国人民大学、北京师范大学进修研究生课程。曾任厦门大学党委常委、副校长、顾问、海外函授学院院长；国务院学位委员会教育学科评审组召集人、中国高教学会副会长、全国高等教育学研究会理事长、全国高等教育自学考试研究委员会主任。现任厦门大学高等教育科学研究所名誉所长、教育研究院名誉院长、中国高等教育学会顾问、全国高等教育学研究会名誉理事长等。[②]

潘懋元教授

盛国荣教授

① 百度百科[EB/OL].[2020-08-08]. https://baike.baidu.com/item/陈曲水/5437830? fr=aladdin.

② 厦门大学教育研究院网站[EB/OL].[2020-08-01]. https://ihe.xmu.edu.cn/2017/0714/c16606a325546/page.htm.

盛国荣，八代中医学家，新中国成立前任厦门市中医师公会理事长、上海《新中医药》编辑，创办《厦门医药月刊》及“施医赠药所”。新中国成立后先后任厦门市中医研究社社长，厦门卫生工作者协会副主任、厦门市第一医院中医科主任、福建中医学院医经教研室主任、福建省中医学会副理事长、福建中医学院副院长、厦门大学海外函授学院学术评定委员和兼职教授，《医学百科全书·中医内科》编委，全国高等医药院校中医专业教材编审委员。①

1983 年，学校成立厦门大学国际教育中心，招收外国留学生来校学习，周世雄任代理主任。周世雄，毕业于厦门大学外语系，长期从事外交、对外教育、国际问题研究和口笔译工作，发表译文达百余万字和众多有价值的科学论文，对外国留学生开设有关中国政治、经济、文化等内容的讲座，深受欢迎，扩大了我国的对外影响。

1987 年 3 月，海外函授学院与国际教育中心合署，庄明萱任海外函授学院院长。1991 年，学校敦聘蔡清洁先生为海外函授学院名誉院长。庄明萱，1957 年毕业于厦门大学中文系，曾任厦门大学中文系副主任、厦门大学海外教育学院院长、海外汉语文化教学研究所所长等职，兼任中国对外汉语教学学会常务理事、厦门市作家协会副主席等职。②

蔡清洁，著名的菲律宾华人企业家、社团领袖，曾任厦门大学海外教育学院名誉院长。1991 年春，在得知厦大留学生们生活条件亟须改善时，时任菲律宾华商总会副理事长的蔡清洁先生捐资 530 万元人民币，为厦大留学生们建设留学生楼。这便是后来厦大本部的“蔡清洁楼”。为表彰他热爱桑梓、关心教育，捐资兴建留学生楼的义举，厦门大学为蔡清洁先生颁发“荣誉校友”证书。蔡清洁楼是厦大接受海外捐赠的重大项目，于 1993 年 9 月 5 日建成。它高 10 层，屹立在临海的山丘上，成为当时厦大的标志性建筑。其规模和气派在当时已有的捐建楼群中可以说是十分罕见的。在这座留学生大楼的落成典礼上，厦门大学校长林祖庚充满敬意地说：“蔡清洁先生胸怀宽广，放眼世界。站在蔡先生捐建的这幢大楼顶上，我们可以看到整个厦门，也能看到整个世界。”他代表学校聘请蔡清洁先生为厦门大学顾问和厦门大学海外教育学院名誉院长。蔡清洁楼落成

---

① 盛国荣.只留滴嗒在人间[J].山东中医杂志，1985(1)：33-36.

② 百度百科[EB/OL].[2020-08-08].https://baike.baidu.com/item/庄明萱.

时，作为厦门大学海外教育学院名誉院长的蔡清洁先生携夫人孩子特地从菲律宾赶来参加了盛典。面对刚刚建好的大楼和出席典礼的师生们，他激动而深情地说："作为海外游子，心中充满了对祖国，对家乡的无限眷念。能在陈嘉庚老一辈华侨开拓的美丽校园里留下我的一点足迹，我感到十分欣慰。"①

1993 年 9 月，蔡清洁楼落成典礼

1991 年，厦门大学海外函授学院更名为厦门大学海外教育学院，庄明萱为海外教育学院院长。1995 年 9 月，学校任命周世雄为海外教育学院院长。1999 年 6 月，学校任命詹心丽为海外教育学院院长。詹心丽，1982 年厦门大学中文系本科毕业、获文学学士学位。曾任厦门大学副校长、招生办公室主任，校友总会副理事长，厦门大学海外函授学院院长等职。

2001 年 4 月 6 日，学校敦聘香港特别行政区基本法委员会副主任黄保欣先生为海外教育学院名誉院长。黄保欣，早年毕业于厦门大学，是香港著名人士，大紫荆勋章获得者，曾任香港联侨企业、亚洲电视主席及全国人大香港特别行政区基本法委员会副主任委员等。作为厦大校友，黄保欣先生十分关心母校的发展与建设，他捐资兴建"嘉庚楼群"一号楼。2001 年 4 月 5 日，在海外教育学院四十五周年院庆晚会上，厦门大学校长陈传鸿代表学校敦聘黄保欣先生担任海外教育学院名誉院长，感谢黄先生爱国、爱乡、爱校，对厦大的发展作出杰出贡献。

① 邹晗.一枝一叶总关情——记海外教育学院院友，旅菲华侨蔡清洁先生[EB/OL].[2020-08-01].https://oec.xmu.edu.cn/info/1116/5346.htm.

2004年11月,学校任命黄鸣奋为海外教育学院院长。黄鸣奋,毕业于厦门大学中文系,曾任厦门大学中文系主任,人文学院副院长,中国语言文学研究所所长等。

2005年,厦门大学留学预科学院成立,任命郑通涛为院长。2007年,留学预科学院更名为国际学院,任命郑通涛为院长。2008年2月,海外教育学院与国际学院合并,学校任命郑通涛为海外教育学院/国际学院院长。郑通涛早年毕业于厦门大学,获文学硕士学位,后留学澳大利亚获得博士学位。

2017年11月,学校任命陶涛为海外教育学院/国际学院院长。陶涛本科和硕士研究生毕业于武汉大学,后留学美国获美国凯斯西储大学博士学位,并在加拿大麦吉尔大学完成博士后研究训练。曾任厦门大学研究生院常务副院长(2012—2017),获得中国学位与研究生教育学会研究生教育成果二等奖(排名第一)和福建省教学成果二等奖。

表2-4 海外教育学院/国际学院机构负责人更迭情况表

机构名称	主任/院长	副主任/副院长
海外函授部 (1978—1981)	蒋　林(1978—1981)	黄选卿(1978—1981) 蔡铁民(1978—1981)
海外函授学院 (1981—1991)	名誉院长:盛国荣(1981—1991) 院长:潘懋元(1981—1986) 庄明萱(1987—1991)	蒋　林(1981—1986) 蔡铁民(1981—1986) 李燕棠(1985—1986) 刘孔藤(1985—1986) 周世雄(1987—1991)
国际教育中心 (1983—1987)	代主任:周世雄(1983—1986)	肖丽娟(1983—1986) 林世恒(1983—1986) 周世雄(1987—1991) 薛淑贞(1987—1991)
海外教育学院 (1991—2008)	名誉院长:盛国荣(1991—2003) 蔡清洁(1991—2002) 黄保欣(2001—　) 院长:庄明萱(1991—1995) 周世雄(1995—1999) 詹心丽(1999—2004) 黄鸣奋(2004—2008)	周世雄(1991—1995) 卢　伟(1995—1999) 陈荣岚(1999—2008) 陆　汎(1999—2001) 林自和(2004—2008) 王彦晖(2004—2004) 黄建军(2006—2008)

续表

机构名称	主任/院长	副主任/副院长
留学预科学院(2005—2007) 国际学院(2007—2008)	郑通涛(2005—2008)	
海外教育学院/国际学院(2008—2020)	郑通涛(2008—2017) 陶　涛(2017—2020)	黄建军(2008—2014) 耿　虎(2008—2013) 吕子玄(2011—2014) 傅万里(2011—2019) 黄冠华(2015—2020) 耿　虎(2019—2020)

2020 年 10 月，学校决定成立厦门大学国际中文教育学院/海外教育学院和厦门大学国际学院。毛通文任厦门大学国际中文教育学院/海外教育学院副院长(主持工作)。陶涛任厦门大学国际学院院长。

表 2-5　国际中文教育学院/海外教育学院、国际学院机构负责人

机构名称	院长	副院长
国际中文教育学院/海外教育学院		毛通文、耿虎
国际学院	陶涛	黄冠华、耿虎(兼)、雷锐生(兼)

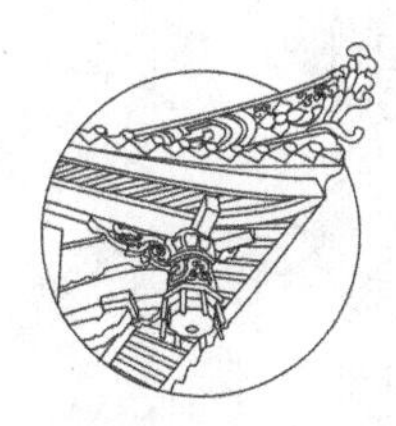

第三章 厦门大学海外教育学院/国际学院学科建设与招生

第一节　海外教育学院/国际学院学科建设与发展

一、早期学科建设

早期华侨函授教育主要以培养侨校的中学教师、提升教师学历层次为主，因此首先开始设置数学、物理、化学 3 个函授专修科，1957 年增加中国语文专修科。1958 年，根据国内教改精神和海外教育的具体情况，中侨委指示："除一般的规定将各科的学制由三年缩短为二年外，对目前重点进行侨校改革的华侨函授生，还需要根据他们中部分人学习当地语文的具体情况，在学习年限上予以适当照顾和灵活掌握"，自此各专修科学制从三年改为两年。

20 世纪 50 年代末，东南亚各国政府采取了一系列维护和发展民族经济的措施，不少华侨由从事经商转为从事工农业生产，华侨函授部于 1960 年增设化工技术班和中国语文进修班，传授中等专业技术知识，1966 年增设生物学专修班。①

海外函授教育初创时仅开设三个专修班，在校学生仅 300 余人，短短十年间，开设了 5 个专修科(即中文、数学、物理、化学、中医)和 3 个专修班(化工技术班、中国语文进修班、基础生物专修班)，侧重培养师资及应用人才，受到热烈欢迎，报读学生上万人。

---

① 厦门大学校史编委会.厦大校史资料(第七辑)[M].厦门:厦门大学出版社,1990:5.

二、"文革"后学科建设与发展

"文革"后,海外函授部率先恢复了中文和中医两大科目。进入80年代后,国际形势与华人社会发生了深刻的变化,面对这种新的情况与需要,学校便将原有海外函授部扩展为海外教育学院,并对专业的设置、办学的层次与形式进行了一系列变革,主要是对原有函授教学进行重大的调整与扩展,集中力量办具有中华民族文化特色的中文与中医专业。①

中文专业分为本科班,设有必要基础课及语言与文化、文学研究与教学、文学创作与编辑等专门化课程;专科班,设有语言文学班、高等师范研习班、中国文化研习班及文学创作研习班。另外还设置了预科班与单科进修班等。中医专业设有内科本科班、专科班、妇科进修班、骨伤科进修班及单科进修班;针灸科设有专科班、进修班,采用中文、英文和日文为教学媒介语。与此同时,增设了对外汉语专业,开办初级班、中级班、高级班及各种汉语类型的短期班。并且利用综合性大学的优势,发展横向联系,在文、理、工、财经与艺术教育学科中,辟出了36个专业,接受海外的普通进修生、高级进修生和本科生、硕士生、博士生攻读学位课程。经过这样的调整与开拓,使学院的办学形成了以中国文化为基础的多门类、多学科、多层次、多形式的对外办学教育体系,大大增强了适应力。②

(一)中医

1993年,国家教育部批准学院中医函授专业专科升为本科,1994年中医专业学士学位授予权顺利通过专家评审,学院的中医专业获得海外成人教育本科学士学位授予权,使厦门大学成为当时中国唯一授予海外成人教育学士学位的高等学校。③

2000年3月14日,由福建省教育厅学位办、省中医学院教授等组成的专家评审组,对厦门大学海外教育学院中医系中医学专业海外成人教育本科申请学

---

① 吴锦忠.抓住机遇,办好海外教育[J].中国高教研究,1995(2):78-80.

② 吴锦忠.抓住机遇,办好海外教育[J].中国高教研究,1995(2):78-80.

③ 詹心丽.在菲律宾华文教育界人士座谈会上的讲话[J].海外华文教育,2000(3):61.

士学位授予权的报告进行了认真的评审。专家们听取了学院自评汇报,实地考察办学设施条件和办学成果,召开教师、学生座谈会,一致认为:该专业自1993年招收海外中医学本科生以来,以传播中华文化、促进中外文化交流为宗旨,培养了一批质量较高的海外中医学高级人才,扩大了祖国医学在世界的影响。该专业培养目标明确,重视教学内容和方法的研讨,建立了一套适应海外中医教学的规范化制度,毕业生达到本科教学要求,符合学士学位授予条件,同意将该专业增列为医学学士学位授予专业。2002年9月,学院作为厦门大学独立的院系(厦大中医系)充分发挥综合性大学办学的优势,开始面向全国招收中医专业本科生。中医学本科(全日制教育)主要培养德智体全面发展,扎实掌握中医学理论知识和中医临床技能及一定的现代医学知识,具有开拓和创新能力的高级中医师。学制五年,主要课程包括中国古代哲学、大学英语、医古文、中医学基础、人体解剖学、大学语文、中医诊断学、生理学、中药学、生物化学、组织胚胎学、方剂学、病理学、伤寒论选读、跨学科基本课程药理学、诊断学基础、内经选读、温病学、中医耳鼻喉科学、教学实习、金匮要略选读、针灸学、中医内科学、中医外科学、针灸学、西医内科学、中医妇科学、中医儿科学、中医伤科学、毕业实习等。2002年9月中医学本科首批23名学生入学。

2004年7月8日,经学校研究,决定学院中医系并入医学院。自2005年起,中医远程教育划归医学院管理,学院不再招收中医函授远程教育的学生。

(二)中文

1993年,国家教育部批准学院的中文专科升为本科。1994年教育部批准了厦大海外教育学院华文系中国语言文学专业海外成人教育本科学士学位授予权。1997年,学院的中文专业获得本科学士学位授予权。

2002年9月8日,海外教育学院依托多年对外汉语办学经验,设立语言学与应用语言学专业对外汉语教学方向,与中文系联合面向国内外招收培养硕士研究生。经批准,2003年开始开办面向海外自主招收对外汉语教学硕士学位班,首批有6名泰国华文教师入学。

2003年6月22日,学校研究生院批准学院与人文学院新闻传播系合作面向海外招收传播学专业中华文化传播方向硕士研究生。

为进一步提高我国汉语国际推广能力，加快汉语走向世界，改革和完善国际汉语教学专门人才培养体系，培养适应汉语国际推广新形势需要的国内外从事汉语作为第二语言/外语教学和传播中华文化的专门人才，2007 年，国务院学位委员会第二十三次会议审议通过了《汉语国际教育硕士专业学位设置方案》，决定设置汉语国际教育硕士专业学位，并制定汉语国际教育硕士专业学位培养计划，做好汉语国际教育硕士专业学位的组织、宣传、招生等工作，为汉语国际教育硕士专业学位的大发展奠定了基础。2009 年 6 月 9 日，国务院学位委员会办公室下达《关于批准新增法律硕士等类别专业学位研究生培养单位的通知》，厦门大学海外教育学院获准独立招收培养国内对外汉语硕士生和面向海外招收国际汉语教育硕士。

2012 年，根据国务院学位委员会、教育部《学位授予和人才培养学科目录设置与管理办法》，根据厦门大学学科发展设置规划，海外教育学院、汉语国际推广南方基地，依据国家重大战略和社会发展对高层次人才的需求，结合厦门大学汉语国际推广特色及人才培养所具备的条件，海外教育学院组织了自主设置目录外二级学科“对外汉语教学”博士点的申报工作。经过专家评审、网上公示、社会质询等环节，经校学位评定委员会审批通过，顺利获批，于 2013 年招生。这是海外教育学院设置的第一个博士点，至此海外教育学院博士点培养与研究生教育工作实现了博士点零的突破。“对外汉语教学”二级学科博士点的顺利设置是厦门大学海外教育学院与国家汉办汉语国际推广南方基地发挥自身学科优势取得的又一重大成就，是培养汉语国际教育创新人才的重要平台。“对外汉语教学”二级学科博士点的顺利获批，使学院的学科结构更趋合理，有利于厦门大学海外教育学院与南方基地在人才培养、科学研究等多个方面发挥自身学科优势，进而促进整个中国语言文学一级学科的健康发展，无疑也将促进学院为国家和学校发展及其人才培养作出更大贡献。

2013 年 7 月 24 日，学院得到新闻传播学院的大力协助，申报自主设置目录外二级学科“汉语国际推广”博士点顺利获批，并于 2015 年开始招生。该二级学科博士点与硕士点隶属新闻传播学一级学科。2014 年 7 月 8 日，学院申报的自主设置目录外二级学科“国际汉语教育”博士点与硕士点顺利获批。“汉语国际推广”二级学科学位点的设置，是海外教育学院人才培养方面发挥传统学科与交叉学科优势取得的重大成就，也成为培养汉语国际推广创新人才的重要平台。

至此,学院已经拥有三个二级学科博士点、五个二级学科硕士点,分别是“对外汉语教学”(中国语言文学)、“汉语国际推广”(新闻传播学)、“国际汉语教育”(教育学)等三个博士点。“语言学及应用语言学”、“汉语国际教育”(专业学位)、“对外汉语教学”、“汉语国际推广”、“国际汉语教育”等五个硕士点。

(三)国际学院

2010年,厦门大学与爱尔兰都柏林商学院中外合作办学项目获教育部批准,并于2011年正式招生,2014年顺利通过教育部中外合作办学评估,该项目是厦门大学首个列入国家计划招生(本一批)的中外合作办学项目。2020年该项目停止招生。

早在厦门大学国际学院的前身留学预科学院成立之初,学校就启动了多个中外合作项目:法国高商硕士预科项目、预本硕连读项目、英中大学学位教育项目、国际管理硕士学位项目、国际预科项目及IBTQ双语教师资格培训项目。2007年学院进一步拓展与海外高校的合作,与日本静冈产业大学、法国兰斯高商学院签署合作协议,联合培养学生。2012年,教育部中国留学服务中心与厦门大学共建的出国留学培训基地由国际学院负责运行。至2020年,国际学院自主留学项目已与英国、美国、日本、澳大利亚等国的60余所知名大学开展本、硕学历教育合作,专业涉及教育、经济、艺术、管理、信息技术等多个领域。

第二节 海外教育学院/国际学院招生与项目

海外教育学院目前设有对外汉语教学、汉语国际推广、国际汉语教育3个二级学科博士、硕士点及语言学及应用语言学、汉语国际教育专业硕士点,分别隶属中国语言文学、新闻传播学、教育学3个一级学科。同时设有面向外国留学生的汉语言文学、经贸汉语本科和远程本专科学历教育及各类长短期进修班,招收国家汉办/孔子学院总部“新汉学计划”来华攻读博士学位的外籍研究生,招收台港澳侨联考先修班学生。

远程教育的专业设置包括:中文类的商务汉语、汉语国际教育(对外汉语方向)、汉语言文学(文学类)、汉语言文学(师范类);商贸类的国际经济与贸易、会计学、市场营销、酒店管理等。

国际学院不仅有与爱尔兰都柏林商学院中外合作办学项目,设有会计学和金融学两个本科教育项目,引进都柏林商学院的本科学士学位课程、教学计划及教学模式,结合厦门大学的学科优势,制订双方共同认可的课程设置、教学计划,探索既有中国特色又融合国外教育特点的国际化人才培养模式,同时还与多国60多所知名大学合作本、硕阶段的教育,学科门类涵盖多个领域。

一、海外教育学院

(一)博士招生项目

“对外汉语教学”学科博士点隶属于中国语言文学一级学科,是厦门大学自主设置的博士招生学科,自2013年开始每年面向国内外招生。为了更加科学地选拔优秀人才,进一步提高博士研究生选拔质量,学院从2015年博士研究生招生实行申请考核的选拔方式。对外汉语教学专业博士研究生的培养目标是,通过课程学习、教学实践、研究训练,培养具有系统扎实的专业理论知识与实际应用能力,具备较强的研究能力与教学能力,能熟练运用现代教育技术,流利地使用一种外语进行教学和交流,具备良好的中华文化素养和跨文化交际能力,能胜任国际汉语教学与国际汉语教师培养各种任务的复合型高级专门人才。招生专业方向包括对外汉语教学、汉语国际推广、国际汉语教育等。

针对港澳台考生,该项目在招生类别上有所区别,分为自费全日制博士研究生和自费非全日制(兼读)博士研究生。自费全日制和自费非全日制(兼读)博士研究生的培养方案、课程设置、论文要求、学位证书和毕业证书一致。自费全日制学生为全脱产学习,可以申请教育部、福建省政府和宝钢教育基金会为全日制港澳台学生设立的奖学金。自费非全日制(兼读)学生可工作和学习兼顾,集中时间来学校学习,学习年限需要更长。

(二)硕士招生项目

为培养更多的汉语国际推广高层次人才,2013 年学院开始面向国内招收语言学及应用语言学(对外汉语教学方向)和汉语国际教育硕士研究生。

同时,为培养更多的海外华文教育和汉语国际推广高层次人才,学院面向非中国籍、本科及以上学历且汉语水平达新 HSK5 级(≥210 分)或以上的申请者招收硕士研究生。专业项目涵盖中国语言文学、新闻传播学、教育学等学科领域的硕士学位,主要探讨对外汉语教学的理论研究与实践规律。培养具有扎实的现代语言学及应用语言学理论基础,全面掌握汉语作为第二语言的教学理论和方法,能独立开展对外汉语教学及研究的高级专门人才。学院在海外华文教育与汉语国际传播方面具有独特优势,利用厦门大学与国外著名大学合作共建的十五家孔子学院,打造研究生培养国际化模式。专业方向包括学术型硕士(三年),主要为语言学及应用语言学、对外汉语教学、汉语国际推广、国际汉语教育等专业;专业型硕士(两年),主要为汉语国际教育方向。

(三)汉语言专业本科项目

该项目面向具有初级汉语水平的非中国籍、高中及以上学历毕业生开放。专业涵盖经贸方向、教育方向(对外汉语教学)、文化方向,学习年限为全日制四年。经贸方向旨在培养学生具有扎实的汉语交流能力和广泛的国际贸易知识,能在中外商务交流中熟练运用汉语;教育方向旨在培养学生掌握对外汉语教学的基本理论和方法,具有良好的文学和文化素养,在对外汉语教学研究和实践、汉语国际推广中具有竞争力,能从事对外汉语教学工作;文化方向旨在培养学生具有良好的汉语沟通能力,掌握较为系统的汉语言知识和技能,增进学生对中国国情和中国文化的了解,能在中外文化交流中熟练运用汉语。持该本科学历学位并通过新 HSK5 级(210 分以上)可申请学院的硕士专业。

(四)汉语言专业专科项目

该项目面向具有初级(含零起点)汉语水平的非中国籍、高中及以上学历毕业生开放。在学期间,学生将修读中国概况、汉语听说读写及中国文化课程。通过学习,学生能增进对中国国情的了解,掌握比较全面、系统的汉语言知识和技能,为攻读更高学历的汉语项目打下扎实基础。学制为全日制两年。

(五)长期和短期汉语进修项目

长期汉语进修项目面向不同汉语水平申请者开放。根据学生汉语水平分为初级(含零起点)、中级、高级三个程度,实行小班教学,从听、说、读、写等方面进行强化培训,辅之以新 HSK 辅导、成语故事、看电影学汉语、中国功夫、中国画等选修课。力求全面提高学生的汉语言能力和交际能力,以便于他们更好地运用汉语学习、工作和生活。学院为完成学习的学生提供成绩单,并授予结业证书。

常规短期汉语进修项目向不同汉语水平申请者开放,设有八周班和五周班。课程内容主要有汉语课程、语言练习和内容丰富的中国文化课程。学生不仅能接受到听说读写全方位的专业培训,还能够领略到中国文化的独特魅力。学院为完成学习的学生颁发成绩单,并授予结业证书。

一般而言,汉语水平零基础或接近零基础的入门级学生适宜申请常规短期汉语进修;有一定汉语基础的学生如果程度较高,可以申请加入长期汉语班学习。

(六)中国学习项目

该项目分为暑期常规中国学习项目和中国学习项目团体班。暑期常规中国学习项目主要针对想在暑假期间修习学分的国外大学生,要求汉语初级、英语熟练。项目实行精品英文讲座与汉语听说课相结合,既能快速提高学生的汉语口语交际能力,又能使他们充分了解中国经济、历史、文化、社会,还安排了丰富的文化体验与企业考察活动。项目结束后,海外教育学院为完成学业的学生颁发结业证书和成绩单。如经所在国外大学的批准,参与的学生可以凭结业证书和成绩单转换为四至六学分。

中国学习项目团体班针对国外大学生开设,由国外大学每年召集有志于了解中国语言文化、社会、政治、经济的学生,选派 15 名以上的优秀者来厦学习。学习期限、时间、课程和费用可由双方协商后决定。在厦期间,海外教育学院提供汉语课程培训,并且开设英文授课的中国经济、政治或文化讲座。国外大学可以派遣教师进行项目监督,亦可负责本项目一至两门课程教学。项目结束后,海外教育学院为完成学业的学生颁发结业证书。目前与学院合作的院校有美国北卡罗来纳大学教堂山分校、埃克德学院、本特利大学,荷兰乌得勒支大学等。

(七)国际暑期学校

国际暑期学校是由厦门大学海外教育学院联合加拿大教育机构共同开设。近年来,随着在北美留学的学生数量迅速增长以及留学费用不断增加,越来越多的北美留学生选择利用暑假的时间回中国上暑期课程修取北美大学学分。课程结束后,如果成绩达标,将由厦门大学海外教育学院提供官方成绩单并通过相关北美成绩认证机构认证,这样一来在国内修取的学分可以转换至北美高校,学生不用再修取同样的课程。对于留学生来说,参加暑期学校不仅能够节约时间,还能节约留学成本,因为国内暑期课程费用远远低于北美高校学费。厦门大学海外教育学院根据课程需求,选择院内或校内具有相应的学术背景、专业水准及授课经验的教师任教。国际暑期学校还聘请北美百强高校的在职教授前来授课。

(八)港澳台侨联考补习班

1985 年,厦门大学开始与北京大学、清华大学、复旦大学等七所高校通过联考招收港澳台侨学生,是国内最早招收港澳台侨学生的高校之一。1993 年,经国家教育部批准,厦门大学设立台港澳学生先修部,举办港澳台侨联考补习班和大学预科班。联考补习班以联考大纲为依据,结合历年考试题作辅导;大学预科班以大学预备级课程为主。学院为广大港澳台侨学生提供良好的学习条件和服务。补习班的补习课程包括两组:文科语文、数学、英语、地理、历史;理科语文、数学、英语、物理、化学等。预科班主要招收参加当年度港澳台侨联考且成绩总分达到规定分数线的学生,学制一年,学习期满,成绩合格、遵守校纪、品行良好者可转入本科专业学习。

(九)远程教育项目

2001年1月,厦门大学被教育部批准为现代远程教育试点高校,多门网络课程入选国家级精品资源共享课和精品视频公开课。2007年,海外教育学院正式招收汉语言文学类的海外网络教育学历生。设置的专业有:汉语言专业(商务方向)、汉语言专业(汉语国际教育方向)、汉语言文学专业(文学方向)、汉语言文学专业(师范方向)。2014年,学院增设了国际经济与贸易、会计学、酒店管理、市场营销等商贸类专业网络课程,满足不同学员的学习需求。学院通过现有的远程网络教育平台实时发布新闻、视频、图片等信息动态,学员可以共享网络教学资源库、信息库、文献资料库、课件资源库等相关的教学资源信息,并通过网络交流平台,更好地进行互动交流。

该项目主要招收学生为汉语熟练、相当于新HSK5级以上的非中国籍、海外华人华侨及台、港、澳人士等,学生通过在线学习教学课件、自主复习与拓展学习、互动答疑、完成作业、课程考试等环节完成课程的学习。实行弹性学制,原则上高中起点读专科或专科起点读本科2~3年,最长修读年限为4年;高中起点本科3~5年,最长修读年限为7年。超过最长修读年限未完成学业,视同自动退学。专科学员修满教学计划规定的全部课程学分,成绩合格,准予毕业,颁发厦门大学专科毕业证书。本科学员修满课程学分,成绩合格,准予毕业,颁发厦门大学本科毕业证书。通过毕业论文答辩,符合学士学位授予条件者,由厦门大学授予相应学士学位。

二、国际学院

(一)厦门大学与爱尔兰都柏林商学院中外合作办学项目

本项目引进都柏林商学院的本科学士学位课程、教学计划及教学模式,结合厦门大学的学科优势,制订双方共同认可的课程设置、教学计划,探索既有中国特色又融合国外教育特点的国际化人才培养模式。

项目学制四年(3+1 或者 4+0)。学生在厦门大学学习三年后,可选择到爱尔兰都柏林商学院学习最后一年本科课程。完成全部学习计划后,厦门大学颁发普通高等教育本科毕业证书和学士学位证书(毕业证书上注明“中外合作办学”),都柏林商学院颁发荣誉学士学位[Bachelor of Arts(Honours)]证书。金融学(中外合作办学)主要课程包括:会计学原理、微观经济学、宏观经济学、统计学、投资学、金融管理、管理学、金融机构规约、金融工程、计量经济学、商业银行管理等,部分主干课程采用双语或英语授课。会计学(中外合作办学)主要课程包括:会计学原理、微观经济学、宏观经济学、统计学、管理学、金融管理、审计学、成本会计、管理会计、中级财务会计、高级财务会计、市场学、财务报告、企业与公司法等,部分主干课程采用双语或英语授课等。

都柏林本科项目出国(境)深造的同学中,有 70%的项目毕业生进入世界排名前一百(QS 排名)的海外名校,包括英国牛津大学、帝国理工学院、伦敦政治经济学院,美国芝加哥大学、哥伦比亚大学、约翰霍普金斯大学,澳大利亚国立大学、墨尔本大学、悉尼大学,新加坡国立大学等。除了出国(境)深造,还可保送攻读国内双一流建设高校,包括北京大学、清华大学,复旦大学、上海交通大学、浙江大学、中国人民大学、南开大学、南京大学、西安交通大学、厦门大学、武汉大学及中央财经大学、西南财经大学、上海财经大学等高水平专业大学。截至 2020 年,该项目毕业生平均就业率超过 97%。

(二)预本硕连读(3+1+1)项目

为了引进国外优质教育资源,培养国内急需的技能型人才,促进中英两国的教育合作与交流,在中英两国政府大力支持下,中国留学服务中心(CSCSE)与苏格兰学历管理委员会(SQA)共同将该项目引入中国。项目具有高质量的课程体系、先进的教学理念、学术与职业相结合的课程特色,得到世界上许多国家大学的承认。中国留学服务中心为该项目在中国大陆地区的独家引进单位,并在中国留学服务中心国际合作处专门设立国际教育管理办公室,具体负责项目的对外协调、监督及管理。项目开设国际贸易与商务、国际金融、会计学、酒店管理、市场营销、物流管理、计算机网络技术、计算机软件开发、商务信息等。项目学习模式为国内3年，国外1年本科，1年硕士。合作院校包括英国亚伯大学、伯明翰城市大学、布拉德福德大学、卡迪夫城市大学、中央兰开夏大学、切斯特大学、创意艺术大学、德蒙福特大学、德比大学、格林威治大学、赫特福德大学、哈德斯菲尔德大学、赫尔大学、利兹贝克特大学、林肯大学、利物浦赫普大学、密德萨斯大学(伦敦)、北安普顿大学、牛津布鲁克斯大学、朴茨茅斯大学、普利茅斯大学、罗汉普顿大学、索尔福德大学、斯泰福厦大学、伦敦南岸大学、南威尔士大学、提赛德大学、威斯敏斯特大学、西英格兰大学、胡弗汉顿大学、伍斯特大学；美国加努恩大学、国际科技大学、蒙赛罗大学(美国加州)、太平洋路德大学、劳洛施大学、纽约州立大学、普拉茨堡分校；加拿大西三一大学；澳大利亚迪肯大学、中央昆士兰大学、南十字星大学、国际酒店管理学院；新西兰奥克兰商学院、东部理工学院；新加坡詹姆斯库克大学新加坡校区；韩国又松大学等。

(三)英美澳本科(2+2)项目

为了满足不同学生的留学需求，厦门大学国际学院积极与国外知名大学合作，为学生开设了英美澳本科留学2+2项目。学生通过在国际学院2年的系统学习，达到录取要求后有机会进入海外知名合作院校进行2年本科学习，毕业后可取得该大学的学士学位证书。合作院校包括澳大利亚麦考瑞大学、纽卡斯尔大学，英国赫尔大学，美国迈阿密大学等，可选专业及方向包括商务会计、金融服务、国际贸易等商科专业。项目自2016年开设以来，已有4届100余名学生通过该项目赴国外合作院校续本。

(四)英国时尚管理本科(2+2)项目

该项目面向有志于投身于服装、时尚专业等领域的学生，就读该项目不需要学生有艺术专业背景。项目不仅包含专业理论课程，还有丰富的实战运用分析，让学生接触到服装等时尚领域最新的市场变化，学习交易、供应链、服装管理、交易管理和分配、时尚与品牌基础、时尚推广和销售等。诺丁汉特伦特大学艺术与设计教育方面常年名列全英前十位，其艺术和设计学院是英国最古老的艺术设计学院之一，于1843年成立，历史悠久，拥有全英顶尖的艺术设计中心和工作室，引领着英国前沿的时尚设计潮流。学院是全英和国外艺术家及时尚设计师重要聚集地,毕业生就业率高达97%。该项目学制4年,国内(第1、2年)主要学习英语及专业基础课,国外(第3、4年)完成本科后续课程,成绩合格者获得国外大学学士学位。

(五)中日本科(2+2)项目

中日本科(2+2)留学项目为有志赴日本留学的学生提供有利的升学机会。入学时学生无须日语基础。相较于学生高中毕业直接申请日本高校,报读中日项目可节省一年就读语言学校的时间。日本静冈产业大学由位于磐田校区的管理学院和位于藤枝校区的信息学院组成。该校致力于实现21世纪新型大学的尖端型教育教学模式,重视学生的个性,培养学生充分发挥其能力。学校实行小班教学,重视学生与教师之间的互动。加强产学研结合,邀请企业界人士和政府行政机构人员来校开办讲座,让学生走入企业,使学生能够接触到基于实践基础的信息和知识。该项目自2007年开办以来,已有200多名学生赴日本合作大学继续深造。其中,部分毕业生选择继续留在日本攻读硕士学位,如樱美林大学、兵库县立大学等;部分同学前往英国、美国知名大学研究生院继续深造或就职于日本的企业或回国工作。

(六)英国艺术设计本科(2+2)项目

该项目在国内招收有美术基础的高中毕业生,将中英教学优势紧密结合,旨在培养与国际接轨的艺术专业人才。合作院校包括英国南安普顿大学和英国诺丁汉特伦特大学。该项目直接对接国外课程大纲,统一使用英文原版教材、采用小班互动式授课。师资以海归教师为主辅以外教,并有外方老师定期进行短期授课,让学生在国内即可感受到国外大学的教学模式。

(七)名校本科预科(1+3)项目

本科预科项目专业的课程设置,为学生未来在国外大学的学习做好语言及学术方面的准备。学生完成国内阶段的学习后可自行申请出国或进入学院现有留学项目学习，升学渠道多样。学院提供细致的留学辅导，协助学生准备签证材料，有效减少出国留学的风险。该项目无留学国家及院校限制，学生可根据自己的意愿，自行选择留学的国家、国外院校以及出国留学的专业方向。合作院校包括澳大利亚西澳大学、弗林德斯大学；美国贝勒大学、佛蒙特大学、德保罗大学、哈德福德大学、西华盛顿大学、长岛大学；新西兰怀卡托大学；英国利兹大学、阿伯丁大学、伦敦大学皇家霍洛威学院、思克莱德大学、萨塞克斯大学、基尔大学、林肯大学、考文垂大学、哈德斯菲尔德大学、利物浦约翰尔斯大学、金士顿大学等。

(八)英国南安普顿大学教育硕士(1+1)项目

该项目专门为有志于从事教育、教育管理、公司相关培训等工作的人士量身定做。就读该项目的学生无须具有教育学专业背景，可选教育实践与革新、教育机构管理与领导。学制两年，第1年主要学习英语及专业基础课；第2年赴英国南安普顿大学学习，修满规定学分获得该校硕士学位。项目自2008年开办以来，已有近百名学生顺利完成国内阶段课程学习赴英国南安普顿大学继续深造。

(九)澳大利亚麦考瑞大学金融硕士(1+1.5)项目

该项目集合国际学院丰富的国际教育经验，配备一流的海归全职师资，为学生量身定制英语强化及专业基础课程，帮助学生实现澳洲留学梦想。学生通过在国际学院1年的系统学习，达到录取要求后进入澳大利亚麦考瑞大学进行1.5年硕士学习，毕业后可取得该大学的硕士学位。

三、历年海外教育学院/国际学院招生情况

1956年，华侨函授部数学、物理、化学3个专修科共招生306人。1957年，华侨函授部中文、数学、物理、化学4个专修科共招生649人。1958年，华侨函授部中文、数学、物理、化学4个专修科共招生743人。1959年，华侨函授部中

文、数学、物理、化学、中医内科5个专修科共招生1062人。1960年，华侨函授部中文、数学、物理、化学、中医内科5个专修科及针灸、中国语文、化工技术3个进修班共招生1192人。1961年，华侨函授部中文、数学、物理、化学、中医内科5个专修科及针灸、中国语文、化工技术3个进修班共招生1339人。1962年，华侨函授部中文、数学、物理、化学、中医内科5个专修科及针灸、中国语文、化工技术3个进修班共招生1369人。1963年，海外函授部中文、数学、物理、化学、中医内科5个专修科及针灸、中国语文、化工技术3个进修班共招生1218人。1964年，海外函授部中文、数学、物理、化学、中医内科5个专修科及针灸、中国语文、化工技术3个进修班共招生1273人。1965年，海外函授部中文、数学、物理、化学、中医内科5个专修科及针灸、中国语文、化工技术3个进修班共招生1278人。至1966年5月，华侨函授部、海外函授部先后共招生10128人，当年各专修科在学学生近5000人，分布在5大洲28个国家和地区。

1980年，海外函授部中国语文、中医内科两专科及中国语文进修班共招生514人。1981年，海外函授学院中国语文和中医内科两个专科，针灸进修班、中国语文高中班及短期汉语培训班共招生320人。1982年，海外函授学院中国语文、中医内科两专科，针灸进修班、中国语文高中班、中国文史和中医选读课程及短期汉语培训班共招生357人。1983年，海外函授学院中国语文、中医内科两专科，针灸进修班，中国语文高中班，中国文史、中医选修课及短期汉语培训班共招生365人。另招收入院系学习的外国留学生22人。1984年，海外函授学院中国语文、中医内科两专科，针灸进修班、中国语文高中班、中国文史和中医选读课程及短期汉语培训班共招生458人。另招收入院系学习的外国留学生18人。1985年，海外函授学院中国语文、中医内科两专科，针灸、骨伤科进修班，中国语文高中班，中国文史和中医选读课程及短期汉语培训班共招生509人。另招收入院系学习的外国留学生62人。1986年，海外函授学院中国语文、中医内科两专科，针灸、骨伤科进修班，中国语文高中班，中国文史和中医选读课程及短期汉语培训班共招生477人。另招收入院系学习的外国留学生54人。从1980年恢复招生至1986年，函授学院设立了中文、中医两个专科及相关选修课程，举办各类进修班及对外汉语教学班，自编教材22种，总计800多万字。函授学院在学的中文、中医函授生共3500多名，分布在54个国家和地区；另招收外国留学生300名。

1987年,函授学院共招收中文、中医函授生及短期汉语班学生501人;另招收入院系学习的外国留学生148人。1988年,函授学院共招收中文、中医函授生及短期汉语班学生519人;另招收入院系学习的外国留学生148人。1989年,函授学院共招收中文、中医函授生及短期汉语班学生798人;另招收入院系学习的外国留学生79人。从1987年至1989年,在学函授生发展到5000名,已毕业或结业的800多名,留学生600名,来校中医实习生也逐年增加。学院共设有海外招生代办处30个,分布在新加坡、菲律宾、马来西亚、泰国、日本、美国、加拿大、巴西、澳大利亚及中国香港、澳门、台湾等地,并在香港设立中医临床实习基地。

1990年,函授学院招收中文、中医函授生及来华留学生等共765人。1991年,海外教育学院招收中文、中医函授生及来华留学生等共597人。1992年,海外教育学院招收中文、中医函授生及来华留学生等共640人。1993年,海外教育学院招收中文、中医函授生及来华留学生等共694人。1994年,海外教育学院招收中文、中医函授生及来华留学生等共765人。1995年,海外教育学院招收中文、中医函授生及来华留学生等共696人。1996年,海外教育学院招收中文、中医函授生及来华留学生等共689人。1997年,海外教育学院招收中文、中医函授生及来华留学生等共579人。1998年,海外教育学院招收中文、中医函授生及来华留学生等共481人。1999年,海外教育学院招收中文、中医函授生及来华留学生等共557人。2000年,海外教育学院招收中文、中医函授生及来华留学生等共563人。2001年,海外教育学院招收中文、中医远程教育、来华留学及港澳台生等共724人。2002年,海外教育学院招收中文、中医远程教育、来华留学及港澳台生等共1112人。2003年,海外教育学院招收中文、中医远程教育、来华留学、港澳台生及研究生等共750人。2004年,海外教育学院招收中文、中医远程教育、来华留学、港澳台生及研究生等共1256人。2005年,海外教育学院招收中文远程教育、来华留学、港澳台生及研究生等共1279人。

2006年,海外教育学院招收中文远程教育、来华留学、港澳台生及研究生等共1155人。通过面授和远程教育,培训海外华文教师1000多人。国际学院招收257名学生,其中预本硕连读项目185名、中法项目17名、本科预科项目27名、管理硕士9名、硕士预科2名、中英17名。

2007年,海外教育学院招收中文远程教育、来华留学、港澳台生及研究生等共1178人。赴海外培训本土华文教师500人。国际学院共招收237名学生，其中预本硕连读项目186名、本科预科项目26名、硕士预科8名、中日17名。

2008年，海外教育学院招收中文远程教育、来华留学、港澳台生及研究生等共1109人。培训汉语教师志愿者108名，赴海外培训本土华文教师235人。国际学院共招收239名学生，其中预本硕连读项目169名、中法6名、本科预科项目22名、硕士预科3名、中日15名、教育硕士12名、艺术设计12名。

2009年，海外教育学院招收中文远程教育、来华留学、港澳台生及研究生等共1150人。培训汉语教师志愿者337人，赴海外培训本土华文教师343人。国际学院共招收239名学生，其中预本硕连读项目124名、本科预科项目12名、中日16名、教育硕士10名、艺术设计16名、伦敦本科6名。

2010年，海外教育学院招收中文远程教育、来华留学、港澳台生及研究生等共1364人。培训汉语教师志愿者162人、培训国外本土汉语教师及教育官员529人，赴海外培训本土华文教师1320人。国际学院招收205名学生，其中预本硕连读项目144名、本科预科项目7名、中日12名、教育硕士10名、艺术设计14名、伦敦本科18名。

2011年，海外教育学院招收中文远程教育、来华留学、港澳台生及研究生等共1372人。培训汉语教师志愿者315人，培训国外本土汉语教师218人。国际学院招收321名学生，其中都柏林项目116名、预本硕连读项目132名、本科预科10名、中日10名、教育硕士12名、艺术设计26名、伦敦本科15名。

2012年，海外教育学院招收中文远程教育、来华留学、港澳台生及研究生等共1638人。承办国家汉办/孔子学院总部本年度各项培训任务，累计培训2258名国际汉语教师及管理人员(包括孔子学院公派教师、志愿者教师和外国本土汉语教师、教育官员和大中小学校长等)。国际学院招收283名学生，其中都柏林项目113名、预本硕连读94名、本科预科21名、中日12名、教育硕士8名、艺术设计9名、伦敦本科26名。

2013年，海外教育学院招收中文远程教育、来华留学、港澳台生及研究生等共1184人。承办国家汉办/孔子学院总部本年度各项培训任务，累计培训906名国际汉语教师及管理人员(包括志愿者教师、外国本土汉语教师、教育官员及大中小学校长等)。国际学院招收416名学生，其中都柏林项目169名、预本硕连读141名、本科预科38名、中日11名、教育硕士2名、硕士预科2名、艺术设计25名、伦敦本科28名。

2014年，海外教育学院招收中文远程教育、来华留学、港澳台生及研究生等共1175人。国际学院招收485名学生，其中都柏林项目175名、预本硕连读178名、本科预科60名、中日5名、教育硕士2名、艺术设计33名、伦敦本科30名、语言中心2名。

2015年，海外教育学院招收中文远程教育、来华留学、港澳台生及研究生等共802人。国际学院招收学生共516名，其中都柏林项目176人，自主项目340人。

2016年，海外教育学院招收外国留学生614名(本科生64名、长期进修生407名，短期进修生143名)，港澳台侨生137名，国内外硕、博士研究生72名，在学远程教育生500名。国际学院共招收学生552名，其中自主项目招生372人，与爱尔兰都柏林合作举办会计学和金融学专业(荣誉)学士学位项目本科生180人。

2017年，海外教育学院招收外国留学生550名(本科生74名、长期进修生368名，短期进修生108名)，港澳台侨生128名，国内外硕、博士研究生96名，在学远程教育学生共516人(含本硕92人)，其中本科444人，专科72人。国际学院共招收学生601名，其中自主项目招生421人，与爱尔兰都柏林合作举办会计学和金融学专业(荣誉)学士学位项目本科生180人。

2018年，海外教育学院招收外国留学生704名(本科生59名、长期进修生291名，短期进修生354名)，港澳台侨生89名，国内外硕、博士研究生78名，在学远程教育学生共449人，其中学历生446人，非学历进修生3人，毕业39人，获学位26人。国际学院共招收学生715名，其中自主项目招生531人，与爱尔兰都柏林合作举办会计学和金融学专业(荣誉)学士学位项目本科生184人。

2019年，海外教育学院招收外国留学生556名(本科生56名、长期进修生367名，短期进修生133名)，港澳台侨生162名，国内外硕、博士研究生77名，在学远程教育学生共370人。国际学院共招收学生766名，其中自主招生学生585人，与爱尔兰都柏林合作举办会计学和金融学专业(荣誉)学士学位项目本科生181人。

2020年，海外教育学院共有来自50多个国家和地区的留学生共196人，其中本科生140人，汉语进修生56人。在学远程学生共304人。研究生246人

(国内学生 184 人,国际学生 62 人);港澳台侨联考补习班 102 人。举办涉外短期班 3 次,共计 690 人,同比增长 2.54 倍。国际学院自主留学项目春季录取 45 人,实际报到 35 人,秋季录取 890 人,实际报到 473 人,合计招生人数 508 人。学院积极克服疫情及校区搬迁影响,创新招生及录取方式。招生说明会和入学测试“线上+线下”相结合,开展“云端校园开放日”“漳州校区探校直播”等。学院全年共参加全国各省高考咨询会 36 场,完成了 30 多场线上直播,累计观看数超 30 万人次。

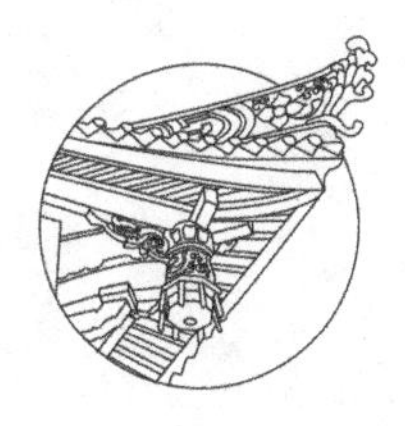

第四章 厦门大学海外教育学院/国际学院教学与人才培养

在长期海外教育实践中，学院充分发挥厦门大学“侨、台、特、海”的独特优势，逐步形成了面向世界与侧重东南亚及港、澳、台，来华学习与远程教学并举，长期进修与短期培训相结合，学历教育与非学历教育兼备，以及走出国门在海外合作办学的教学特色。

第一节　海外教育学院/国际学院的教学

一、早期教学与人才培养

华侨函授部时期以海外函授教育为主。为了提升教育质量，华侨函授部制定了一系列制度，包括《函授教学工作量和工作日试行办法要点》(草案)、《防止函授生流生办法》(草案)、《有关学制、升级、考试的补充办法》、《函授部各专修科学年考试办法》、《函授部教职员工暑期休假暂行办法》、《厦门大学华侨函授部学籍管理暂行办法》、《华侨函授部海外通信工作暂行办法》、《教务工作细则》、《函授教研组工作条例》、《通讯答疑》、《作业批改》、《中医针灸函授生针灸实习规则》，并持续增订各种规章、制度，编印函授生手册。

同时，华侨函授部制定了《函授通讯出版工作暂行办法》《华侨函授部出版、发行工作管理办法》，成立出版委员会，创办《函授教学》(后根据需要，改为各科《教学参考资料》)。为了应对东南亚各国对华文教师需有师范教育学历的要求，各专修科增加“师范”属性改为师范专修科后，各专修科搜集资料，与有关师范大学、师范学院挂钩，编写以图解为主的实验讲义，弥补函授生在海外无法进行实验的缺憾。1961年，函授部成立华侨函授教学参考资料编辑委员会，尹一民任主任，郑亚仁任副主任，并编印《语文教学参考资料》《化学小知识》《物理教学参考资料》《中医学习》，此外华侨函授部召开会议、与其他院校相关专家和教师积极研讨，组织各专修科教师编制了大量课程讲义、教学大纲和教材等。

厦门大学海外函授学院早期尤以1959年开设的中医内科和针灸两个专业深受海外人士的欢迎。1966年前，共有七届函授生六百余名学成结业，他们分布在29个国家和地区，1966年前毕业的一批函授生中，有许多人已在当地开设诊所，有的被邀为该国的政府首脑看病。[①] 盛国荣教授曾专门撰文纪念当时创办中医部、编写教材的艰辛和辛劳：1959年，厦门大学海外函授学院中医部创办之初，一无师资，二无教材，一切都从零开始。当务之急，余应邀担负多科教材编写和教辅工作。明知山有虎，偏向虎山行。从振兴中医药事业，扩大海外影响的高度责任心出发，余迎着困难上，昼诊夜书，边写、边改、边用。为了查证一句原著或较完整地叙述一个词解，往往要翻阅数十本资料，不知熬过多少不眠之夜。疲了，喝杯茶，提提神，再握紧笔杆。有时更深夜静，躺在床上，而思索不停，某一个疑难问题偶尔思路来潮，找到了答案，就如获至宝，跃然而起，迅即挥笔，直到自己感到较满意为止。如此度过一个个“三更灯火五更鸡”的拼搏时辰，前后编著了《内经要略》《温病要义》《伤寒论浅释》《中医诊断学》等，发行至东南亚及欧美等17个国家与地区，学生遍布五大洲。经过函授学习之后，有的已成为所在国的名医，为侨居国人民解除疾苦作出贡献，促进各国文化交往，扩大了中医药学在世界医学领域中的影响。[②]

---

① 凯怡，薛雪.厦门大学海外函授学院举办中医内科和针灸函授班深受欢迎[J].上海中医药杂志，1982(9)：42.

② 盛国荣.只留滴嗒在人间[J].山东中医杂志，1985(1)：33-36.

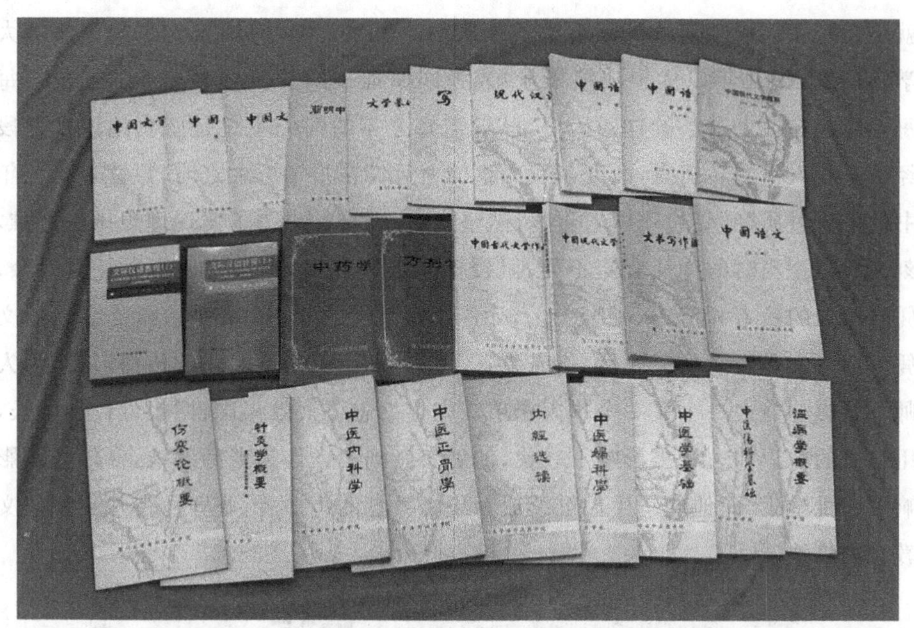

早期中文、中医部分函授教材

为了满足学生学习的需求，同时也为提升教学质量，函授部不断加强教师队伍建设，教职员工从10余人增加到40余人，大部分都是从事教学的教师，设置专门辅助教学、批改作业的助教职位。华侨部积极组织教师参加培训，选派教师参加学习、考察和调研。1960年函授部选派王礼门、叶金魁、李振华、安丽思赴京参加中侨委干部学习班，历时三个半月，返校途中访问北师大、山东大学、华东师大、福建师院等校函授部等。此外，学部考虑到当地教师的作用，经中侨委同意在印尼椰城聘任华侨函授辅导教师，在缅甸设函授辅导教师等。

当时的函授教育以函授为主。海外函授学员与厦门大学书信来往，鸿雁传书，一封封装满学生渴望求知的信封像雪片一样纷至沓来汇聚到厦门大学，经老师们油灯下辛勤的批改后再远洋邮寄到海外，在当时极为不便沟通往来的环境下，厦门大学无疑是当时国内对外交流最频繁的地方之一。一枚邮票不仅寄托了乡愁，更多地饱含海外学生华侨对祖籍国知识的渴求。当时的海外函授部教职工工作之余人人都有邮册，收集的是来自世界各地的精美邮票。海外函授部就是在这一枚枚邮票的见证下成长壮大的。[①] 1957 年,何灿濂先生报读厦门大学函授班,1961 年以优异成绩毕业,成为同期唯一的一位顺利毕业的学员。每每回忆起在厦大求学的这段历史,已近耄耋之年的何先生总是感慨地说:“这段经历是我人生的转折点,改变了我一生的命运。”在报考厦大之时,只读过两三年书的他受过质疑,受过嘲讽,但他仍然坚定自己的信念,为了实现理想排除万难,刻苦学习。当时的沟通交流不便,函授作品跨国邮寄,一次往返都要耗时月余,凭着顽强的毅力和努力,他坚持完成了所有课程的学习,顺利拿到了厦大的文凭。取得文凭可以从教之后,何先生真正将所学用于华语文化的传播,从亲为人师开始影响身边一个又一个华人子弟。先生立志要报效祖国、回报母校和师长,用自己的知识和力量去影响下一代,他确实做到了。作为老师的他,言传身教影响了一批学生,而他的学生们继续成为华文教育的传播者,坚守住特殊年代华文教育的阵地。[②]

来自世界各地的信封集

但遗憾的是,由于函授邮寄的问题,部分学生只好放弃了学业。校友张肯堂

① 张峰.厦门大学海外学生信息管理系统建设发展与展望[C]//海外教育六十年.厦门:厦门大学出版社,2016:427.

② 田苗瑞.以赤诚心,念家国情——记海外教育学院院友何灿濂先生[EB/OL].[2020-08-01].https://oec.xmu.edu.cn/info/1116/5752.htm.

回忆道：

1957年，我37岁了，有一天在报纸上看到厦门大学华侨函授部招生的信息，我迫不及待，前往报考了。记得我是该大学第二期应考生，由于我年纪大，又不是现任中小学教师，在报考的15人中，有14人被录取，我是备取生，那时我很失望，写了多次信去力争，说明怎样决定争取读书的决心。结果，天无绝人之路，我被录取了。1958年才寄来讲义，函授的课程是"中国语文专修科"，学生编号是1213。我勤学苦读了一年多，因为某种原因，被迫离开那里，搬到另一个地区谋生，于是函授中断了。按照厦大当时的学制是三年毕业，后因海外华侨流动性大，改制为两年，我只差半年多而放弃学业，没有修完所有函授课程，我感到十分可惜。[①]

校友苏凤喜对此经历也颇有感受：

远在高中毕业隔年(1963年)，我就开始报读厦大海外函授班(后来改称"海外教育学院")。每当一收到有关教材后，我就认真作业。那时候互联网还没出现，做好的作业，只能通过邮寄寄回给有关老师批改。总的来说一切还算顺利，只是邮件一来一往，颇为费时。可是，没过多久，状况出现了，因为迟迟没收到作业，自然也无从缴交习题。我去信询问，回复的是："练习题早已寄出多时，为何不交作业?"我心里在想，这中间会不会出了什么差错？加上自己刚刚开始成为上班一族等种种因素，只好停学。直到多年之后，才从一位担任公务员的朋友口中获悉其中缘故。她负责一切境外寄来的各种书刊的检查工作，而当时教材的邮寄受到限制。其实这些作业不具任何政治因素，或许是基于一些客观因素吧(马来西亚和中国建交于1974年)，当时除了书刊的入口限制外，就算居住海外的华人欲前往中国，无论是探亲、从商或旅游，都必须具备一定的条件。庆幸的是，我后来受到林联兴的启发，重新跟学院的负责人联系上了，并表达了自己续读的意愿，并前往厦大住校学习。2004年，终于完成了本科论文《马来西亚华人与华文教育》，并顺利地通过了论文答辩。[②]

---

① 张肯堂.身为校友毕生光荣[C]//马来西亚厦门大学校友会会讯创刊号.马来西亚厦大校友会，1993:56.

② 苏凤喜.我的海外教育学院老师[C]//海外教育六十年.厦门：厦门大学出版社，2016:405.

二、"文革"后的教学与人才培养

"文革"后,海外函授部以中文和中医作为海外教育发展的重点。学院以教学为主,教学是生命线、是立院之本,主张尊重教学规律,规范教学管理,提升教学条件,创新教学理念和教学方法,进一步提高教学质量,使教学能够真正跟得上新时代的发展。

(一)加强制度建设与学生管理

学院实行"宽进严出"的方针,注重从根本上加强教学过程管理,采取有效措施,保证与提高教学质量,使学生学有所得,学有所用,增强为当地社会服务与发展相互交流的实力,这是海外教育能够取得持续、健康发展的生命力所在。[①]

早期学院通年招生寒暑假照常办公,并建立一整套制度和管理办法,学院、部、室层层把关,确保作业精批细改,信函及时准确传递,中医专业毕业前必须回校或设在海外的实习点参加临床实习考试合格方能毕业。1993 年,在全国高等中医药院校函授夜大学教育办学水平的评估中,学院的海外中医函授教学名列前茅。

---

① 吴锦忠.抓住机遇,办好海外教育[J].中国高教研究,1995(2):78-80.

2018年9月，张荣校长和邓朝晖副校长巡视学院迎新工作

随着海外教育的发展，学院以学生工作为切入点，完成了学院与学校管理体系的全面挂钩，在学院成立了学生工作部，将海外教育学院以及国际学院的学生管理队伍以及管理体系融为一体，建立了一支高效、专业、科学化的学生管理队伍，为学生工作的顺利开展提供了组织保障。同时学院还先后制定与完善了《政府奖学金生评审制度》《奖学金评选办法》《海外学生离校和出境》《海外学生医疗管理制度》《海外学生住宿与会客管理制度》《港澳台侨预科学籍管理规定》《海外硕博研究生学籍管理规定》《海外本科生学籍管理规定》《汉语言本专科学籍管理规定》《各类进修生学籍管理规定》《厦大海外学生证件管理》《厦大海外学生新生入学与注册》《厦门大学海外学生守则》《研究生(学术型)奖学金评定细则》《海外教育学院本科试卷管理流程》《厦门大学海外教育学院毕业论文环节流程》《海外教育学院本科课程档案建设管理流程》等。2018年，学院在全校首创无手机课堂教学，在每一间教室内配备手机收纳袋，为学生提供一个纯粹的课堂，一个不被手机干扰的课堂，帮助同学们完成从“他律”到“自律”的转变，养成良好的学习习惯和自律的品质。

(二)加强教师与教学管理

学院历来十分重视教师队伍的建设，专门制定了人才引进、奖惩等各方面的工作制度，完善了《教师教学工作量计算办法》《海外研修及公派出国(境)制度实施办法》《厦门大学海外教育学学院/国际学院专任教师岗位绩效考核评价实施细则》《厦门大学海外教育学院/国际学院工程、实验等系列专业技术岗位绩效考核评价实施细则》《厦门大学海外教育学院/国际学院思想政治与意识形态考核实施条例》等制度。

60多年以来，学院造就了一支能胜任对外教育的专业化的师资队伍。他们教龄长，学识功底深厚，教学经验丰富，教学水平高。中青年教师多数都具有博士、硕士学位，学有专长，富有专长，富有朝气，勤于钻研，在老教师传、帮、带下，他们也茁壮成长起来。1991年以来，学院以人事与分配管理体制改革为重点的改革工作，实行双向选择聘任制、岗位责任制，贯彻多劳多得的原则，把分配与业绩密切挂钩。并且利用这种深入改革出现的氛围，使各种管理制度规范化与系列化，制定与完善了出勤考核制度、教学检查制度、科研奖励制度、图书资料管理规则、实验室管理规则、留学生宿舍管理细则、考核制度与奖惩办法等。继而又组成了由科长以上干部为成员的检查组，每天轮值，检查各种制度与规定的实施情况，定期总结与公布，作为考评的重要依据。由此，则有效调动了积极性，提高了工作效率。90年代，学院的教师总数一度达到了140多名，大多数教师以教学为主。学院成立课程组，统一制定课程大纲、标准试卷及教学要求，进一步规范教学培养各环节的体系建设；与技术部门合作，推进信息技术与教育教学的融合，完成了汉语水平分级测试线上系统的研制，提高了语言分级和教学管理水平；优化教学管理流程，完善每学期报到、分班、考试等环节，规范老生报到流程和排课方式；坚持学院党政领导及行政工作人员听课、查课制度，对任课教师的教学方法、教学效果等提出意见和建议；坚持以学生为本提升教学质量，多次组织学生座谈和问卷，全面了解教学中存在的问题和课程需求，为进一步改善课程提供依据。

目前，海外教育学院现有专任教师42名，兼职教授1人，教授6人，副教授17人，助理教授和讲师18人，助教1人。专任教师67.44%具有博士学位、88.37%具有硕士学位，且都有在海外从事汉语教学的经历。国际学院现有专任教师51名，70%以上具备在国外知名大学学习或工作的经历。同时学院打通海外教育学院与国际学院师资相互交流的渠道，选派国际学院教师到海外教育学院上课，并面向社会招聘一批教学经验丰富尤其是有海外工作经历的兼职教师。

此外，学院还充分利用综合性大学的优势，聘请校内相关专业和学科的专家学者兼职教授，担任部分课程的教学工作。全体教师兢兢业业、一丝不苟地完成各自承担的繁重教学任务，在海外教育及教育国际化领域里孜孜不倦地辛勤耕耘，默默无闻地作出奉献。

(三)积极推进创新教学方式方法，大力发展网络教育

学院坚持以课堂为本，以学生为本，注重教学质量的提高。学院在网络建设方面一直予以极大的重视，网络远程教育不仅是培养海外师资的重要途径，也是学院教师发展的重要手段。

厦大海外教育学院的网站建设早在1998年就开始了相关基础建设，花费不菲资金为任课教师配置高性能计算机，2000年建成多媒体电脑教室，同时开设网络多媒体教学培训班提高教师对计算机技术的掌握与运用。1999年学院购买了第一台高性能网络服务器，硬盘9.1G，内存64M。安装的网络操作系统是微软WindowsNT4.0，托管在厦门大学网络中心主机房，是当时为数不多拥有自主网络服务器的厦大教学单位，其主要的作用是面向海内外发布学院主页，提供相关资源的下载等功能。①

学院从网站建设初期就注重内容建设。学院网站立足于留学生，面向海外及时发布厦大最新动态及留学生招生等相关信息，同时网站加强华文、中医两个学科的内容建设，分别立项开设“网上华文学苑”和中医远程教学网站——“中医网上教室”两个子网站。“网上华文学苑”在对外汉语教学界颇有名气，其中的语料库吸引了全国对外汉语教学研究人员和爱好者的关注，其服务对象主要是学习中国语言文化的华裔学生、外国人士和从事华文教学的海外华文教师。该网站现由网络教学与信息资源两大模块组成。网站的内容一直得到充实和更新，对汉语教学的支持力度一直在加大。② 网站的汉语水平考试模拟试题库可以让学生实行在线测试。另外远程教学的习题与试题的E-mail自动批改程序、教学

---

① 张峰．厦门大学海外学生信息管理系统建设发展与展望[C]//海外教育六十年．厦门：厦门大学出版社，2016：427.

② 厦大海外教育学院积极开展支持周边国家汉语教学的工作[J].海外华文教育，2003(4)：74-77.

信息发布与管理平台、第二语言教学网络资源库都具备一定的规模，可供使用。网络项目还设有现代汉语语料库在线检索程序、语言学与应用语言学题录数据库及其在线检索程序，可供从事语言学与应用语言学，尤其是第二语言教学的教师和研究人员参考。[①] “中医网上教室”主要结合中医远程教学开设，中医远程教育各门课程资料教学档案均整理成网络传输格式上传，同时提供中医课程试题库的在线测试，在中医的远程教学中发挥着重要作用。[②] 由于以上项目均建立在 WEB 服务器的网络平台上，可通过局域网和因特网访问，因此不但为教师利用网络技术和多媒体技术开展教学提供了方便，而且还为东南亚从事教学的教师和修习学院远程课程的学生提供了最基本的网络资源。

厦门大学在开展网络教学方面富有经验，目前已经推出 100 多门在线视频课程，建立起了中国国内在汉语教师培训方面最齐全、最完善的课程体系。当时远程教育刚刚兴起时，海外教育学院在印尼、越南等多个国家实行远程教学，印尼泗水最大的华文报纸《千岛日报》在头版社论中指出：“中国国外汉语师资远程教学，在印尼已成功地实现了点播，让在职的教师们有机会不受地点和时间的约束，实现自主的免费进修，这样的华文教学的重大突破，可以节省大笔培训师资费用，值得大大庆贺。”[③]目前，学院已完善支撑远程教育平台建设的机房建设和录播室建设。拍摄视频课件 110 多门，完成汉语言文学及商贸类专业课程，在马来西亚、新加坡、印尼、蒙古等国设立教学点。

---

① 厦大海外教育学院积极开展支持周边国家汉语教学的工作[J].海外华文教育，2003(4)：74-77.

② 张峰.厦门大学海外学生信息管理系统建设发展与展望[C]//海外教育六十年.厦门：厦门大学出版社，2016：427.

③ 我校海外网络远程教学引起东南亚华文教育界关注[J].海外华文教育，2013(3)：259.

2019 年 9 月,海外教育学院与印尼万隆国际外语学院
合办网络远程教育,举行第四届本科毕业典礼

学院建成了国家发改委对外汉语云教育服务平台,打造集汉语文化教学、管理、科研、咨询为一体的"汉语国际推广云教育公共服务平台",建设汉语国际教育的信息资源库、教学资源库、教材库、语料库、人才库,建立相应的教管平台,获得国家汉办的充分肯定。2014 年,国侨办首期招生的对外汉语专业 173 名海外学员顺利进入远程课程学习。学院实施在线教学管理,允许学生制订自我学习计划,选择学习时间、地点、方式及进度,通过网络化信息管理系统和专职教师负责机制,强化面向教学全过程的监控管理,以确保远程教学的质量。

多年来,学院以汉语国际教育和孔子学院建设可持续发展的重大需求为导向,重点围绕汉语与中华文化"以什么样的内容和载体走出去、以什么样的方式和途径走出去、以什么样策略手段实现从'走出去'到'走进去'"等问题,开展相关的理论研究,启动了各类科研项目,形成了系列研究课题,推出了一批较有影响的研究成果等。

(四)根据不同学生和课程特点,打造丰富多彩的教学特色

对外教育,无论函授、面授,都有各自独特之规律。既遵循规律,又创出特色,学院在这方面下了功夫。对外教育旨在提高海外人士的中国文化知识水平,帮助他们掌握谋生技能,更好为当地社会民众服务。为此,提高教学质量,乃办学首要任务,学院坚持每学期一次教学检查,每年一次教学评估,以考评教师的教学实绩,回馈学生的意见要求,借鉴国内外的先进成果,结合学院的情况与经验,对于不同专业与办学形式的教学过程,进行分解,列为要素,构成了课程教学评估的系列指标。如对课程教学的质量曾提出这样检测指标①:(1)教师是否具备所任课的专业知识;(2)教师备课是否充分;(3)教师能否在头几节课给学生讲明课程的教学目的和要求;(4)教师是否善于组织课堂教学,突出重点,讲清难点;(5)教师的课堂教学,是否表达清楚,讲述生动;(6)教师的讲解是否有助于启动思维、增强能力,当学生听不懂讲解时,能否采取别的教学方法帮助学生理解;(7)教师上课时,是否口齿清楚,板书得当;(8)教师能否按时批改作业和试卷,及时发还给学生;(9)教师课后能否个别辅导学生;(10)对教师的总评。根据课程教学质量评估的系列指标,学院每学期检查一次,为期四周到六周,由院部领导与同行专家、教师组成检查组进行评估,并且印成书面资料,分发给学生,以问卷和座谈会的形式进行反馈。而后对评估情况,进行认真分析研究,总结新鲜经验,提出应重视的问题,作为教研室教研活动的重要内容,学院推进教学工作的新起点,从而促进教学质量的不断提高。②

在教学形式上,学院从单一的以汉语进行函授、面授,发展至开办各种以英、日语为教学媒介的长短期学习班。深受国内同行赞誉、国外学院欢迎的,是学院发挥专业优势,在国内首创的汉语、中医面授专科班。该专业开设两年基础及中医汉语,两年中医内科、针灸课程。首期学员于 1991 年夏圆满毕业。海外函授教育本是全国独有,探讨函授与面授教学的结合,更成为学院办学一大特色。此办学方法灵活多样,可先期函授后来校面授获取文凭;亦可先面授后函授以便回国后继续提高;还可来校同期参加函授、面授课程修习。诸种形式,以吸引更多

---

① 吴锦忠.抓住机遇,办好海外教育[J].中国高教研究,1995(2):78-80.

② 吴锦忠.抓住机遇,办好海外教育[J].中国高教研究,1995(2):78-80.

海外人士学习中国文化为目的。为满足无法脱产来校临床实习的函授学员的要求,学院从 1987 年开始每年在香港设立中医临床实习点,派出优秀教师承担带教任务,深受东南亚学员和港民的欢迎,扩大了厦门大学的声誉和影响。此外,学院在港、澳及新加坡、日本、美国、加拿大、巴西、澳大利亚、荷兰等国家和地区设立了 22 个招生代办处,方便海外人士报名。

教学中,学院注重严谨学风、基本理论、基本知识、基本技能和应用能力的训练,并能根据不同专业、教学形式、地区的要求与特点而实施教学。例如,海外中文远程教学,重视通过精批细改和通信答疑,培养研修者的求实创新精神,高层次审美情趣,独立解决问题和驾御语言文字的能力。对外汉语教学,坚持标准化与规范化的原则与要求,通过功能教学、情景教学、社会语言实践和现代化教学手段,培养与提高研修者的正确文化观念,语言文化知识和听说读写译的能力。①

对外教育实属特种教育,其繁复性超出一般。教学上,既要坚持学科和课程的统一要求,又要考虑到海外学生原有的背景、生活环境和学习条件等情况,并要在两者的结合中,把握好关键性环节,把工作落到实处,才能收到成效。为了提高函授教学质量,学院曾多次邀请海内外专家参加编写与审定中文、中医等科的教材,使之具有相当水平,又能适合海外函授生的情况和要求。为加强教学的适应性,1981 年以来学院自编一套对外远程教学与来华面授教材。已编出的有:《中国文学史》《中国古代文学作品选》《中国现代文学概观》《中国现代文学作品选》《中国古代文学理论概略》《文学基础知识》《现代汉语》《交际汉语教程》《写作》《文书写作概要》《文艺创作指导》《新闻采访、写作与编辑》等 30 多种,约 600 万字,学院还配合国家“国际汉语教材工程”的实施,开展国别化汉语教学、教师、教材状况的调查研究,组建中外合作团队,开发面向不同区域、国别的本土化汉语文化教材。在中医方面,学院自编教材 32 种,教学参考资料 48 期,共计 1131 万字。

中医内科和针灸,均为运用性很强的学科。为了综合训练学生运用所学的基本理论和专业知识进行临床辨证施治的能力,学院通过多方面努力,建立并不断扩大函授生临床实习基地。1982 年 10 月,在厦大医院建立中医门诊部,接受

① 吴锦忠.抓住机遇,办好海外教育[J].中国高教研究,1995(2):78-80.

海外学生临床实习。1984年后,又同厦门中医院、厦门第一医院、厦门第二医院和漳州中医院等,联合建立临床实习基地,丰富了学生临床实习的内容。鉴于相当部分函授生受到所在地政策性的限制不能到校参加临床和毕业考试的情况,因应他们的特殊需要,学院又进行种种艰苦工作,于1987年夏在香港设立了中医临床教学辅导中心,每年派出中医教学组前往指导临床实习,广受港、澳和东南亚地区学生的欢迎。

1.中文

在中文方面,学院有一支水平高、教学能力强的师资队伍。他们工作兢兢业业、一丝不苟,对待学生的作业精批细改,答疑切中肯綮。教学方法上能因材施教,注重基本知识和基本技能的传授,以及学习方法的指导。学生对中文科教师的教学是满意的,即使青年教师也获得来校面授学生的称赞。

在过去的几十年中,东南亚各国不少华教工作者通过学院中文函授课程的学习,特别是选读华文教师高等师范专科班获得文凭和学位。据他们反馈的信息,认为所学的知识对从事的华教工作帮助很大,但学院考虑到中文函授课程学制较长、课时较多、难度较大,不少人士由于工作繁忙而中途放弃的情况,着手进行改革,一方面对课程结构进行调整,根据海外社会实际需要增减课程内容;采取函授、面授相结合的灵活教学形式(面授教学可集中在厦门,也可派教师到境外集中进行),同时采取弹性学制;另一方面,积极探讨通过网络开展现代化远程教育。有不少海外函授生通过网页学习并完成作业,大大提高了学习效率。同时学院还开设一些供华文教师选读的单科函授课程,如中学语文教学法、第二语言教学法、运用语言学、教育心理学、跨文化交际学等,相信这些课程将有助于华文教师教学理论水平和综合素质的提高。①

谈及中文函授班对自己的帮助,校友蔡淑敏说道:"我在1982年考进厦大函授班,攻读中国语文专科,学号826482。过后便进入一家华文报社编辑部当翻译和写新闻的工作,并已成为泰国华文作家协会的会员。我所攻读的课程,对于

---

① 詹心丽.在菲律宾华文教育界人士座谈会上的讲话[J].海外华文教育,2000(3):61.

写新闻写文章都有直接的帮助，尤其是写文章方面。因所念的包括中国现代文选及古代文选，每篇课文都有具体的分析，使我对文章的分析力、理解力增强，以致能在写作上得到突破。虽然是函授，校方寄来的普通话录音带及注上国音字母的教材，使我在说普通话发音、在说普通话时更好，以致有人问我是不是从中国来的。当我念完第二学年时，因生活上的困难而学习中断。陈月英教授写信来关心询问，使我非常感动，使我求学的心未熄，希望能完成第三学年的课程。'留得青山在，不怕没柴烧'我会记住陈教授在信里给我的这句至理名言。"[①]

2.对外汉语

对外汉语是海外教育的重要方面。对于外国留学生的汉语教学，也是在坚持学科的统一要求和等级标准的同时，根据外国留学生的学习特点，致力推行第二语言教学法，加强听、说、读、写基本能力训练和个别教学，并且通过情景教学、音像教学、语言实践、举办中国社会经济与历史文化系列讲座、组织课外文体活动和外出旅游参观等方式，再现与扩大所学的内容，让他们在学习汉语中增加对中国历史文化的了解，在扩大对中国历史文化的了解中提高运用汉语的能力。尽管这样的做法要有更多的投入和更大的付出，但为学生着想，仍一直为学院所重视和坚持。[②]

汉语教学主要依照《汉语等级大纲》等规定，全面调整，充实初、中级阶段的课程设置，配齐基本训练的课程和学生学习汉语、了解中国所必需的选修课。为了补充教材的不足，学院组织教师编写了大量的对外汉语教材，如《初级汉语阅读，15 个为什么》《实用口语一百四十句》，电视教材《人到中年》《闽南方言口语》等。在教学过程中，学院每学期都会抓紧教学计划的制订，定期举行各种类型的课程考试和期中检查，促进教学手段的改进。学院还根据学习对象的不同需要，开展了多层次多形式教学，如文化旅游班、短期学习班、进修班等。在教学形式上，有正规课堂教学，也有个别教学，有面授教学，也有函授教学等。在教学实践中，学院教师边教学边探索，形成了探讨对外汉语教学规律的相关课题，进而大

---

① 蔡淑敏.考进厦大函授班后[C]//庆祝厦门大学八十华诞特刊.厦门大学泰国校友会，2001:58.

② 庄明萱.更多为海外学生着想[J].海外华文教育，2006(4):3-4.

大促进了教学质量的提高。

短期培训班给国外的学员们留下了深刻印象，以 2001 年首期美国 CCCU“中国学习项目”为例，十六名来自北美各高校的大学生不仅在厦大海外教育学院学习了汉语、武术和中国当代社会问题等方面的课程，其间还去了西安学习历史，去了北京和上海学习中国经济方面的课程。结业典礼上一位美国同学说：“这次的中国之行不仅让我体验了中国沿海开放城市的生活，而且还全面了解了中国其他城市和地区的生活状况，不仅了解中国的过去，还了解了中国的现在和未来。当然，他现在看到的中国比他来中国之前想象的中国要好得多。”[①]另一位学员说：“我竟有机会前往中国厦门游学，投入大学的怀抱，作为期一个月的居留，参与培训课程，研修汉语，亲身体验中华国情与文化。我住在海外教育学院的留学生宿舍，每天过着读书求学，上课下课的日子，汲取那些渴望已久的知识。培训的课程多姿多彩，有中国文化、中国历史、中国文学作品赏析，都令我神往、沉醉。其他的有古文、韵文教学和汉语网络教学，还有民俗舞蹈、民间歌曲、剪纸和中国结艺术。”[②]

2010 年 7 月，学院举行春季学期结业典礼合影

---

① 首期美国 CCCU“中国学习项目”短期班结业[J].海外华文教育，2001(1)：19.

② 丘丽莹.厦门大学，我来了[C]//厦大人志：马来西亚厦门大学校友会 19 周年纪念特刊.马来西亚厦大校友会，2011：56.

3.中医科

厦大的海外中医培训工作在1980年恢复办理以来，先后开设了内科专科、中医课程选读、高级研究班、针灸、妇科、骨科等专业和短期面授班。针对不同的程度和班次，学员设计了专门的课程体系，如中医本科，主要课程包括中国古代哲学、大学英语、医古文、中医学基础、人体解剖学、大学语文、中医诊断学、生理学、中药学、生物化学、组织胚胎学、方剂学、病理学、伤寒论选读、跨学科基本课程药理学、诊断学基础、内经选读、温病学、中医耳鼻喉科学、教学实习、金匮要略选读针灸学、中医内科学、针灸学、西医内科学、中医内科学、中医妇科学、中医儿科学、中医伤科学、毕业实习一年。

与国内相比，海外中医教育有其特点。其中最显著之处，就是学员具备明确的学习目的，毕业后必须具备独立应诊的能力。针对这一点，该系在教材选用、课时安排、实习方法上均有所不同。

一是在课时安排上突出“中医”比重，强调学好基础中医科目。例如，中药学在国内教学一般是108学时，在这里则安排126学时；而90课时的中医基础理论，则被扩充到108课时。这样，老师可以在课堂上充分将知识讲深讲透，而学生也能细心体会，慢慢消化。虽然在基础科目上多花了点时间，但这对学生未来的临床进步和水平提升确是十分关键的。

二是理论讲授密切结合临床。在中医界有个非常奇特的现象：中医院校基础教学部门（如中基、中诊、方剂、内经、伤寒等）的老师不上临床。而该系则把教学的着眼点定位于临床，办学伊始就规定所有任课老师必须上临床。长期以来，该系的教学形成了一个传统，就是不论是临床课还是基础课，老师的教学都能紧密联系临床，讲得生动，讲得实际。学生接受的是活的课堂，而不是死的书本。

三是强化临床技能的训练。业内的人士都知道，中医是一门实践性非常强的学科。教材上所给出的往往是一些一般性的原理，而在临床实际中往往要加以灵活运用，才能较好地解决问题。而且还有很多感性的知识，如脉诊、望诊等，光凭课堂上的讲解是根本无法去真正体会的。因此在许多课程的教学阶段，就融入实践的接触，如中医诊断的见习、中药学的实际认药、中医内科学为期三个月的临床见习等。而在最后为期一年的临床实习阶断，学生更是有充分的机会，自己动脑，自己动手，把课堂的知识转化为自己的实际经验。而检验学生学习的最后砝码，就是要考察学生的实际临床能力。学生将单独面对病人，独立问诊，独立把脉，独立开处方，符合要求的才算是厦大中医系的毕业生。

另外，该系海外中医教学还有一个特点就是全面的技能培养。众所周知，海外中医市场是现实的市场，也是充满激烈竞争的市场。学生毕业之后如何才能迅速适应市场需求？除了扎扎实实的疗效之外，该系还针对海外市场特点，着重增加各种实用技能，如针灸、推拿、美容、养生、食疗等的培训。别小看这些似“雕虫小技”，它们对学生在创业初期阶段吸引客户、增加门诊收益往往有举足轻重的作用。

作为综合性大学中的中医系，与其他中医专业院校相比还有一点不同，就是在综合和交叉科目上，能充分整合厦大医学院、生命科学院等单位的资源优势，提供高水准的教学。讲授相关课程的，既有教龄丰富的老教授，也有该领域崭露头角的年轻人。他们学识渊博，治学严谨，却又能将深奥的知识讲得通俗易懂，直接将学生的视野带到现代医学、生物学发展的最前沿。

进入21世纪后，中医系的教学也增添了新的内容。其中值得一提的是2002年，经教育部批准，厦门大学面向国内开设中医专业，并招收首批23名国内学生。从此，中医系的教学实现了国内、海外的“双轨运行”。新招收进来的国内学生思维活跃、视野开拓，给中医系带来了很多新气象。国内学生和海外学生在一起上课，互相交流，促进各自在学习和其他方面的共同进步，共同体味大学的风采。[①] 针对国内学生，教学强调以临床能力为代表的专业基础素质，以英语和计算机能力为代表的语言、信息素质，以社会活动能力和开拓创新能力为代表的综合素质的培养，使之适应中医药日益走向世界的要求；对海外学生则适应当地中医市场需要，以临床实践应用能力的培养为核心融入中医养生、美容、针灸、推拿等实用技能传授，使学生能在较短的时间内较顺利胜任独立开诊的需求。

中医五年的学习是艰苦的。但是在学习之外，还有丰富多彩的业余生活。2001年年底，由厦大海外学生组织的“厦门大学学生中医药学会”正式成立，厦门大学第一次有了学生自己的中医社团。开办以来，他们举行了各种十分有趣而有益的活动，如上山采药、与中医前辈进行访谈、开办各种医学科普讲座等。

---

① 走进厦门大学中医系[C]//厦大人志：马来西亚厦门大学校友会19周年纪念特刊.马来西亚厦大校友会，2011：89-90.

学生们不但强化了专业知识，也锻炼了社会活动能力，增加了与内地社会的沟通①。

梁东玳专门回忆了当年攻读本科的学习与生活："我是2001年厦大中医系中医学本科医学士毕业生，同班同学有印尼、美国、加拿大、中国香港、马来西亚、新加坡等地。其中有美国中医药大学毕业生、中国台湾中医毕业生、加拿大毕业生参加毕业考试。厦大为对外教育提供临床基地的有中山医院、第一医院及厦门中医院等，其中中山医院及厦大医院的人体解剖室等，中山医院的CTMR1供厦大中医学生学习，都要求同学具有一定的水准。这里必须指出厦大的医学士的考试是很严格的，每名考生只有一次机会！考试不及格是不能补考的，毕业文凭及学士学位证书是国家级的……厦大中医系教学基地占有天时地利的完善设备，从中医院的临床说起，外科、儿科、推拿科、针灸美容、耳鼻喉科、眼科等等，都会让学员大开眼界。厦大中医系中有加拿大、美国、哥伦比亚、巴西、新西兰、澳大利亚、日本、意大利、英国、法国等国家的学员，他们之中有医学院教授、博士，中医院讲师等。"②

4.针灸科

针灸科以短期、长期和专门班多层次办学形式见长，教学手段从单一的汉语讲授发展到能用日语、英语讲授，让不同水平、不同语种的外国学员接受中国的"国粹"。教学上注重理论联系实际，注重基本功训练，使学生较好地掌握经络辨证、取穴、针法、取穴法，取得显著效果。每年有大量来自东南亚、巴西、菲律宾等国的针灸短期班学生定期到中医系进修和实习。几十年来的对外中医教育历程中，厦门大学中医系深刻体会到海外中医市场与国内的巨大差异，积累了一套适应海外市场特点的教学方法，如海外学生母语基础普遍偏差，所以老师上课一般都是用十分通俗易懂的语言讲课，尽量使学生能尽快听得懂。又如在国内的中医教育一般是中西结合教育，而海外中医和西医则是两个严格分开的市场，所以

① 谭晓阳.有彼佳苑在水一方——厦大海外教育学院中医系办学及招生简介[J].海外华文教育，2004(1)：77-78.

② 梁东玳."俾还厦大"的学术地位[C]//厦大人志：马来西亚厦门大学校友会19周年纪念特刊.马来西亚厦大校友会，2011：67-68.

在课程安排上突出中医的主干课、基础课,而适当降低西医课程的考察难度。虽然某些课程降低难度,但是对学生严谨要求却不减。[①]

许多学生毕业后回国来信回忆实习考试阶段的生活:“紧张的学习,严格的考试,使我们掉了一身肉。但老师教学一丝不苟,毫无保留地教我们宝贵的实践经验,我们希望今后还有这样的学习机会。”“1995 年我填写了‘厦门大学海外教育学院(针灸函授进修班)’。录取通知书没有来之前,内心非常忐忑,担心没被厦门大学海外教育学院录取,担心录取通知书中途会寄丢、地址寄错。拿到盼望已久录取通知书的那一刻,内心非常激动,欣喜若狂,开心地留下了眼泪。三年的进修学习使我的中医基础理论有了很大的提升。1997 年创办吉隆坡甲洞针灸内科理疗中心附设中医门诊肿瘤科,悬壶济世 22 年。能有这样的一技之长,离不开每位老师的用心培养,辛苦批阅每一份课业成绩以及充满鼓励的语句,这一切我一直铭记在心,是母校给予我很大的信心,让我成功走上中医专业的道路直到今天!我希望能凭所学将中医继续发扬光大,将这份使命感变成前进的不竭动力!”[②]

5.研究生培养

2002 年,学院开始招收研究生。为满足广大海外华文教师提高汉语应用研究能力和汉语教学水平的迫切需求,进一步增强他们的专业理论和文学文化修养,经批准厦门大学海外教育学院从 2003 年开办面向海外的对外汉语教学硕士学位班。该班招生对象主要是海外汉语教师及华文教育工作者,采用在厦大集中授课与外派教师赴当地授课相结合的灵活的教学形式,并辅以自学、讨论、读书报告及答疑辅导等多种形式。该学位班学制 2～3 年,开设课程有“现代汉语研究”“应用语言学”“教育学原理”“教育心理学”“对外汉语教学语法研究”“海外华文教育研究”“第二语言教学理论与实践”“华文经典作品解读”“中国现当代文学专题”“中国古代文学专题”“中国文化概论”“中西文化与文学比较研究”等。

① 走进厦门大学中医系[C]//厦大人志:马来西亚厦门大学校友会 19 周年纪念特刊.马来西亚厦大校友会,2011:89-90.

② 杜华福.我为何要学中医[EB/OL].[2020-08-01].https://oec.xmu.edu.cn/info/1116/5753.htm.

入学条件和入学手续参照厦门大学招收外国留学生研究生的相应规定办理。学位班的开设满足了国外汉语教师进修提高的需求,更充分、更高层次地支持周边国家的汉语教学。[①] 汉语硕士项目包括学术型硕士和专业型硕士,开设的课程包括:公共学位课"高级汉语""中国概况""汉语语言学",专业学位课"汉语作为第二语言教学法""跨文化交际""第二语言习得""课堂教学案例分析与实践"等,选修课"教育统计导论""现代汉语专题研究""汉外语言对比""中华文化经典""中华文化技艺与展示""HSK6 辅导"等,同时研究生必须完成和参加教学实习、中国文化体验、学术沙龙等活动。

尼日利亚留学生马志强专门记录了他读研究生的生活与学习情况:"由于对中国电影的热爱以及对中国的好奇,2010 年 6 月,我到孔子学院去了解他们是干什么的,也是从那个时候开始,我与汉语有了不解之缘。我为自己听不懂汉语而懊恼,也因此萌发了想学汉语的想法。2012 年,也就是我大四那一年,我作为活跃分子,忙活在各种各样的活动上:演讲、讲座、比赛、学校的运动会和晚会以及广播员和记者等等。我还没有真正开始学习汉语,但是我已经和中国老师成为了好朋友。他们经常问候我,鼓励我抽时间学习汉语。对我来说,学习汉语的这段时间是一个很了不起的经历。因此 2013 年 3 月我申请了孔子学院奖学金,当 7 月拿到厦门大学的录取通知书时,我激动不已,马上打电话告诉了我的父母,激动地开始准备来厦门。除了平常的汉语课程,我还选了中国画、书法、唱歌等文化课,通过这些来真切地感受中国文化的魅力。我也开始学唱中文歌,为它的动听旋律和优美的歌词而着迷。我每天都花两个小时学唱中文歌,骑车、吃饭、洗澡的时候,也会听,一起跟着唱。2013 年 12 月,我参加了厦门大学'外国人唱中国歌、中国人唱外国歌'的歌唱比赛,并赢得了冠军(这个地方我的同学们会起哄让你唱歌,那么你就可以开始唱歌了)。同学们,我非常喜欢中国的一句话'活到老,学到老'。我们现在很年轻,所以要好好珍惜所拥有的时间,努力实现自己的梦想。让我们一起加油。最后我要感谢老师们,我爱你们,因为如果没有你们,就不会有我这个帅哥,如果我没有受到你们的爱和鼓励,肯定没有今天的我。我通过你们的教育学到了不少的知识。在三年之内能把汉语学好,硕士

---

① 厦门大学开办面向海外的对外汉语教学硕士学位班[J].海外华文教育,2004(4):68.

顺利毕业是因为有了你们培养和鼓励。我很衷心地感谢你们!”①

林忆安这样回忆当时的学习与生活:“2007年的暑假,我跟二十几个中外志愿者一起,去湖南省偏远的农村参加义务支教活动,在那里的一所学校待三周的时间,给当地的学生上课。我参加的这个活动的名字是‘中国夏日’。由于‘中国夏日’的影响,我大学毕业两年以后来到了中国工作,成为一名英语老师。现在我已经在中国生活了四年多,并且于去年秋季来到厦门大学,成为一名汉语国际教育硕士生。要问这第一次体验中国的学生生活给我什么样的感觉,最主要是能够认识这里的老师和同学,让我充满感激。其次是我对这种生活带给我的挑战自我的机会也非常感激。比如说,天生很内向、小时候特别害羞的我没想到有一天我会敢于上教室的讲台,用汉语作报告和试讲,上舞台用汉语作主持人、讲故事,这些对我来说都是最大的挑战。但是由于有老师和同学的支持,学习过程中的各种挑战我都敢于面对。能够成为一名厦大学生,我感到很荣幸,在校园里,能够天天跟国内国外的学生互动让我觉得很愉悦。”②

海外教育学院积极推动汉语国际教育人才培养模式,2012年来共举办了224期研究生学术沙龙,并邀请多名海内外学者来校开设专题讲座,拓展学生的国际视野和创新理念;提升研究生培养质量,配合学校研究生培养方案的修订,注重研究生课程的内涵与质量,削减超过1/3课程门数,贯通硕士与博士课程、增设学术前沿专题的共享课程;强化研究生的学术科研锻炼,要求每个博士生必须定期在学术沙龙作讲座,鼓励研究生参加国内外各种学术会议和发表论文,并给予经费支持;加大研究生培养环节的监控,在学位论文送审前必须先通过预审和预答辩两个环节,并由责任心强、学术水平高的教授组成审核小组,送审的博士及学术型硕士学位论文全部通过教育部学位中心“学位论文送审平台”的抽查,学院重视研究生教育实践和教学技能的培养,积极举办优秀大学生夏令营和汉语国际教育硕士教学技能大赛,鼓励学生参与教学实践活动,鼓励研究生选派去美国、加拿大、英国、德国、法国、西班牙、意大利、波兰、尼日利亚、泰国、印尼、乌克兰、俄罗斯、马耳他、韩国、日本、保加利亚、厄瓜多尔、哈萨克斯坦、喀麦隆等国孔子学院任教,此外学院还为研究生提供为来华留学生上课的机会,在教学实

---

① 马志强.我和中国的故事[EB/OL].[2020-08-08].https://oec.xmu.edu.cn/info/1116/6054.htm.

② 林忆安.我与中国的故事[EB/0L].[2020-08-08].https:/o/1116/6053.htm.

践和中外人文交流中培育和提升他们学以致用的能力。

2018 年 7 月，学院首次举办优秀大学生夏令营

6.国际项目

2007 年，为了顺应国际化办学趋势，厦门大学成立了国际学院。国际学院作为厦门大学 29 个直属学院之一，专门从事国际留学教育，学科门类涵盖了教育、经济、艺术、管理、信息技术等多个领域。国际学院引进国外优质教育资源和先进教学理念，积极拓展与世界各国高水平大学的合作办学项目，培养具有国际化视野的复合型专业人才。采用国外大学的课程体系、教学计划和教材，采用双语或外语教学，与国外合作大学密切合作、定期互访，建立内审和外审相结合的制度，确保教学质量。

2010 年，与爱尔兰都柏林商学院中外合作办学项目获教育部批准，并于 2011 年正式招生。该项目引进都柏林商学院的本科学士学位课程设置、教学计划及教学模式，结合学校的学科优势，制订双方共同认可的课程设置、教学计划。学院专门聘请了来自英国、美国以及爱尔兰等国的大学教授专门为该项目学生上专业课，充分体现了国际化办学的理念。学院不断创新教学内容与教学模式，更新教育理念和教学方法，实现从“以教师为中心”向“学生为中心”转变，推广混合式教学、翻转课堂、“大班授课、小班研讨”等新型教学方式，不断推进教育改革实践和教学经验总结。

都柏林项目获得翻转课堂、课程思政、厦门大学教学改革研究项目、在线开放课程建设项目各一项，两门课程入选校级一流本科课程建设项目，一门课程入选省级一流本科课程建设项目。都柏林本科项目出国(境)深造的同学，大部分进入世界排名前一百(QS排名)的海外名校，除了出国(境)深造，部分学生则保送攻读国内双一流建设高校。2020届都柏林项目毕业生数182人，总体就业率82.42%。境内升学19人，其中，推免研究生14人，比2019届增长75%，推免成功率100%。5名同学被中国人民大学录取，其余同学分别被北京大学、复旦大学、南京大学、中国科学院大学、中央财经大学、西安交通大学、华中科技大学、东南大学、上海国家会计学院等名校录取，2名同学被录取为直博生。出国(境)深造人数83人，占毕业生总数的45.6%。进入世界前100强的国(境)外高校深造人数达72人，占出国(境)深造总人数的86.74%，如英国帝国理工大学、英国伦敦大学学院、美国杜克大学、新加坡国立大学、香港大学等名校。签约就业42人，占毕业生总数的23%。

国际学院2019届本科生毕业合影

国际学院保持着每年300多名学生出国留学的规模，每届学生赴海外升学率高达90%以上。2020届自主项目毕业生数355人，将赴英国、美国、澳大利亚、新加坡、日本等国的合作院校继续完成本科或研究生阶段的学习。截至2020年，学院先后有4600多名学生赴海外合作院校深造。在办学资质、学生出国人数规模、海外升学率、海外名校录取排名等方面(见表4-1)，国际学院不仅在厦大，放眼全国同类学院都是独占鳌头。近年来，学院还创造了数个厦门大学之最：最高的世界前100名大学研究生录取比率、最高的外方合作大学教授授课比例、拥有最多的国外合作大学伙伴，并以厦门大学最低的入学分数考出了多个雅思高分，不乏雅思8.5分、8分、7.5分的同学(6.5分以上人数达160人)。学院已成为厦门大学国际化程度最高的学院。至2020年年底，有1000多名毕业生学成归国并任职于高校、金融等机构，社会反响良好。

国际学院2019届自主项目学生毕业合影

表4-1　自主项目历年前往世界一流大学的学生数及高校数

年份	高校数	学生数
2009届	14	122
2010届	15	118
2011届	16	127
2012届	16	97
2013届	28	108
2014届	23	101
2015届	26	101
2016届	30	141
2017届	28	166
2018届	30	226
2019届	39	264

(五)改善学生住宿、生活与教学条件

20世纪80年代初，函授教育复办未久，留学生教育也刚起步，办公、教学和生活设施相当有限而简陋。1985年后，随着学生数的年年攀升，原有的设施已难以承受，每年都要为此而伤透脑筋。甚至有些学期要屡屡采取应急性预案，动

员和组织一部分学生住进旅社，走读入学。为了从根本上改变这种境况，全院上下齐心合力，真诚奉献，多方沟通，并且一步步取得重要成果。1987 年，学院通过自筹，建成了教学办公大楼。1991 年，菲律宾蔡清洁先生，经过校领导推荐和实地考察，捐建了海外教育中心大楼。楼高十层，面积 6300 平方米，可供 250 人住宿。大楼功能齐全，设施现代化，设有电梯、电视、24 小时供热水系统、国际直拨电话、餐厅、咖啡屋、商场、美容厅、会议室和活动室。每个房间置有卫生间，部分房间有冷气。宿舍分别有单人房、双人房、三人房和套房。可满足不同需求。[①] 1994 年，印度尼西亚校友林联兴先生经过老师的沟通与实地考察，捐建了林联兴教学大楼。同年，日本留学生当山一夫赠送了一部五十铃 26 座旅行车。还有校友王慧英医师、李淑君教授等及许多海外友好人士捐献款项和教学办公设备，使学院在不长的时间内，办学条件得到了很大程度的加强与改善，为学生提供了相宜的学习生活环境。[②] 1993 年开始，学院对后勤管理工作进行了更为深入的改革。附设于学院的海外教育服务中心，下设客房部、餐饮部、工程部、财务部和办公室。改革的重点是把中心办成一个独立核算的经济实体。每天由部门经理轮值负责督导工作，并记好值班日记，把业绩跟当月奖金挂钩。因此，整个后勤管理与服务工作，得到了很大程度的加强。[③]

2013 年，海外教育学院正式入驻厦门大学翔安校区，校区位于厦门市翔安区翔安南路，占地 243 公顷，规模宏大。校区内设有学生公寓、图书馆、恒温游泳馆、篮排网足球场、食堂、银行、小吃城、商店等，应有尽有。翔安校区提供一厅两卫四房四阳台及单间独卫的学生公寓，每个房间可入住两名学生。设施齐全，配有空调、热水器、木制桌椅、保险柜和网络接口。楼道保洁由专门物业负责，园区有保安执勤。宿舍装有电信和移动的网络接口。学院投入大量资金进行装修改造，宽敞的教室、图书阅览室、会议室和多功能厅，温馨的咖啡厅和休闲庭院，课件录播室和计算机房等一一齐备，师生员工的教学、科研、办公和各项活动的空间得到了很大改善，教师每人一间工作室及相应配套设施。

2020 年，国际学院第一批新生入读漳州校区。厦门大学漳州校区位于东南

---

① 吴锦忠.抓住机遇，办好海外教育[J].中国高教研究，1995(2):78-80.

② 庄明萱.更多为海外学生着想[J].海外华文教育，2006(4):4.

③ 吴锦忠.抓住机遇，办好海外教育[J].中国高教研究，1995(2):78-80.

沿海闽南金三角的漳州招商局经济技术开发区，三面环山、东向大海，与思明校区隔海相望。校区于 2001 年 4 月 6 日开工建设，2003 年 9 月投入使用，占地 2568 亩，规划建筑面积 66.7 万平方米。漳州校区拥有完善的教学、科研设施和公共服务体系，是厦门大学世界一流大学建设的重要组成部分，是市校合作的重要成果。9 月，学院完成漳州校区首批搬迁工作，教学办公设施配置齐全。

(六)全力贯彻“三全育人”理念，打造丰富的校园文化和中国文化活动

每一位来到学院学习的海外人士，都怀揣着一个“中国梦”——他们不仅希望学到专业知识，也希望学习中国的历史文化，了解当今中国社会的方方面面，学院也期待更多的学生(特别是海外学生)能够在学习专业知识的同时更加深刻地了解中国发展的现状，促进中华文化的传播。为此，学院开设了用英语讲授的“中国概况”课程，向学员系统介绍中国的政治、经济、历史、文化。课余，组织他们参观工厂、农村、学校，周末举行中外学生联谊晚会。中国传统节日，更是这些外国学生采撷民间习俗的好机会。他们在端午节观看龙舟赛、中秋节“博饼”赏明月，还参加泉州国际木偶节、宁德畲族艺术节等活动。绚丽多姿的中国民间艺术满足了他们对中国的好奇心，丰富了他们的学习生活，增进了他们对中国的了解。

随着学院的发展，学院逐步将中国文化与校园文化相关活动制度化，全力贯彻“三全育人”理念，不断探索、致力构建形式多样的教育教学新模式。学院加强学生社团的建设，成立了海外教育学院研究生会、都柏林项目学生会、都柏林项目宣传中心等学生管理机构，为学生进行自我管理提供了组织保障。学院还在留学生中开设“中华文化体验”课程，加强文化育人课程建设。学院以汉语语伴交流、汉语角活动为依托，增强中外学生适应多元文化环境的能力，了解不同国家的历史和文化背景，积极参与跨文化实践活动，在多元文化差异、包容的校园环境氛围中，适应多元文化的碰撞、交融与相互接受，挖掘中华传统文化的现代价值，掌握文化软实力输出战略，提升跨文化交际能力；同时也增进来华留学生对中国、学校的了解，使之在校园内外体验中华优秀文化，了解中华传统文化的

博大精深，求同存异，增强互信，成为“知华、友华、亲华”的国际友人，鼓励他们为促进汉语国际推广、传播中华优秀文化贡献力量。

根据学院的办学特点和特色，学院关注和支持中外学生在校内开展积极向上、富有异国风采的校园文化活动，深入展示异国的风土人情、美食文化、传统服饰和民族歌舞，展示学院风采，加深中外学生的相互了解，促进中外学生交流与融合，为打造多元文化增光添彩。学院举办了厦大留学生运动会、迎新晚会，泰国“泼水节”;“水灯节”，优秀毕业生论坛，国际节，“中国日”文化节展示，翔安校区国际文化交流等大型活动，精心打造国际化舞台，广泛弘扬中国优秀传统文化。其中，“中国日”文化节、“汉语角”、“国际青年说”、“泼水节”、“水灯节”等各类丰富多彩的活动，已成为全校中外学生交流的重要渠道，为弘扬中华优秀传统文化，促进中外文明交流互鉴，营造开放、包容、自信、宽广的校园文化氛围做出了重要贡献。

根据规定，享受中国政府全额奖学金的留学生每两年可参加一次由学校组织的假期集体短途旅行，旅行交通和食宿费由学校承担。进修期限为一年者也可享受一次此类旅行。利用上述机会，学院组织留学生们陆续开展了感受新农村建设、中秋博饼文化体验、茶文化体验、“香贡贡”等当地知名企业参访、参与《与著名作家谈文学》沙龙等活动，促进留学生对传统中华文化和闽南地方文化全方位、多角度了解，引领学生深入感受中华文化的独特魅力，提升留学生对中国发展变化的感知度。

2019 年 12 月，学院承办第七届“中国日”文化节活动

第二节 对外交流与人才培养

海外教育学院/国际学院作为厦门大学国际化教育最突出、最有特色的学院，长期以来主动服务文化“走出去”战略，不断开展各类丰富多彩的文化交流活动，以我为主、兼收并蓄，坚守中华文化立场的同时，帮助海内外学子夯实文化底蕴，陶冶情操，为跨文化交流、沟通、互动打造更为广阔的平台，为不同国家的同学们了解和理解中国创造条件，为推进中华文化传播和中外人文交流作出贡献。

一、海外教育学院的对外交流与人才培养

(一)海外函授时期(1980—1991)

“文革”后，海外教育学院的对外交流主要集中在汉语培训和中医教育合作上，几年来多次举办短期汉语培训班，学员来自日本、美国、新西兰、澳大利亚等地，并与日本国际交流协会、香港大学、美国康奈尔大学、日本冲绳国际大学、加拿大麦吉尔大学、新加坡华文教师举办了汉语培训班。此外，与中国香港、马来西亚在中医方面展开了深度合作。

1981 年 9 月，香港针灸协会代表团前来访问交流。同年，与美国美中教育基金会肯尼迪主席签署举办对外汉语学习班的协议。1982 年 1 月与日本国际交流协会达成举办短期汉语学习班协议。5 月与法国尼斯大学商定 1983—1985 学年互派留学生等合作交流项目。1984 年 2 月为日本国际青年交流协会举办短期中文学习班。

1985 年 3 月—9 月，学院先后举办 4 期对外汉语学习班，学员分别来自美国、新西兰、澳大利亚、日本等多个国家。9 月 8 日，与美国“中国之友”联盟达成举办短期汉语培训班协议。10 月 12 日，周世雄副院长陪同王洛林副校长赴美国有关高校商谈校际交流和招收留学生事宜。10 月 17 日，先后在菲律宾、泰国、印尼、马来西亚、新加坡、日本、美国、法国、澳大利亚等国以及港澳地区设立海外招生代办点。

1986 年 8 月 9 日，与香港新华中医学院签订“关于在香港合作设立临床教

学中心”协议。此后，先后在香港开办12期临床带教进修班。

1987年起，厦门大学海外教育学院与香港新华中医中药促进会、新华中医学院联合在香港举办临床学习班，开设中医内科及针灸科，每年办一期，每期2个月。1987年8月21日，名誉院长盛国荣教授等一行应邀赴香港新华中医学院临床带教，为方便香港函授生的临床实习，盛国荣教授和刘孔藤教授、林志南、彭德宁与王长荣副教授等分别前往香港在新华中医中药促进会开办的门诊部讲学，辅导修读函授课程的学生进行临床诊断。11月3日，周世雄副院长等应邀赴美国商讨校际交流与招收留学生事宜。12月21日，为香港大学举办对外汉语教学培训班。1989年8月14日，举办马来西亚中医师培训班。9月5日，美国康奈尔大学中国语言文化短期进修班开学。1990年5月3日，与日本冲绳国际大学签署对外汉语教学学术交流协议书。6月2日，学院开始为加拿大麦吉尔大学举办为期3个月的汉语短期强化班，共举办4期。12月2日，中文部为新加坡中学华文教师会进修团举办培训班。

(二)海外教育学院时期(1991—2007)

这一时期，海外教育学院与东南亚国家为主的数十个国家和地区建立了合作项目，学院管理层带队先后访问了中国香港、印尼、美国、马来西亚、菲律宾、日本、韩国、泰国、荷兰等国家和地区，先后与印尼东方语言文化中心、中医协会、北美基督教大学联合会、香港公开大学、印尼国民教育部校外教育及青年司、印尼全国针灸学会、美国神农中医药中心、马来西亚华人医药总会、菲律宾中正学院、韩国韩南大学国际学院、泰国宋卡王子大学、荷兰莱顿大学等学术组织达成合作意向。合作集中在中医教学、汉语教学、华文师资培训以及合作办学方面。

1995年9月13日，海外教育学院与香港专业进修学校商讨扩大在港招生事宜，1996年4月25日，与香港专业进修学校商讨中医函授教育合作交流事宜。2000年9月12日，学院与香港公开大学合作在港开办成人高等教育中医课程，每年定期派教师赴港任教。2001年1月19日，与香港公开大学签署联合开办中医本科学位课程协议书。

学院与东南亚国家，特别是印尼、新加坡、菲律宾、马来西亚和泰国之间的交往频繁。1995年9月，周世雄院长等一行应邀赴马来西亚访问交流，商讨扩大在马来西亚招生等有关事宜。1997年7月3日，周世雄院长等一行赴印尼访问，与印尼东方语言文化中心商谈合作开展中文函授教学；8 月 26 日，周世雄院长等一行赴菲律宾访问，与菲律宾华文教育研究中心商谈华文教育交流合作事宜。

2000 年 3 月 1 日，学院与印尼中医协会签订委托代办招生协议书；2002 年 3 月 14 日，应印尼教育部和新加坡中学华文教师会邀请，詹心丽院长、陈荣岚副院长、华文系主任杨子菁随同潘世墨副校长赴印尼、新加坡访问考察。在印尼期间，先后访问了印尼国立大学、希望之光大学及印尼东方语言文化中心，拜会了印尼教育部有关官员；在新加坡期间，与新加坡中学华文教师会理事会成员进行座谈交流，访问了新加坡国立大学和南洋理工大学，与两校领导商讨合作交流的有关事宜，并礼访了新加坡李氏基金会和厦门大学新加坡校友会。2000 年 4 月 29 日，接待菲律宾华商联合总会理事长陈永栽先生的访问，商讨与菲律宾高校交流合作及举办菲华青少年夏令营有关事宜；8 月 12 日，应菲律宾菲华商联总会理事长陈永栽先生的邀请，詹心丽院长、陈荣岚副院长陪同校党委书记王豪杰、校长陈传鸿赴菲律宾访问考察。在菲期间，考察团先后访问了菲律宾国立大学、亚典耀大学、黎拉刹大学、亚太大学、中央大学、东方大学、师范大学等七所菲律宾著名高校，并与这几所大学的校长及相关学院的院长、系主任联合举行中菲教育座谈会。考察期间，还访问了菲律宾华文教育研究中心、菲律宾侨中学院、菲律宾中正学院等著名的华文学校和华教机构，并与当地 20 多所华校的校长和教师代表举行华文教育座谈会，拜会了包括教育部副部长在内的一些菲律宾高级教育官员，礼访了菲华商联总会、菲律宾晋江同乡总会、亚洲作家协会菲律宾分会等著名华人社团以及菲律宾厦门大学校友会。

2001 年 4 月 9 日，由菲律宾著名华人实业家、菲律宾航空公司董事长陈永栽先生资助的菲律宾华裔青少年汉语进修团首批 100 多名学员来学院学习。陈永栽先生出席开营仪式，勉励华裔青少年努力学习和传承汉语与中华文化。

2002 年 3 月 26 日，菲律宾华裔青少年汉语进修团开班，共有 300 多名学员参加为期 2 个月的汉语学习；2002 年 7 月 22 日，印尼国民教育部校外教育及青年司考察团一行来学院访问交流。双方在教师交流互访、汉语水平考试推广、华文教师学历教育、合作编写华文教材等方面达成共识。詹心丽院长代表学院分别与印尼国民教育部校外教育及青年司、印尼全国针灸学会签订合作交流框架协议。2002 年 10 月 19 日，泰国诗琳通公主到访，为后续的交流与学习开启了新的合作。11 月 7 日，学院与印尼东方语言文化中心就汉语教学、华文师资培训及合作办学等问题达成协议，詹心丽院长和东方语言文化中心主任徐敬能出席签字仪式。11 月 20 日，马来西亚董总主席郭全强访问学院，双方就开展华文教育的合作交流及华文教师培训等事宜达成共识。11 月 26 日，学院为新加坡中学华文教师会举办汉语教师培训班。

2002 年 10 月，泰国诗琳通公主与学院泰国留学生合影

2003 年 3 月 7 日，应厦门大学泰国校友会的邀请，詹心丽院长陪同校友总会理事长林祖赓教授等一行 5 人，前往泰国参加厦门大学泰国校友会成立五周年联欢活动并洽谈海外办学事宜。3 月 16 日，由马来西亚董教总、新纪元学院和南方学院举办的第一届中国高等教育展在吉隆坡开幕。副院长陈荣岚与经济学院副院长陈正国、管理学院副院长林志扬、中文系副主任朱水涌一行应邀参加此次教育展。参展期间，我校代表团还与董教总新纪元学院院长柯嘉逊博士等领导进行座谈交流，礼访了厦门大学马来西亚校友会，前往怡保和槟城两城市，参观访问当地华文独中和原住民学校，与当地华教界人士举行座谈会。3 月 17 日，陈荣岚副院长赴马来西亚参加中国高等教育展。其间，与中国驻马来西亚大使馆政务参赞杨玲珠女士一起为马来西亚董教总主席郭全强先生颁发了厦门大学客座教授聘书。2003 年 3 月 31 日，学院举办泰国青少年暑期汉语进修班。9 月 13 日，马来西亚华人医药总会代表团访问学院，商讨合作交流有关事宜。

2003年9月，马来西亚副首相阿卜杜拉·巴达维与学院马来西亚留学生合影

9月18日，马来西亚副首相阿卜杜拉·巴达维访问我校，与学院全体马来西亚留学生合影留念。2003年10月19日，泰国东方书院院长陈贞煜与泰国校友会领导一行访问学院。12月8日，菲律宾光启学校吴彰义院长一行访问学校，参观了海外教育学院，并表示将与学院建立长期交流合作关系，除派遣学生和华文教师来学院培训外，也希望学院能派汉语教师前往菲律宾进行教学指导。12月27日，马来西亚独中校长代表团一行访问学院。

2004年4月，菲律宾中正学院代表团来访

2004 年 4 月 2 日，菲律宾中正学院代表团到访，商谈华文教育交流合作有关事宜。中正学院是菲律宾国内唯一一所自幼稚园至研究所的华文学校，与我校渊源颇深，其前任董事长蔡清洁先生、前任院长邵建寅先生均为我校校友，并捐款修建了蔡清洁楼、亦玄馆。此次包括邵建寅先生、院长施约安娜女士、董事长陈著远先生等领导在内的访问团一行 11 人来访，目的是促进与我校在联合培养学生、振兴华文教育方面的合作。詹心丽院长等与来宾座谈交流，介绍学院汉语网络远程教育及正在建设中的网上汉语教师培训中心的新进展。中正学院表示，期待在汉语师资培训、学生交流等方面展开合作，并希望借鉴我校在网络教学方面的经验，改革教学法，吸引更多菲律宾学生学习华文。4 月 12 日，在厦门市侨联有关负责人的陪同下，菲律宾米沙鄢地区华文教育协会访华团莅临学院访问。詹心丽院长等接待并与来宾座谈交流。双方就华文师资培训和外派教师赴菲律宾任教等问题进行磋商，并达成共识。5 月 8 日，学院举办泰国汉语艺术旅游短训班。2004 年 6 月 7 日，由陈益清理事长和孙亚生副理事长带领的新加坡中学华文教师会代表团一行六人莅临学院参观访问。新加坡中学华文教师会与学院一直保持着良好的合作关系，此次来访，希冀以华文教师培训和中学生夏令营等活动为突破口，以推动更广领域和更深层次上的合作。6 月 8 日，菲律宾光启中学院长助理 Songbeedy 和 Yulily 老师访问学院，商定该校将于 10 月份派遣 40 多名学生来学院参加为期 40 多天的汉语强化培训。6 月 17 日，陈荣岚副院长代表学院与印尼东方语言文化中心主任徐敬能签署在印尼合作开展函授远程教育与面授辅导相结合的协议。7 月 19 日，学院举办越南主流大学汉语教师培训班；8 月 6 日，学院举办了菲律宾本土汉语教师培训班。

2005 年 2 月 5 日，黄鸣奋院长、林自和书记陪同张颖副校长访问泰国爱博大学、博仁大学、农业大学、亚洲理工学院等高校，商谈合作交流有关事宜。3 月 1 日，新加坡国立大学人文暨社会科学院院长陈大荣一行访问学院，商讨华文教育合作交流有关事宜。3 月 24 日，文莱中华中学中国考察团一行到学院访问交流。5 月 22 日，菲律宾华裔青少年汉语进修团（150 人）培训班开班。6 月 17 日，黄鸣奋院长陪同孙世刚副校长赴马来西亚参加马来亚大学建校百年校庆活动。7 月 25 日，黄鸣奋院长等一行赴印尼访问交流，与当地华文教育机构商讨合作开展远程教育的有关事宜。2005 年 11 月 15 日，泰国宋卡王子大学普吉分校校长一行访问学院。

2006年3月9日至16日，应厦门大学泰国校友会邀请，潘世墨副校长率团访问泰国。黄鸣奋院长、校招生办主任詹心丽、海外学生部主任黄建军，继续教育学院副院长林祥斌等随行参加厦门大学泰国校友会庆祝母校85周年华诞暨成立8周年联欢大会，并先后访问了兰实大学、爱博大学、东方大学、皇太后大学、博仁大学5所大学及东方文化书院。4月4日，印尼希望之光大学校长Prof. Muljono及教育学院院长Dr.Nggandi Kat等一行访问学院。双方就学院每年派出2名教师到印尼任教以及5月下旬印尼方派出青少年暑期短训班到学院学习达成了合作意向。4月7日，印尼东方语言文化中心徐敬能主任一行五人访问学院，双方就今后继续合作开展中文函授教育的有关问题进行了磋商。2006年8月16日，菲律宾侨中学院董事会陈本显名誉董事长、侨中学院颜长城校长等一行4人访问学院，双方就开展华文教育交流合作有关事宜进行磋商，并达成了合作意向。菲律宾侨中学院与学院有着多年的合作关系，学院曾多次选派教师到该校任教，并在中文远程教学和汉语师资培训等方面开展合作交流。自2001年以来，侨中学院所属的华教中心每年组织大批菲律宾华裔青少年来厦学习汉语和中国传统文化，累计在学院参加培训的学生已达800多名。9月8日，中国驻印尼大使余洪耀代表中国国家汉办，赠送由学院开发的印尼国民高中《华语》教材7000套给印尼教育部。10月31日上午，泰国警察上将PrasanWongyai博士在泰国华人青年商会张泽荣副主任的陪同下访问学院，双方就学生交换及互派教师等合作项目进行了商讨。12月3日至10日，黄鸣奋院长、陈荣岚副院长赴印尼雅加达、泗水、万隆、井里汶等多个城市推广学院海外网络远程教育，与西爪哇省井里汶华文学习中心签署合作，开展网络远程教学协议，为首届华文网络远程教育100多名学员颁发结业证书，并与印尼建国大学和万隆国际外语学院商讨合作开展网络远程教育有关事宜。

2007年4月4日，菲律宾华裔学生中文夏令营正式开班，129名菲律宾华裔青少年在学院参加为期八周的汉语培训。7月1日，应国务院侨务办公室、中国海外交流协会的邀请，印尼国民教育部校外教育总司访华团一行15人访问学院，商讨双方开展华文教育交流合作的相关事宜。10月31日，由马来西亚槟州行政议员、华文教育工委会主席杜乾焕博士带领的中国福建教育参访团一行12人到访，并与学院教师和马来西亚留学生举行座谈交流。这五年来，先后有200多名马来西亚学生来厦门大学留学，在校马来西亚学生有40多名；在远程函授方面，自1990年以来，先后有1200多名马来西亚函授生学习学院提供的中文和中医课程。

与此同时，学院与日本、韩国、阿拉伯国家的交流与合作也逐渐开展起来。2003年1月17日，詹心丽院长赴日本参加“留学中国教育展”。此次由我国教育部留学服务中心主办，日本亚太平洋国际交流协会承办的教育展是纪念中日邦交正常化30周年之系列活动之一，得到了中日两国政府和日本民间各友好团体的共同支持以及中日媒体的普遍关注。在日期间，詹院长受学校委托，邀请东京大学、京都大学两校领导访问厦门大学，同时还多方联络在日校友，商讨筹办厦门大学日本校友会有关事宜。2004年6月10日，学院与韩国韩南大学国际学院签署合作交流协议。2004年9月8日，为韩南大学首批28名学生开办汉语进修班。2006年4月21日，黄鸣奋院长陪同朱崇实校长赴沙特阿拉伯访问交流。2007年3月4日至16日，日本拓殖大学的学生在学院参加为期2周的汉语学习和语言实践。

此外，学院与美国、英国、荷兰和澳大利亚的交流互访也逐渐频繁。2000年5月12日，学院与北美基督教大学联合会(简称CCCU)签订中国学习项目协议书，商定自2000年起，每年分春秋两季派学生来学院学习汉语三个半月；5月28日，詹心丽院长随中国教育代表团参加在美国圣迭戈举办的国际教育工作协会第52届年会和国际教育展，并访问加州大学伯克利分校、洛杉矶分校及南加州大学、华盛顿大学、马里兰大学、纽约城市大学等著名高校。2001年1月2日，学院与美国神农中医药中心签署开办中医针灸专科班合作协议；4月24日，学院与美国华顺国际集团有限股份公司签署委托招生协议书；2002年7月7日，由美国中央华盛顿大学研究生院院长Richard Mack教授和历史系James Cook教授带领的师生代表团一行25人访问学院，并参加为期10天的学习与研究项目。

2003年10月14日，学校委派杨子菁老师参加国家汉办讲师团赴英国培训当地华文教师。10月16日，陈荣岚、黄香山老师参加国侨办讲学团赴法国、荷兰等国培训当地华文教师，累计有256名法国、荷兰本土华文教师参加了培训。

2005年10月24日，荷兰莱顿大学代校长梁兆兵教授访问学院，黄鸣奋院长等接待并与来宾进行座谈，商讨交流合作有关事宜。11月16日，陈荣岚副院长赴意大利、荷兰参加“留学中国教育展”。12月5日，国家汉办澳大利亚、新西兰汉语教师培训班开班。

2005 年 10 月，荷兰莱顿大学代校长梁兆兵访问我院

2006 年 6 月 9 日，美国纽约培士大学负责学术事务的副校长莫亚尼博士和负责国际合作事务的副校长康伯莉博士访问学院。双方就美国纽约培士大学定期选派学生来学院进行为期三个半月的汉语和中国文化学习事宜进行协商，并就合作协议达成了一致意见。2006 年 8 月 17 日，美国夏威夷希罗州立大学校长张蕴礼博士及其助手 Audreys Furukawa 女士访问学院。双方就开展汉语国际教育的合作交流进行磋商，并达成初步意向。8 月 20 日，美国北卡罗纳大学首期汉语进修班开班。2006 年 11 月 20 日，学校率团参加了在南非、埃及举办的“2006 年中国教育展”。2007 年 6 月 22 日，学院和美国本特利大学合作推出的大学生国际商务咨询实践项目中，美方本特利大学 4 名学生公布了他们为鼓浪屿管委会所做的咨询报告，就保护鼓浪屿历史文化建筑，吸引更多游客提出自己的“金点子”，另有 8 名学生分别对厦门太古可口可乐公司推出新型饮料、金龙客车公司打进国际市场提供商务咨询报告。

二、国际学院创办时期的对外交流（2005—2007）

国际学院创办之初就以满足我国日益增长的自费留学的需要为目标，加强中外合作教育成为学院办学的主要特色。2006 年，学院接待了来自英国赫尔大学、萨塞克斯大学、四川大学留学预科学院等国内外大学的来访，并参与学校接待苏格兰大学校长访华团一行的活动。2 月 19 日至 26 日，为进一步落实中苏大学学位教育项目(SSUP)，推动中苏教育合作向高层次发展，苏格兰大学校长访华团访华，并于 2 月 22 日来访厦门大学。10 月 17 日，英国赫尔大学商业学院院长 Mike C.Jackson 教授、商业学院主任 Michael E.Tayles 教授，合作沟通经理 Christopher Walker 以及国际办公室主任方晓博士一行四人到留学预科学院参观访问，并商谈合作办学的有关事宜。

2007 年 1 月 29 日，英国纳皮尔大学来访，访问团一行人与朱崇实校长、吴世农副校长、生命科学学院龙敏南副院长及郑通涛院长等就合作办学事宜进行了洽谈。3 月 6 日，日本静岗产业大学情报学部系主任小谷内郁宏教授与俞嵘讲师在厦门大学外文学院亚欧语言文学系主任陈端端教授的陪同下来学院访问，5 月 31 日，厦门大学国际学院与日本静冈产业大学签订了《厦门大学与日本静冈产业大学学术及教育交流协定书》和《厦门大学国际学院与静冈产业大学留学生招收方案备忘录》。6 月，学院中日合作项目招生工作正式启动。为顺应中日两国政治、经济、文化、教育、体育等各方面的交流不断扩大的趋势，学院与日本静冈产业大学合作开设中日留学项目。

2007 年，学院与英国、法国、日本的大学进一步加强了交流，促进了合作办学项目的发展。3 月 13 日，英国苏格兰学历管理委员会(SQA)国际项目经理 Jean Allan 女士和 ESOL(English for Speakers of Other Languages)培训专家 Gillian 来学院指导教师 ESOL 教学以及评卷中需要注意的一些问题。3 月 26 日，英国 Sussex 大学国际办中国代表 William Wang 博士应邀来到国际学院访问。4 月 26 日，英国南安普敦大学教育学院院长 Mary Ratcliffe 教授和副院长 Dr Rosalind Foskett 女士应邀到国际学院访问。郑通涛院长等与来宾就双方合作办学项目，尤其是国际学院双语师资培训课程与南安普敦大学相关学士和硕士学位课程互认和对接等事宜进行了交流探讨。11 月 7 日至 9 日，英国南安普顿大学教育学院院长 Mary Ratcliffe 教授和 Dr Martin Chesley Dyke 教授访问国际学院，商谈合作细节。

2007 年 4 月，英国南安普顿大学教育学院一行来访

11 月 1 日上午，法国 IÉSEG 管理学院国际处负责人 Matthieu Brecville 应邀到国际学院访问交流，并就合作办学事宜进行了商讨，双方就本硕连读 2＋3、3＋2、3＋1 等合作模式进行了交流探讨。11 月 13 日至 14 日，日本平安女学院大学理事长、校长山冈景一郎先生一行等应厦门大学国际学院邀请前来交流访问，并就开展合作办学事宜进行交流探讨。12 月 11 日，厦门大学国际学院与英图中国在新西兰驻华大使馆举行合作谅解备忘录签订仪式。根据备忘录，双方将共同在国际学院建立福建省新西兰中心。

三、海外教育学院／国际学院的对外交流（2008—2020）

两院合并后，学院的对外交流无论在合作项目、合作国家范围与数目、交流人数上，还是在合作深度与内容上都有了显著提升。

与香港、台湾地区的交流合作方面，2008 年 8 月 31 日，台湾华文教育界大陆学术交流团一行到访。交流团成员包括台湾世界华语文教育学会理事长、中原大学校长程万里，学会监事长、屏东教育大学前校长何福田，学会秘书长董鹏程以及台湾华语文教育界专家学者共 20 多人。双方就两岸合作开展华文教育和中华文化传播的有关议题进行了讨论交流。2009 年 7 月 28 日，应香港公开大学李嘉诚专业进修学院院长吕汝汉教授邀请，郑通涛院长等一行 5 人访问香港公开大学。双方就合作开办“中国语言文学专业学士学位课程”进行磋商，并达成初步协议，并就合作培养汉语国际教育专业硕士及开办其他非学历短期学习项目交换了意见并达成合作意向。2009 年 11 月 15 日，郑通涛院长应邀参加由国侨办赵阳副主任率领的大陆华文教育考察团赴台湾进行访问交流。考察团成员还包括华侨大学校长丘进，暨南大学副校长贾益民、北京华文学院院长彭俊、中国华文教育基金会副秘书长李民等。此次访台被媒体称为“两岸华文教育的‘破冰之旅’”。访问期间，两岸华文教育界达成建立海外华文教育推广合作机制，有效整合两岸华文教育资源，共同推动华文教育事业蓬勃发展的共识。2010 年 11 月 19 日，台湾铭传大学国际学院华语文教学系主任杨小定教授访问学院，并就双方在华文教育领域的合作交流模式进行了探讨交流，达成双方合作举办华语教学与师资培训班的意向。2012 年 4 月 12 日，台湾铭传大学管理学院院长黄旭男教授一行访问学院。双方就师生交流、学位认证等问题交换了意见。2013 年 6 月 6 日至 7 日，国际学院一行访问台北教育大学，并签订了两校的教育合作协议。2016 年 2 月 26 日，台湾“中欧国际事业集团”一行 4 人访问学院，双方就“本硕连读合作项目”的可行性及具体细节进行了商谈。该合作项目尝试将大陆和台湾的本科教育与英国知名高校硕士教育有机衔接起来，为大陆学生进入英国名校开辟直通车。2016 年学院与台中科技大学、金门大学等签署合作协议，深化交流。

与东南亚国家开展合作交流一直是学院办学的重要特色之一，这一时期学院与菲律宾、泰国、印尼、缅甸、新加坡等国家的互访合作频繁。2008 年 4 月 7 日至 16 日，郑通涛院长率学院代表团访问菲律宾、印尼。在菲律宾期间，代表团先后访问了菲律宾中央大学、拉萨大学、玛普尔技术学院、菲律宾侨中学院、中正学院、菲律宾华文教育研究中心，拜会菲律宾商总理事长陈本显先生，菲律宾厦大校友会理事长、中正学院名誉董事长邵建寅先生，中国驻菲律宾大使馆大使宋涛先生及文化参赞陈永山先生等，商讨华文教育交流合作有关事宜，与印尼万隆侨中劲松基金会和万隆国际外语学院领导商谈交流合作事宜，并与印尼建国大学签订合作办学协议。7 月 23 日，印尼建国大学中文系主任许丽妮带队来学院参加汉语夏令营，并签署了双方共同举办汉语夏令营的协议书。

2009年2月26日，泰国博仁大学行政事务副校长、泰国博仁大学行政管理副校长隆玛妮耶察女亲王、丁钟贤行政副校长助理、中国留学生项目处长助理黄月清女士，国际学院副院长 Mrs. Alisa Maksamphan 以及副校长助理 Bhubate Samutachak 一行五人访问学院，双方商讨开展合作交流的项目与模式。2009年6月19日至7月11日，国家汉办委派学院陈荣岚、黄香山、朱芳华、何宏耀4位老师前往印尼雅加达、棉兰等地巡回培训华文教师，共有308名印尼本土华文教师参加了此次培训。印尼《国际日报》《坤甸日报》等当地华文媒体对此次培训过程进行了跟踪报道。

2010年1月6日至9日，应缅甸缅华互助会的邀请，郑通涛院长一行前往缅甸访问考察当地华文教育机构，拓展学院在缅甸的招生渠道。代表团先后参观访问了缅华互助会、舜帝庙华文补习班、福星语言与电脑学苑、东方语言与商业中心、庆福宫华文班、九龙堂华文班、缅华妇女协会幼儿园等华文教育机构，考察了各华文教育机构的基础设施和办学条件，现场观摩了汉语课堂教学，并与各机构领导及汉语教师进行了交流座谈，详细了解了各华文教育机构的办学现状及面临的困难，商讨学院与缅甸华文教育机构合作的可行性。为进一步了解缅甸华人社会与华文教育的整体现状，代表团还专门访问了缅甸唯一的中文报刊《金凤凰》半月刊报社和新华社驻缅甸分社。1月14日，缅甸缅华互助会理事长陈明昆先生、副理事长杨明权先生访问学院。此次访问，是对学院代表团1月6日至9日赴缅考察访问的回访，以尽快落实双方达成的各项合作意向。

2010年10月11日，新加坡义安理工学院商业与会计系主任刘中立一行访问学院，并就学院与义安理工学院的合作项目进行了座谈交流。

2012年1月5日，在厦大泰国校友会主席张祥盛先生陪同下，由泰王国亲王、博仁大学副校长 Romaniyachat Kaeokiriya 女士带领的博仁大学代表团一行4人访问学院，就双方在经贸汉语课程和远程教育项目的合作进行磋商，并达成诸多共识。2012年3月7日，学院为泰国皇太后大学58名学生举办汉语短期进修班。3月13日，为泰国宋卡王子大学45名学生举办汉语短期进修班。

2014年1月20日至21日，应学院邀请，新加坡和美投资有限公司主席兼总裁、通商中国主席蔡天宝先生一行访问学校。4月21日，印尼华文教育大学堂的薛璋霖博士、郭珍兰女士和印尼基督教大学汉语系黄健青主任等一行5人访问学院，双方就推荐孔子学院奖学金生、汉语远程教育、师资培训等方面的合作进行了商讨。印尼华文教育大学堂由印尼民族智光基金会和印尼基督教大学联办,致力于支持印尼本土贫困优等生学习汉语,弘扬中华文化。5月12日,泰国普吉市市长许德意女士率普吉市政府及中小学代表团一行50多人访问学院。双方就留学教育、学生交流、国际合作等事项进行了交流磋商。7月9日,泰国宋卡市市长 Somsak Tantiseranee 率宋卡市政府代表团一行26人访问学院。双方就学生交流、国际合作、师资培训等事项进行了座谈交流。10月8日,泰国校友会卢瑷珊主席、易三仓大学副校长 Kamol Kitsawad、易三仓商学院校长 Bro. Meesakdi Wongprachanukul、易三仓学院英语项目副校长 Bro. Kittisak Charoensri 等一行访问学院。双方就远程教学和汉语本科合作办学等进行了商讨。12月8日,泰国川登喜皇家大学副校长娜塔隆·祝帕沓(Natharom Chuthapatra)、旅游与服务学院庞嫦妮·盖奈(Pornchanit Kaew－nate)院长、Sariya Prasertsut 院长助理等一行5人访问学院,商讨合作交流有关事宜。泰国川登喜皇家大学创建于1934年,是一所历史悠久、学科齐全、教学管理严格、教学设施现代化、质量信誉好的国立综合性大学,拥有现代旅游企业经营与管理、科学技术学、人类学和研究生培养等等四大教育名牌,共26个本科专业、12个硕士点和博士点。

2015年4月26日,郑通涛院长一行访问印尼泗水智星大学、彼得拉大学、雅加达八华学校、国民大学等院校,商讨双方合作交流有关事宜。4月28日,泰国南方大学校长一行到访学院,商讨华文教育合作交流有关事宜。11月23日,新加坡先驱初级学院代表团师生一行27人来学院访问交流。11月24日,应老挝申沙万学院和柬埔寨金边国际大学的邀请,学院刘婉玉、李洋慧老师赴老挝、柬埔寨参加老挝"第一届职业教育与高等教育展览会"和"第一届中国－柬埔寨高等教育展览会"。12月6日,泰国川登喜皇家大学副校长娜塔隆·祝帕沓一行访问学院,双方达成在师资交流、学生互派、学术研究等方面合作交流意向。2016年学院与泰国南方大学、印尼塔鲁玛迦大学等签署合作协议,深化交流。

2018年4月20日至25日,院长陶涛教授应邀率团出访新加坡、泰国,先后访问了新加坡义安理工学院、泰国清莱彭博冠学校、辉鹏中华学校、皇太后大学孔子学院、皇太后大学汉学院、厦门大学泰国校友会、泰国商会大学及泰国博仁大学,通过实地考察调研,不仅宣传了学院各类人才培养情况,也对合作院校的办学理念、华文教育发展现状有了深入的了解,进一步深化了学院与合作院校的交流与合作。10月20日，院长陶涛教授会见前来参加“21世纪海上丝绸之路”大学联盟成立大会暨校长论坛的泰国皇太后大学万财校长、蔡亚鹏副校长、顾荣英副校长兼汉学院执行院长和汉学院副院长康丽妍一行。皇太后大学是厦门大学亲密的伙伴，两校共建孔院，结下了深厚的友谊。海外教育学院与皇太后大学汉学院关系更加密切，汉学院目前在职的老师中，有35%毕业于海外教育学院。汉学院商务汉语专业从2007年开始每年都派遣学生到海外教育学院进修一个学期，已有400多名学生参加过该项目。此次会谈两院希望未来在共同培养学生、教师互派、科研项目合作研究等方面继续深化合作。10月25日，新加坡理工学院国际部独立董事、新加坡科学馆董事长庄碧莲一行来访我院，随行的还有新加坡理工学院国际部总经理吴锡坤先生，新加坡理工学院国际部区域经理李玮钧女士，新加坡科学馆销售业务发展部副总监谭各良先生，新加坡科学馆业务发展部经理李扬英先生。

2019年3月19日，泰国玫瑰园中学副校长Ganthiga Kittiakegachai、厦门大学泰国校友会副秘书长许佩璇带领泰国玫瑰园中学38位老师来学院访问。玫瑰园中学由泰国朱拉隆国王建立于1882年，是泰国历史最悠久的公立中学，也是泰国最优秀的男子中学，有八位泰国总理曾先后就读于此。玫瑰园中学的毕业生遍及泰国各个精英阶层，因此该校也被称为泰国“社会精英的摇篮”。4月15日至19日，院长陶涛教授应邀率团出访马来西亚，先后参加了第十五届中国高等教育展，访问了马来西亚华校董事联合会（即“董总”）、槟城钟灵独立中学、厦门大学马来西亚分校和马来西亚厦大校友会，同时看望了院友陈嘉庚先生的后代家人。此次访问实地考察调研了马来西亚华文教育发展情况、马来西亚分校办学情况，宣传了学院各类人才培养现状，进一步推动了学院与马来西亚各方力量的合作交流。9月25日至29日，院长陶涛、华文系主持工作副主任潘超青和远程教学部主任刘强应邀出访印度尼西亚，先后访问了雅加达的印尼厦门大学校友会和锡江的哈萨努丁大学孔子学院，参加了海外教育学院与万隆外语国际学院合办的远程网络本科毕业典礼，与印尼各界华社、教育界人士展开广泛的交流。此次访问，通过与印尼当地各华人社团、教育界人士的广泛交流，深化了对印尼华教发展现状和需求的了解，加强了我院与相关合作单位的联系，凝聚起厦大校友的积极力量，为服务国家“一带一路”倡议，对印尼华文教育和文化交流的发展具有积极的推动作用。印尼《国际日报》等当地媒体对访问团的系列活动作了相关报道。

10月30日，菲律宾大学校长 Michael L.Tan（陈万杰），孔子学院外方院长 Lourdes T. Nepomuceno（陈璐），孔子学院中方院长黄佳佳老师一行来到学院访问。11月26日至12月1日，学院派代表严欣怡参加校招生办团组赴泰国宋卡王子大学普吉分校及其孔子学院进行交流访问，并赴越南胡志明市参加“越南第二届 HSK 留学展”。交流访问活动及 HSK 留学展由孔子学院总部汉考国际主办，包括清华大学、复旦大学、南京大学、北京师范大学、北京语言大学及厦门大学在内的16所中国知名高校及教育机构的代表参加。

在东亚方面，学院与日本、韩国交流密切，并与蒙古开展新的合作。2008年2月22日至24日，日本筑波大学东亚事务负责人佐藤贡悦教授与国际科皆川诚德科长访问学校，两校计划在中日研究、教育、语言、哲学、理工、艺术等领域以及师生互派、合作办学等方面展开广泛的交流与合作。2008年9月13日至18日，日本静冈产业大学校长助理小谷内郁宏教授，事务局国际科加藤和男科长，信息学院田畑和彦教授、田口敏行教授及俞嵘博士一行访问厦门大学国际学院。双方就项目条款的修正、学制、学费和课程设置等方面进行商谈。10月20日，日本平安女学院大学小林常务理事长、国际观光学系主任荒川教授等一行访问学院，就合作办学事宜进行进一步的商榷和探讨。双方在合作办学方面达成共识并签署了两院交流备忘录及合作协议。2010年3月1日，日本静冈产业大学校长助理小谷内郁宏、国际交流中心课长松井伸行、信息学院俞嵘博士访问学院，与学院中日项目负责人交流项目进展情况，并与该项目的学生见面，了解学生的学习情况。2010年4月13日到18日，郑通涛院长等一行对日本静冈产业大学和关西外国语大学进行友好访问。2011年5月16日至20日，日本静冈产业大学校长大坪檀、校长助理小谷内郁宏、经营学院副教授柯丽华、信息学院国际专员桥本岳雄一、亚细亚语学中心负责人中理先生一行访问国际学院，国际学院赠送给静冈产业大学一尊孔子像。9月6日，学校赠送日本静冈产业大学孔子像的揭幕仪式在静冈产业大学磐田校区隆重举行。2012年2月17日，日本大东文化大学郑新培教授访问学院。双方就大东文化大学与学院合作交流有关事宜进行了商谈。2012年3月5日，学院为新加坡义安理工学院40多名学生和日本大东文化大学26名学生举办汉语短期进修班。3月6日，为日本拓殖大学30名学生举办汉语短期进修班。2012年4月24日至28日，日本静冈产业大学校长助理小谷内郁宏、事务局国际课课长加藤和男以及经营学部柯丽华教授访问学院，并就中日本科项目续约以及合作情况进行会谈。2014 年 3 月 14 日，日本大东文化大学郑新培教授和上地宏一老师访问学院，洽谈两校联合培养硕士生和博士生事宜。双方就合作模式、课程互认、毕业论文等细节问题进行了磋商。2014 年 10 月 10 日，日本岩手县立大学刘文静老师访问学院，观摩了汉语班课堂，并与学院老师会谈。此次会谈主要是促成厦大教师到岩手县立大学短期教学，同时也希望派遣该校学生留学。日本岩手县立大学地处市中心，教学设备齐全，汉语教学水平高，有一千多名在校生。

2015 年 5 月 4 日，学院与蒙古国育才中文完全学校合作的中文本科远程教育开学典礼在蒙古首都乌兰巴托隆重举行。郑通涛院长、傅万里副院长和蒙古国育才中文完全学校校长巴雅尔、副校长其其格玛等为远程教学点揭牌剪彩。

2018 年 6 月 22 日，韩国高丽大学网络学院的师生代表团来学院参观。双方就汉语教学问题进行了深入探讨，并希望能够有后续合作交流开拓学习项目的机会。高丽大学(Korea University)，简称高丽大，是韩国最大的私立综合性大学。有17 个学院，著名学院有法学院、经营学院、文学院、农学院、政治经济学院、理学院、工程学院等，下属 83 个系，分别分布在安岩、世宗两大校区。韩国高丽大学与厦门大学互为国际友好交流学校与组织。

2018 年 12 月 12 日至 15 日，院长陶涛教授率代表团对合作日本高校、中日文化交流机构进行考察访问并看望了学院在日学习的学生。2018 年是国际学院与日本静冈产业大学共建友好关系十周年，代表团一行受到静冈产业大学的热烈欢迎。校长鹫崎早雄、副校长崛川知广、大学事务局长长岛健二、经营学部部长丹羽由一、情报学部国际交流委员会委员长小谷内郁宏、国际课统括科长吉添克宏参加了欢迎座谈会。双方都表示将继续齐心协力把学生联合培养项目持久地办下去，继续推进友好关系向前发展。

学院长期坚持与国外知名大学开展项目合作，因此与美国、英国、加拿大、澳大利亚、爱尔兰、意大利等国高校保持了密切的交流与合作。2008 年 2 月 25 日，英国南安普顿大学与学院正式签署了合作办学协议。5 月 31 日，国际学院与英国南安普顿大学温彻斯特艺术学院签订项目合作协议。9 月，英国南安普顿大学与厦门大学国际学院正式签署了合作办学协议，按照合作意向，联合招收 1+1 本升硕教育硕士。2008 年 11 月 25 日至 12 月 5 日，郑通涛院长陪同校党委书记朱之文访问土耳其和波兰，出席我校与土耳其中东技术大学、波兰弗洛茨瓦夫大学合作共建孔子学院成立大会和揭牌仪式。

2009年1月8日，法国巴黎十大副校长 Eric Millard 教授到学院进行友好访问，双方就联合办学事宜的可行性及相关细节进行了商讨。4月7日，苏格兰学历管理委员会（SQA）总裁 Janet Brown 博士与 SQA 业务发展经理龙多女士访问厦门大学国际学院。10月26日，国际学院在漳州校区风雨球馆举办“2009国际教育项目高校交流会”。来自英国、美国、澳大利亚的17所国外院校到场接受出国留学方面的咨询。11月9日，英国南安普顿大学教育学院 Martin Dyke 副院长、李真博士访问国际学院，就项目进展情况、教学计划、课程设置等事项进行交流商讨。

2010年6月25日，美国圣地亚哥州立大学孔子学院教师进修团20名学员到学院参加为期两周的汉语短期培训班。培训期间，学员们还在厦门及周边地区进行文化考察活动，亲身领略闽南文化的魅力。10月14日，美国布里诺大学商学院院长 William Lightfoot、布里诺大学首席副校长特别助理 Florey Lin 一行访问学院，院长郑通涛等接待了来宾，双方正式签订了 MBA 合作办学协议。10月14日，美国天普大学助理副校长 Brooke H. Walker、国际事务办公室 Martyn J.Miller 博士访问学院，双方就联合培养本科生和硕士生的合作模式进行了交流商谈。10月29日，美国海外留学基金会（SAF）主席 John Belcher、国际项目中国办公室主任 Daniel Shen 访问学院，双方就合作办学事宜进行友好交流。11月17日，爱尔兰都柏林商学院访问学院，双方就厦门大学与爱尔兰都柏林商学院合作举办的（荣誉）学士学位金融学、会计学专业项目的教学细节及互派教师等问题进行探讨。12月13日至17日，郑通涛等一行对爱尔兰都柏林商学院进行了友好访问。12月14日，为美国 CCCU 短期汉语培训班举行结业典礼。该培训班是学院与美国基督教大学联盟的长期合作项目，已有10多年的历史。该项目负责人 Lundelius 表示，希望在保持优良传统的同时，与时俱进、改革创新，吸引更多美国学生来华学汉语和中国文化，在中美学生之间架起一座友谊的桥梁。

2011年3月9日，英国国立密德萨斯大学校长 Michael Driscoll、中国区主任 Christine Wang 一行访问学校与学院。4月27日，美国布里诺大学校长 Dr. Ed Schrader、董事长 Pete Miller、商学院院长 Dr.Bill Lightfoot、教育学院院长

Dr.David Barnett、首席副校长特别助理 Florey Lin 一行访问我校。双方探讨了在 MBA 项目合作方面的具体运作细节，以及在教育和医学领域进行合作的可能性，并强调了该项目的课程可采用双语教学的模式。10 月 24 日，英国中央兰开夏大学国际合作与业务发展主任 Nathalie Cachet－Gaujard、体育旅游户外系副主任 Jackie Day、中国办事处国际支持官员喻秋梅一行访问学院。双方就扩大酒店管理专业的合作领域达成共识，拟推出本升硕合作办学项目，探讨了合作开设体育管理、休闲产业的可行性。11月 3 日，国际学院举办"2011 国际教育项目高校交流会"，来自英国、美国、澳大利亚、新西兰的 22 所国外院校到会参展。中国教育部留学服务中心 SQAHND 项目留学组也到场为学生及其家长提供出国留学方面的咨询。11 月 4 日，新西兰新中友好协会代表团访问学院，商讨华文教育合作交流有关事宜。

2012 年 1 月 6 日，英国利兹大学代表亚当·泰森与利兹大学中国办公室代表陈昆先生访问学院。双方就两校合作交流有关事宜进行了磋商交流。利兹大学是目前英国最好的 10 所研究型大学之一，在校生 2400 多人，该校一些学科在英国大学排名榜中名列前茅。1 月 31 日，英国阿伯里斯特维斯大学校长 April Mary Scott McMahon 教授、副校长 Aled Jone 教授、计算机系系主任申强教授一行访问学校，双方就开拓影视专业、英语专业、体育专业和图书馆学等合作领域达成了初步共识，并就学生交换、教师交流交换了意见。2 月 28 日，德国维尔道工程应用技术大学教授约根·瓦格曼博士及助理王峰访问学校。3 月 14 日，英国赫尔大学商学院院长 Terry Williams、招生主管 Sharon Clannachan、国际办公室副主任方晓博士一行访问学院。4 月 6 日，英国中央兰开夏大学国际合作与业务发展主任 Nathalie 和驻中国代表喻秋梅访问学院。双方交换了两校合作项目的进展情况，商讨如何进一步推进师生的交流，以及在艺术、休闲体育产业、商务英语等专业合作的可行性。5 月 12 日，学院在漳州校区举办与美国交流生的见面会。这次交流活动是美国佛罗里达州各高校学生自发组织的，目的是了解中国风俗人情，体验中国的生活。9 月 10 日，英国南安普顿大学艺术学院院长 Bashir Markhoul 教授访问国际学院，双方就共同开设四年本科学位("4＋0")合作项目展开了深入细致的商谈。9 月 21 日，美国夏威夷大学荣誉校长张蕴礼、学术事务副院长 Edward Fisher、临床教育系主任 Lara Gomez 一行就"2＋2"本科合作项目访问学院。11 月 1 日，国际学院在厦门大学漳州校区举办

“2012国际教育项目高校交流会”，来自英国、美国、加拿大的21所国外院校到会参展。中国教育部留学服务中心SQAHND项目留学组也到场为学生及其家长提供出国留学方面的咨询。11月8日，新西兰惠灵顿维多利亚大学商学院副院长John Davies教授与国际合作部主任Jeff Howe一行来访学院，共同商讨本科合作项目。双方就项目的合作方式、开学时间、课程匹配、学位授予等问题进行了细致而深入的讨论。11月27日，英国南安普顿大学常务副校长Adam Wheeler教授，温彻斯特艺术学院院长Bashir Makhoul，孔子学院院长、当代中国研究中心主任Mark Cranshaw一行访问学校。郑通涛为Makhoul院长颁发海外教育学院、国际学院客座教授聘书，并提议该校在厦门设立学前语言培训中心。12月20日，加拿大圣玛丽大学副校长兼孔子学院主席David Gauthier教授率团访问学院。

2013年3月4日，英国南安普顿大学教育学院前副院长Martin Dyke博士一行来访学院，主要商谈南安普顿大学教育硕士项目合同续签事宜。郑通涛院长为Martin Dyke博士颁发了客座教授聘书。3月26日，英国北方大学联合会首席代表Paul Turner到访学院，共同商讨商科硕士合作意向。4月2日，英国考文垂大学商务、环境和社会学科副院长Dr.Donald Finlay，大学学术合作关系部主任裘知来访学院，双方就合作项目进行了座谈交流。4月19日，美国阿肯色大学沃顿商学院董事林伦庆先生、国际事务主管Amy Farmer教授、管理系主管Leary—Kelly博士以及海外学习基金会(SAF)国际项目上海办公室项目顾问石子峰一行来访学院，商谈本科项目合作事宜。6月19日，意大利欧洲设计学院代表丽雅女士一行来访学院，商谈项目合作事宜。10月26日，国际学院在厦门大学翔安校区举办“2013年SQAHND项目高校交流会”，来自英国的23所国外大学到会参展。11月8日，澳大利亚西悉尼大学助理副校长兰易振博士访问学院。12月5日，加拿大阿尔伯塔大学文学院国际专员Melissa Casey来访学院，就双方的合作交流事宜进行了座谈交流。12月10日，美国密苏里大学堪萨斯分校亨利·布劳克管理学院学生事务副院长Kami Thomas博士、战略规划副院长Sheri Gormley女士以及中国及亚太区主管Wilson Ang先生莅临学院进行友好访问和交流。12月18日，英国伯明翰城市大学副校长Professor Bashir Makhoul、国际处处长John及国际处工作人员Cheryl Yu一行来学院参观访问。12月24日，英国中央兰开夏大学代表一行来访学院，双方就2013年项目的进展情况和2014年项目招生计划举行会谈。

2014年3月21日,英国北方大学联合会(NCUK)亚太区学术经理Aynsley Moore及业务拓展经理彭彦来访学院。4月2日至8日,英国南安普顿大学语言中心主任Chris Sinclair、运营主管Thom Bull以及Jayne Brown老师就推进共同设置语言中心项目的合作,对学院进行了为期一周的访问考察。4月9日,加拿大阿尔伯塔大学文学院国际事务主管Melissa Casey、招生主管Trevor Buckle莅临学院进行友好访问和交流。5月8日,校长朱崇实在思明校区颂恩楼会议室会见英国南安普顿大学校长Don Nutbeam访问团,并就国际学院合作项目签署意向书。5月22日,美国密苏里大学堪萨斯城分校商学院院长Dr. David Donnelly、副院长Dr.Kami Thomas一行来学院访问交流。双方围绕互派学生及学生培养方案、办学模式、师资配备、课程设置、教材选用等议题进行了商讨交流。7月10日,美国密歇根大学国际与实践教育副教务长James Paul Holloway教授一行访问学院。双方就中美教育体制、教师考核机制、国际交流等事项进行了商讨,并在学生交换等方面达成了初步的合作共识。密歇根大学(University of Michigan)创建于1817年,是美国前十的综合型公立大学之一,被誉为公立常青藤,也是世界上主要的研究型大学之一。在美国国家研究委员会对美国各大学研究生院41个学科的评估中,密歇根大学总分排名第三。7月30日,学院举办意大利博洛尼亚大学来华学生汉语进修班。

2014年10月16日,由中国留学服务中心主办、厦门大学国际学院承办的"2014年CSCSE-SQAHND项目高校交流会"在翔安校区主楼群2号楼大厅举行。10月17日至25日,英国纽卡斯尔大学代表团访问我校。郑通涛院长等参与接待,宾主双方就本科生与研究生合作项目、学术门槛、学术支持机制等方面进行了交流探讨。10月27日,英国中央兰开夏大学会展与旅游管理学院战略合作关系主管Louisa Jones女士及中国区经理葛继飞访问国际学院,希望可以和国际学院建立更加深入的合作,在前期商讨的基础上,细致探讨专业合作及课程设置。11月13日,英国卡迪夫大学留学指导中心(Global Opportunity Centre)主任Rose Matthews女士访问学院,与吕子玄副院长、华文系及招生科老师进行了会谈。此次来访,主要是想加强沟通、加深了解,以促进更多的学生参与到China Study Program项目中来。卡迪夫大学Global Opportunity Centre于2014年6月成立,为该校本科生提供出国留学一站式服务。学院的中国学习项目是专门针对国外大学生开设的暑期班，为期四周，内容丰富，包括汉语学习、中国经济文化等方面的英文讲座、中国传统文化体验、景点参观及企事业单位考察。12月9日，德国莱比锡大学东亚研究所汉学系柯若朴教授访问学院，商讨双方合作交流项目的可行性。初步达成的合作项目主要包括学生志愿者项目：两校互派汉学系/对外汉语教学专业的学生，到对方学校短期任教，并为对方学生提供一定的生活补贴；DAAD交流项目：莱大计划向德国政府申请DAAD Bachelor-plus奖学金，资助汉学系本科毕业生到中国留学一年，学习课程包括汉语课程和中国政治、社会、文化等方面的英文授课课程。同时，莱大资助厦大教师到莱大短期留学或参加夏令营。莱比锡大学成立于1409年，是欧洲最古老的大学之一，著名的中国校友包括：辜鸿铭、蔡元培、林语堂、周培源、萧友梅、罗干、梅兆荣等。11月14日至16日，学院100多名留学生赴南靖土楼群参观体验独特的客家建筑文化并参加首届南靖土楼国际马拉松比赛。

2015年1月15日，英国南安普顿大学国际预科项目主管Elwyn Edwards先生到访国际学院，主要商讨将南安普顿大学的语言班项目升级为预科项目等事宜。5月21日，美国阿拉巴马大学汉语短期班开班。6月9日，为来自意大利、西班牙、匈牙利、韩国、英国、法国等国学生举办汉语短期培训班。6月29日，暑期汉语进修班开班，来自意大利、西班牙、匈牙利、韩国、英国、法国的30多名学生参加此次汉语短期班学习。10月7日，学院与欧洲福建发展联盟签署合作备忘录，双方将在中国文化交流以及远程教育等方面进行学术合作，促进中欧教育发展。12月10日，德国莱比锡大学东亚研究所汉学系柯若朴教授访问学院，达成互派师生等合作交流意向。12月11日，西班牙华商中文学校校长黄英女士访问学院。

2017年3月10日，举行“教育走出去与引进来”国际合作项目暨海内外代表处成立签约仪式，来自美国、英国、加拿大、澳大利亚、马来西亚、新西兰等国家的合作院校代表、中国内地各省市50多家教育服务机构负责人莅会。10月，学院邀请英国伯明翰城市大学的专家Cindy Millman女士做国际商务战略示范课，让青年教师们体验了原汁原味的英式课堂。学院还邀请了美国迈阿密大学商业学系主任Theodore Light讲授“个人组织能力”为主题的学术课程。

2018年6月6日至14日，院长陶涛教授率团对英国创意艺术大学、南安普顿大学、中央兰开夏大学及爱尔兰都柏林商学院进行访问，并看望了学院在都柏林商学院学习的学生。通过此次访问进一步加强了与外方合作院校之间的相互了解与信任，不断开拓合作领域，促进项目深度发展。

6月26日，美国普渡大学人文学院副院长洪玮教授一行三人来学院交流访问。双方就2019年5月由双方联办学院承办"Chinese as a Second Language Research Forum"的主旨、特色等事宜进行商讨、达成共识。美国普渡大学(Purdue University)创办于1869年，位于印第安纳州西拉法叶特市，为美国公立一级研究型大学，全球位列前100名。9月21日，加拿大卡莫森学院国际部主任Mr.Christiaan Betnard和国际部亚洲专员Ms.Niya Liu一行访问学院，主要探讨与学院远程教育合作细节。10月16日，加拿大魁北克大学国际关系处处长Sylvain St－Amand先生、教育学院法语教研室主任Simon Collin先生一行4人莅临学院访问。双方就拓展本科生和研究生的联合培养、师资培训、访学交流等方面的合作进行了初步的交流与探讨。

2019年4月10日，学院特邀英国南安普顿大学教育学院国际课程与合作部主任Phil Green作专题讲座。7月6日到13日，院长陶涛等应邀出访澳大利亚麦考瑞大学、南昆士兰大学和新西兰维多利亚大学孔子学院。此次大洋洲两国的访问，与麦考瑞大学硕士项目的签订提升了学院在金融专业方面的办学水平，对南昆士兰大学的全面考察拓展了学院在中外联合办学和汉语国际教育领域的合作，同时摸索出将汉语项目并入外方课程体系的联合教学模式，有助于两院发展。通过访问维多利亚孔子学院，为学院进一步加强汉语国际教育硕士的培养，提供了参考。2019年12月12日，波兰弗罗茨瓦夫大学孔子学院院长Gosciwit Malinowski教授、项目主任Magda Wiszowata和项目秘书来访海外教育学院。

海外教育学院/国际学院作为厦门大学的直属学院之一，一直致力于构筑中国东南区域最大和最具影响力的华文教育基地及出国留学教育和中外合作基地，并形成了独具特色的华文教育体系和中外教育合作模式。学院积极开展华文教育和中华文化传播的合作交流与协同创新，积极搭建中国学生进入国际名校的良好平台，成果显著。2018年度，全院教师共24人次参加各类访问及学术交流。陶涛院长带队访问了新加坡义安理工学院，泰国清莱彭博冠学校、辉鹏中华学校、皇太后大学孔子学院、皇太后大学汉学院，厦门大学泰国校友会，泰国商会大学及泰国博仁大学，英国创意艺术大学、南安普顿大学、中央兰开夏大学及爱尔兰都柏林商学院，日本静冈产业大学，日本大东文化大学等。全年对外参与学习、交流、支教的学生人数为64人次，接待前来商谈项目合作和短期授课教师93人次。2019年，学院共派出教师26人次出国（境）参加交流、招生、学术科研会议等；派出学生24人次参加校际交流项目，派出汉语支教志愿者47人赴新西兰、马耳他、尼日利亚、英国、波兰、捷克、罗马尼亚、泰国、英国、美国等国家支教，接待来访人员42个团组共98人次，来自爱尔兰、日本、德国、英国、澳大利亚、波兰、印度尼西亚、泰国、荷兰、加拿大、新加坡等11个国家。新签署合作项目协议3个，合作方分别为澳大利亚麦考瑞大学、澳大利亚南昆士兰大学和英国诺丁汉特伦特大学。2020年，学院新增英国考文垂大学、亚伯大学、基尔大学等合作院校，共举办了35场次“线上+线下”出国留学讲座，不断创新对外交流新形式，提升对外交流的广度与深度。

第三节　人才培养与院友代表

60多年来，厦门大学海外教育学院通过函授、网络远程教育、面授教学、学历教育与进修培训、合作教育等多种途径，累计培养了6万多名各类专门人才，在海内外享有“传学四海，载誉五洲”的美誉。

海外教育学院2018届研究生、本科生毕业合影

国际学院自2005年创办以来，依托厦门大学的学科优势及完善的教学软硬件条件，与英国、美国、日本、澳大利亚等世界知名院校合作，积极引进国外优质的教育资源，为中国学生提供接受国际教育的平台，努力实现国内外优质教育的有效衔接，致力于培养国际化、复合型的专门人才。截至2020年6月，国际学院

先后有15届4600多名毕业生出国深造。出国深造的学生中,75%以上前往世界前100强国(境)外高校,包括英国帝国理工学院、美国芝加哥大学、澳大利亚悉尼大学、新加坡南洋理工大学等世界名校。不少优秀毕业生本科毕业后继续申请到世界顶尖大学攻读硕士、博士学位。目前,已有千余名学子学成归国,他们大都进入金融投资机构、会计师事务所、跨国企业或事业单位工作。

一、人才培养主要成绩

早期华侨函授部以培养海外华侨中小学教师为主,后增设师范科和中医科,为东南亚地区乃至世界的中医发展和汉语师资培养提供了有力支持。

厦门大学中医教育创办于1956年,自创办起,即成为东南亚人士学习中医的主要途径。1999年中医部改名为中医系,归属于海外教育学院。几十年来,从这里毕业的各类层次的中医药人才数以万计,他们中很多在今天都成为当地颇有建树的名中医,或是业界的领袖。

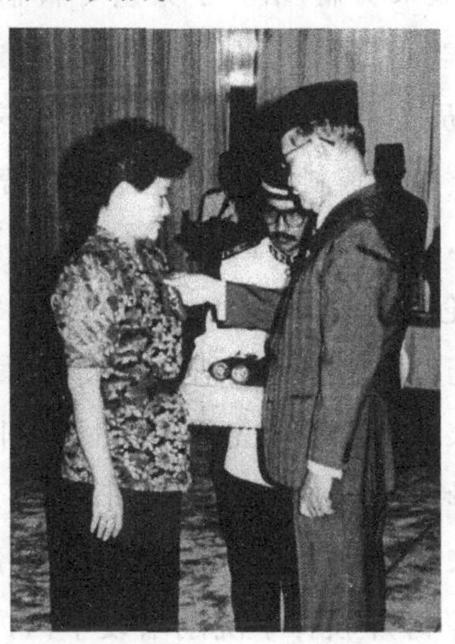

马来西亚沙捞越州元首为我院中医函授学生王慧英女士颁发沙捞越之星传令官奖章(B.B.S)

1960年开始,随着厦门大学中医教育在东南亚知名度的提高,大量马来西亚学员通过厦门大学中医教育,不少学员毕业后成为当地知名的临床中医生,还有毕业生开办了中医学校、中医师公会,在马来西亚成为中医药界的泰斗人物。

例如在马来西亚负有盛名的中医师王惠英女士,80 年代曾来海外教育学院学习。当时学习条件非常艰苦,她依靠自己的努力,应用学到的知识,完全独立应诊。不过几年,门庭渐盛,以至日诊百余号,应接不暇,她本人也因对社会做出的杰出贡献而被马来西亚沙捞越州元首授勋,颁发 B.B.S 勋章。①

几十年来,厦门大学通过各种方式帮助马来西亚发展中医药事业。首先,采用远程函授教育与短期面授两种方式对马来西亚学员进行中医教育,同时,厦门大学中医教育经常应马来西亚中医药界的邀请,赴马进行短期公开学术讲座。后来,厦门大学分别与马来西亚槟城学院、马来西亚柔佛州中医学院等高校合作,前 4 年在马来西亚学习,最后一年赴厦门,由厦门大学培养,在“4＋1”模式中,一旦马来西亚欠缺教学方面的条件,即可申请厦门大学提供师资等各方面协助,从而确保整个教学过程顺利进行。“4＋1”模式的创建,在马来西亚医学教育界受到了广泛重视。厦门大学对马来西亚中医药中医教学的领域涉及中医内科、针灸推拿、骨伤科等多门学科,培养层次包括短期进修,专科、本科、学士学位等。一些短期面授班采用“量身定制”的特色教学方式,采取中文、英文双语教学,教学目标明确,教学效果明显,培养了大量专科临床医生。厦门大学培养的马来西亚学员不仅包括当地华裔,还包括本土人士。2009 年,厦门大学中医系开办首届马来西亚籍学员英文针灸面授班。除了培养马来西亚中医药人才外,厦门大学通过师资协助、图书资料赠送等各种方式帮助马来西亚中医药界创建自己的中医专业。同时,厦门大学中医系经常受马来西亚中医药界的邀请,参加在马举行的学术会议、论文研讨等活动,如 2009 年、2010 年由亚细安五国联合发起,马来西亚华人医药总会主办的亚细安中医药学术大会等。马来西亚《南洋商报》《星洲日报》等国家知名报刊曾先后报道过厦门大学在马来西亚开展中医教育的情况,对厦门大学协助马来西亚培养中医学人才予以高度评价,称赞厦门大学的中医课程“在马来西亚独立以来对马新两地发展作出了巨大贡献”。②

1959 年,在厦门大学海外教育学院刚增设中医内科专科函授生时,印尼就有 104 名华族报名参加。1965 年,全印尼共有 285 名报名参加,这批函授生修

---

① 走进厦门大学中医系[C]//厦大人志:马来西亚厦门大学校友会 19 周年纪念特刊.马来西亚厦大校友会,2011:89-90.

② 王彦晖.神州杏林遍南洋[C]//厦大人志:马来西亚厦门大学校友会 19 周年纪念特刊.马来西亚厦大校友会,2011:52-53.

完后，还赴厦门大学去面授和临床实习。1980年，海外教育学院复办，印尼华族共有428名参加中医科。由于印尼没有一所以华文教学为主的正规中医学院，所以这批428名的厦大海外中医函授生便为印尼战后中医药发展的主力军。

1959年在厦大海外教育学院毕业的进修生，他们一方面行医济世，一方面培养中医接班人。其中最著名的有泗水的杨渊源医师，他是厦大海外教育学院第一届毕业生(1959)。他曾在1961年返回厦门大学再次进修，又在厦门市中医临床实习，是厦门市著名针灸专家陈应龙得意门生。1965年他在印尼泗水广肇医院行医济世，并广收徒弟，传授针灸医术。当时，前来向他学习针灸者颇众，有些来自印尼的其他省份，因此杨渊源是印尼瓜哇岛战后的中医先驱人物，他在印尼瓜哇岛的中医界颇有声望。另一位在印尼首都雅加达行医的廖翌修老中医，他原是祖传的中医师，1959年他到厦大海外教育学院进修，成为该学院第一届毕业生。廖翌修老中医在印尼中医界负有盛名，他有良好的医德和精湛的医术，向他学习者颇众，桃李遍及雅加达和印尼各省。总体来说，厦大海外教育学院早期的印尼毕业生在传授中医学术给印尼的华族同胞，人数颇广，在印尼各省都有。如今在印尼的年轻中医师，绝大部分是厦大海外教育学院的“后代”。在推动中医组织机构方面，厦大海外教育学院历届毕业生大部分已成为印尼中医协会的领导人。印尼中医协会是印尼战后唯一的中医组织，属下会员的行医资格已得到印尼政府的承认，目前该会的中央领导和分会负责人大部分是厦大海外教育学院中医科历届的毕业生。所以说，印尼在战后的中医中药有今天的蓬勃发展是厦大海外教育学院30多年来所栽培的结果。①

此外，很多学生和学员在毕业后都取得了当地政府开业许可证，成为当地医疗保健力量的重要力量。如美国的冯宝兰毕业后开办“冯宝兰针灸诊所”，以技术精湛、疗效显著在当地享有盛誉。香港学生区玉贞，以学有所长、技术全面被同行拥为香港中医师公会会长。加拿大学生鲍志明，知识面广，学验俱丰，被当地政府聘为中医针灸师执业考核的主考。新西兰学生陈秀香在新西兰开设针灸诊所，为纪念她在厦大的学习，给自己的诊所取名“际厦诊所”。

中文科有60多年的历史，在世界各地招收了数以万计的函授生、本科生、研

---

①　李金龙.中国厦大海外教育学院对印尼中医界的影响和贡献[C]//厦大人志：马来西亚厦门大学校友会19周年纪念特刊.马来西亚厦大校友会，2011：84-86.

究生和短期培训学员。在教师的指导下，一批学生茁壮成长，成就显著。他们活跃在海外文坛上，颇有影响。如泰国作家颜壁，1981年就读学院中文科，因崇敬高尔基和巴金，取笔名巴尔，先后出版小说、散文九部。马来西亚苏凤喜于1980年就读学院中文科，后担任大马董总出版组《中学生》月刊主编、南马文艺研究会副会长，他擅长儿童文学创作，又写散文、小说，出版了多部作品。泰国姚宗伟就读文学创作班，曾担任泰华写作人协会副会长、泰华诗学社副会长，出版多部诗集和散文集。新加坡曾琳琳先后毕业于学院中医内科和高师进修班，又选读文学创作班，其小说《母亲》获得1991年第五届金狮奖小说创作佳作奖。澳门危亦健毕业于中文科，后担任澳门笔汇理事、五月诗社理事长、《澳门笔汇》主编。香港文艺评论家、作家陈鸿举为中文科学生，先后出版了八部评论、散文、杂文集。此外，加拿大赵炳炽、马来西亚李天保等，都为繁荣华文文学而辛勤耕耘。

国际学院在人才培养上也取得了系列好成绩。例如，学生在艺术作品展、学科竞赛等多方面都取得了佳绩。2009年10月29日，国际学院首届艺术设计作品展暨英国南安普顿大学艺术设计2008级学生作品汇报展在漳州校区图书馆三楼展出。此次作品展展示了国际学院南安普顿艺术设计项目2008级12名学生从2008年9月至2009年7月创作的部分作品，包括素描、摄影、手工艺品等。其中，孙圣轩的《人》、洪婉玲的《光》、王晓婷的《泉》、王昭瑜的《春》、游济玮的《FASHION》和陈青凤的《书中自有黄金屋》等画作已经入选第三届《中国大学生美术作品展》。2010年7月9日，学院艺术设计专业教师陈文钦的雕塑作品《永恒的曲线》矗立于德国海德堡市。《永恒的曲线》是一件现代抽象雕塑作品，完美的曲线造型，相互连接变换，寓意万事万物永不停息的变化和运动，蕴涵着较深的哲理和辩证唯物主义。这件作品在2008年苏富比拍卖行伦敦秋季拍卖会上，由德国普罗名特集团创始人切尔诺梅尔·迪尔盖尔竞拍，而后捐赠给海德堡市，成为该市城市文明艺术的重要组成部分。

2011年11月27日，中国大学生美术作品年鉴编委会发布了国内高校重要赛事第五届《中国大学生美术作品年鉴》稿件征集评选结果的通知。国际学院艺术设计项目学生在老师的指导下，积极投稿参赛并取得佳绩，共有5名同学的作品获得入选，入选作品收录在当年《中国大学生美术作品年鉴》中。获得入选的作品包括2010级李晏葶同学的摄影作品《圣诞夜》《甜蜜蜜》、2010级张鸣亮同学的摄影作品《时代》《房间里的阳光》、2010级孟超同学的摄影作品《泪》《三角梅之恋》、2010 级李鹭希同学的造型作品《Melt Rainbow Cup》《Cows Cup》、2009 级李彬彬同学的作品《和谐》《万物生》。担任竞赛指导的艺术设计项目教师曾舒凡获得“优秀指导教师奖”及“年鉴特邀编委”称号。这是继 2009 年艺术设计项目学生作品被第三届《中国大学生美术作品年鉴》收录之后，再次入选该《年鉴》。

2012 年 3 月 30 日，第三届中国高校美术作品学年展公布了稿件征集评选结果，学院获得团体三等奖。其中，李晏葶同学的作品 MoMo 熊获得设计类二等奖；孟超同学的作品《涌》获得摄影类三等奖；还有 6 名同学的作品获得优秀奖，8 名同学的作品获得入选奖。所有入选作品都收录在《第三届中国高校美术作品学年展・获奖作品集》。艺术设计项目教师曾舒凡获得“中国高校设计教学名师奖”，以及中国设计师协会理事的入会邀请。学院艺术设计项目两个年级共 20 余名同学参加了此次竞赛。据悉，此届学年展参选作品共 11873 件，来自全国 1000 余所高校，其中美术造型类作品 4785 件，美术设计类作品 7088 件，稿件数量之多，作品质量之高，均为历届之最。此届学年展最终评出美术造型类获奖作品 249 件，入选作品 573 件；美术设计类获奖作品 391 件，入选作品 785 件。学年展的获奖率为 6%，入选率为 17%。

2013 年 6 月 5 日，在 CSCSE－SQAHND(英国高等教育文凭)项目十周年庆典颁奖典礼上，学院 HND 项目学生周弋粟，黄喆慧获得“最佳在校生奖”，俞培众、张子涵获得“最佳毕业生奖”，李莉老师获得“最佳教师奖”二等奖。此次颁奖典礼由苏格兰学历管理委员会(SQA)与中国留学服务中心(CSCSE)共同主办，中国人民大学承办。出席颁奖典礼的领导和嘉宾有中国人民大学副校长刘向兵教授，中国留学服务中心白章德主任、巩万副主任，苏格兰学历管理委员会首席执行官 Janet Brown 博士等。参加此次颁奖典礼的还有人力资源社会保障部职业技能鉴定中心、时代经济出版社、英国大使馆文化教育处、苏格兰国际发展局的嘉宾以及来自国内 25 所项目院校、国外 20 余所项目的院校代表以及学生代表等。

2003 年 12 月 7 日至 13 日，第七届全国多媒体教育软件大奖赛在天津举行，学院黄建军、张峰两位老师前往参加本次大奖赛决赛。学院设计的《中国针灸学》网络课程获本次全国多媒体教育软件大奖赛一等奖。通过本次参赛观摩学习，学院在取得较好名次的基础上，也获悉很多国内高校软件设计进展情况及若干院校使用网络教育开展教学的情况，为积极开展多媒体教学、网络教学提供参考。

2018 年 10 月在我校举办的第四届中国“互联网＋”大学生创新创业大赛中，学院苏博同学参与的项目“诺康得：全球首创 CECT－NK 疗法战胜白血病”夺得金奖。2015 级本科生组成的团队（成员为厉泽昊、蓝子俊、赖致光和李维耕）项目——创立厦门晨星启辰投资管理有限公司和启辰公益基金会，荣获第四届“互联网＋”大学生创新创业大赛校级金奖。2018 年 11 月，国际学院 15 项项目进入学校“2018 年第二批大学生创新创业训练计划项目拟立项名单”。

2019 年在第十四届“挑战杯”福建省大学生课外学术科技作品决赛中，学院 2016 级本科生姜书凝等 8 位同学合作的参赛作品夺得“挑战杯”省赛特等奖，这是学院在该项赛事上取得的最好成绩。在第五届“互联网＋”大学生创新创业大赛厦大校赛决赛中，2017 级本科生王熙月、董雯君、张旭等学生组成的红树林团队项目获金奖。2019 年厦大学生暑期社会实践“互联网＋精准扶贫”专项活动由学院负责管理实施，共有 29 支实践队伍近 210 人参加，奔赴西藏、贵州等 12 个省份进行实践探索，取得丰硕成果。2020 年，学院以“小我融入大我，青春奉献给祖国；助力脱贫攻坚，投身强国伟业”为主题，以“云组队”“云调研”“云访谈”等方式开展暑期社会实践活动，融入电商扶贫和教育扶贫等内容，让学生们在社会实践活动中受教育、长才干、作贡献。研究生组成的红树林逐梦实践队举办了“自强不息，止于至善”校史分享会，向孩子们重点讲述厦大的四种精神，加强校史宣传，厚植爱国情怀。《中国青年报》专门推送了题为《厦门大学红树林团队赴九省区开展教育扶贫》的特别报道。

二、人才培养与院友

（一）海外教育学院院友

60 多年来，海外教育学院培养了一批又一批具有全球视野、热爱汉语、热爱中国文化的“不见外”的留学生。他们成了中国发展的见证者、中华优秀传统文化“走出去”的重要纽带，他们用实际行动推广汉语，讲述客观、真实、立体的中国故事，传播中华优秀传统文化。以下介绍部分杰出院友代表的事迹：

1.卢瑷珊

卢瑷珊,泰籍华裔,出生于泰国东北部坤敬府挽奔县,祖籍中国广东省潮安县。获中国北京语言大学学士学位、天津大学硕士学位。泰国皇家御计划汪盖刚翁卫星远程教育电视台汉语教程部主任,泰国易三仓商业学院中文部主任,世界汉语教学学会第五,第六届泰国理事,厦门大学泰国校友会主席,天津师范大学校友会主席,泰国留学中国大学总会副主席和易三仓商业学院孔子课堂泰方负责人,被全球孔子学院评为2012年度孔子学院先进个人称号,中国国家汉办特授予"孔子学院银质奖"。她酷爱中文,并视推广华文教育为终身事业,被誉为中泰"民间大使",为推动泰国华文教育、促进中泰两国的友好关系做出了积极贡献,倾注了自己的一片真心和爱心。

20世纪90年代初,泰国皇室认识到了汉语在环境中的重要性,通过各种途径推广汉语学习,尤其是素有"中国通公主"之誉的诗琳通公主,数十年如一日地坚持向泰国人民介绍中国文化。1997年由泰国皇室支持的皇家御计划卫星远程教育电视台中文课程正式开播,卢瑷珊通过了重重选拔,脱颖而出,成为电视台中文教学的主播,开始涉足电视台中文教学。如今年近古稀的她仍活跃在电视荧屏上,每天为全国超过300万的观众传授汉语学习及汉语文化,受到广大观众的欢迎与好评。为了汉语推广,她于七旬高龄申请了天津师范大学汉语国际教育硕士学位。她的硕士毕业论文《在泰国利用电视技术进行汉语教学的研究》为泰国的现代化汉语教学提供了实操性的参考建议。由她编写的泰国本土汉语教材《实用汉语教程》、《圣卡比利安中文教程》和《易三仓商业学院中文教程》共38册,丰富了泰国本土汉语教材。2009年8月7日,在她的积极倡导下,易三仓商业学院孔子课堂正式揭牌成立。仅三年时间,它就举办各种文化推广活动87次;举办各种汉语知识竞赛、"汉语桥"比赛、书法比赛、中文歌唱比赛、围棋大赛共56次;举办本土汉语教师培训、志愿者教师培训YCT(中小学生汉语考试)和HSK(汉语水平考试)考前培训36次,建立起了全泰国300所教会学校沟通交流通讯录,为华文教育搭建了一个良好的平台。

2012 年，卢瑷珊参加第七届孔子学院大会(前右)

2004 年 4 月，卢瑷珊带领泰国汉语教师到厦门大学海外教育学院参加中国国家汉办对外汉语教师培训项目，并与厦门大学结下了深刻的情缘。卢嫒珊对本次培训印象深刻，每次想起这段经历，她就津津乐道："在厦门大学学习期间印象最深的老师是陈荣岚教授，他的每节课我都不会缺席，他对汉语教学中每个可能引起误解的知识点都讲解得非常详尽，这种态度和精神一直影响着我。"尽管在厦大进修的时间不长，但她不忘回报，为母校厦大在泰国的校友联系及招生宣传做出了贡献。

卢瑷珊曾担任厦门大学泰国校友会主席，在就任期间，为加强校友与母校、与中国的联系做了很多工作。举办了厦门大学泰国校友会成立 15 周年联欢活动，借此创造了厦大泰国校友们互相团聚沟通感情的机会；带领泰国华侨苏淑珍女士向厦门大学赠献线装中医古籍，使得遗失多年的中医古书终于回到了祖国；将厦门大学印制的宣传册送到泰国最有名的学校——圣卡比利安中学图书馆，供学生和家长们翻阅，帮助母校宣传其在海外的招生等项目。她在厦大泰国校友会普吉春游活动的欢迎会上表示，前往中国留学的泰国学生越来越多，厦大泰国校友会愿意为泰国学生实现留学厦大的梦想搭建平台。她常常强调要牢记母校"自强不息，止于至善"的校训，承前启后，顽强拼搏，创造更美好的明天。[①]

① 梁乔玲.天南地北厦大人卢瑷珊：中泰"民间大使"，华教是毕生事业[EB/OL].[2020-08-10].https://oec.xmu.edu.cn/info/1116/6123.htm.

2.潘维廉

潘维廉原本供职于美国空军，1976—1978 年在台湾服役期间，因偶然发现题为“来自天堂的一封信”的大陆宣传单，萌发了到大陆去看看的想法。1988 年，怀着对了解中国的热切期盼，潘维廉和妻子毅然决然卖掉能赚钱的公司，带着两个孩子不远万里来到厦门，来到专门开展对外汉语教育的厦门大学海外教育学院学习汉语，了解中国文化。“厦门大学是 80 年代全国首个可以接收外国人来华学习汉语的大学”，而且，“全中国只有厦大有为留学生提供住宿”。通过学习汉语他与海外教育学院结缘，从此便爱上了厦门，爱上了福建，并定居下来。在结束海外教育学院的汉语课程之后，他便在厦门大学管理学院任教。4 年后，他申请到了在中国的永久居留证，成为福建省第一个拿到“中国绿卡”的老外。潘维廉了解并热爱中国，在中国工作生活 31 年，见证了中国经济发展变化，先后帮助厦门、泉州等地获得国际花园城市金奖，还荣获中国国家外国专家局颁发的中国“友谊奖”“厦门市荣誉市民”等称号。2018 年年底，潘维廉出版新书《我不见外——老潘的中国来信》，以一个外国人的独特视角，记录和展现了中国改革开放的历史进程和伟大变革。习近平总书记高度赞赏他的“不见外”，为他“作为中国改革开放的见证者，热情地为厦门、为福建代言”而点赞。

院友潘威廉当选“感动中国 2019 年度人物”

2020 年 5 月 17 日晚，央视“感动中国 2019 年度人物”揭晓，潘维廉当选“感动中国 2019 年度人物”。颁奖典礼现场，白岩松和潘维廉教授一起交流他与中国的故事时，问到：“您也成为《感动中国》的人物了，您觉得这四个字和您自己，今天是什么样的感受?”“我自己觉得我没有什么感动中国,但是我觉得中国感动了我,也希望以后这个中国梦成为世界梦;中国感动世界,这个我有信心。”①

3.巴尔

巴尔先生是泰国华文文学开拓者之一,原名颜壁。1915 年出生于中国广东潮阳县的贫苦农家,少年时便随父母移居泰国。30 年代发表作品《禁区》后停笔,在 70 年代复出后的文学生涯中,古稀之年依然坚持创作,还前往厦门大学海外函授学院进行学习。在中泰两国出版了涉及小说、散文、诗歌、传记、报告文学、文学史等多种体裁的作品,代表作有《禁区》《就医》等。巴尔先生曾经多次访问中国,促进了泰中文学界的友好交流。从巴尔晚年退居泰国东北部小镇的一份生活时间表上看,他每周两天读函授学院的课程,两天搞创作,两天撰写《泰国华人作家风貌》。巴尔在给文友的信中曾不止一次指出:“从来泰华文化人,都不能以写‘文’安家,如果抱有这种梦想的人,那只有去喝‘西北风’。”信中提到他自己坚持文艺创作的情况:“我利用晚间七时至十一时进行创作活动,因为只有这段时间才能思绪集中,才是我自由自在,海阔天空,在文学领域里最快乐最活跃最神圣的时刻。”是什么样的一种力量支持着桑榆之年的他呢,他很简洁地阐明:“我对文艺的兴趣,完全是基于正确理论中引据世界观而确定了我的人生观。我的文艺的志趣,并不是为了建立自己小王国的功名,而是基于人生观世界观而抱负着一种为大众,为揭发社会黑暗而工作,而去从事艰巨的文艺工作。”巴尔除了以自己的创作给泰华文学界增添光彩之外,他还热衷于向世界介绍泰华文学的总体概况,撰写了具有首创意义的《泰华文学小史》。

1987 年 4 月 19 日《人民日报》海外版介绍过作家巴尔。1987 年 5 月 17 日《福建侨乡报》以《让儿孙们知道中华民族精神》为题报道了巴尔的事迹。厦门大学派往美国学习的留学生看到报上登载的事迹,很高兴地写信回来说:“我对厦大有这样一位老校友感到光荣,我对海外函授学院有这样有成就的学员感到自豪。”1990 年 10 月,年近 76 岁的巴尔出版了新诗集《海峡情深》。他在《编后屑谈》中写道:“《海峡情深》这部诗集的出版,算是我为了祖国统一的大业作出了呼

---

① 颜彩蓉.相知无远近 万里尚为邻——热烈祝贺海外教育学院杰出校友、厦大美籍教授潘维廉当选“感动中国 2019 年度人物”![EB/OL].[2020-08-10].https://oec.xmu.edu.cn/info/1116/6059.htm.

吁，希望海峡两岸的炎黄子孙，团结起来，摒除政见尽量地朝着祖国统一的航行方向前进！”①

4.佘明培

佘明培先生是著名的菲律宾华人企业家、社团领袖。1933 年生于福建晋江永宁，3 岁随父母移居菲律宾。出身寒素，读书刻苦，先攻理科，后读文学，学业精良。1957 年进入厦门大学海外函授学院（现海外教育学院）学习。几十年间，凭着自己的才华、勤奋和诚挚敦厚的品格，经营电器、建材诸般行业，终于成就了一番兴旺的家景。70 年代后，先后开设菲立电线厂、明培贸易商行，业务蒸蒸日上。20 世纪 80 年代，佘明培在回母校游览时感慨没有一所正式的体育馆让学子们使用，回侨居国后便给厦大校务委员会寄去一封信，信中说：“以敝人及内子施淑好之名义献捐人民币外汇券一百万，以作为在母校校园建一室内体育馆之费用，为故国教育、体育事业的发展，为母校的建设和发展，稍尽绵力”。他还邀请好友诗人兼建筑师云鹤来设计，选用进口铝锌钢板。面对夸奖他自己却说：“我所奉献的，实在是区区小数。我也仅仅是以此来表达我抛砖引玉、鼓励华人共同重视华文教育的一点心意。”

1986 年 4 月，厦门大学明培体育馆奠基仪式

① 赵鹏沛.“东隅已逝 桑榆非晚”——记海院院友、泰华文学创作者巴尔先生[EB/OL].[2020-08-16].https://oec.xmu.edu.cn/info/1116/6052.htm.

佘明培先生还致力于发展中菲关系。中菲建交前夕，佘明培与一群志同道合的青年创组了菲华青年友好协会，并承担起领导的重任。商总在中菲建交后发生了震荡华社的总“挂旗事件”，为了使菲华社会遵奉菲律宾“一中”的国策，菲华青年友好协会公开发表声明表态声援杨振殊等前瞻性的人士。为了促成台湾大专院校菲律宾校友破冰之旅访问中国大陆，他殚精竭虑用苦功夫去认真做穿针引线和搭桥工作。“不论走遍天涯海角，不论加入哪一国籍，我的根，总是在中国。”佘明培先生身居南洋，却始终不忘自己的根，一直热心教育事业、关心菲华文化，着实是海外华侨的楷模。不幸的是，他没能看到厦大明培体育馆落成，正中年有为的他却于 1988 年 5 月在马尼拉华人区附近的住处遭暗杀。菲国 77 个社团、学校和商业机构联合为其组成盛大隆重的治丧委员会，仅仅菲华各界致赠的赙仪(用于捐献教育及慈善事业)便达 45 万菲币。出殡之日，人山人海，车水马龙，极其肃穆。1991 年厦门大学建校 70 周年大会上，佘明培等 8 位对厦大教育事业做出重大贡献的海内外知名人士被时任福建省委副书记、代省长贾庆林授予福建省人民政府“乐育英才”金字匾额、金牌和证书。

佘明培先生虽然去世了，但他的家人继承其遗愿，成立了“佘明培纪念基金会”，定期提拨款回馈社会，继续不断热忱捐助教育设施。2012 年厦大 91 年校庆典礼上，他的妻子施淑好领其子女慷慨捐赠 600 万元，在厦门大学翔安校区兴建一所游泳馆——佘明培游泳馆，以此支持厦门大学的建设和发展，并作为对佘明培先生的纪念。①

5.林联兴

1999 年 4 月，蔡清洁楼西侧，一幢建筑面积 4300 平方米，5 层的多功能教学大楼建成，名为联兴楼，供厦门大学建筑学院、海外教育学院教学之用。该楼由印尼华侨、海外教育学院院友林联兴先生捐资 200 万元建造。

---

① 赵鹏沛.“乐育英才，泽裕后昆”——记海院院友 爱国菲律宾华人佘明培先生[EB/OL]. [2020-08-16].https://oec.xmu.edu.cn/info/1116/6051.htm.

1999 年 4 月，联兴楼建成典礼

1994 年，林联兴先生报读厦门大学海外教育学院中文专业函授课程。四年之后，年届古稀的他通过论文答辩，获得厦门大学海外教育学院中国语言文学学士学位。厦大副校长潘世墨教授为他颁发了毕业证书。林联兴与友人联手创办了东方语言文化中心。2000 年，72 岁的他完成了 20 多门硕士学位课程的学习任务。同年 9 月，他在上海交通大学攻读企业管理学博士学位，并于 2005 年顺利毕业。此外，他还参加了新加坡国立大学现代企业管理、中国北京语言文化大学中国文化与历史、新加坡 MBA 等课程的学习。

林联兴先生曾任印尼哈利达集团公司董事长，1990 年被推举为印尼林氏宗亲总会理事长；1996 年，任印尼孔教基金会主席，还担任着厦门大学印尼校友会名誉主席，印尼华裔总会名誉主席，中华总商会名誉主席，印尼工商会馆中国委员会、顾问团副主席，印尼中国经济社会、文化合作协会高级顾问等多项职务。2011 年，83 岁高龄的融籍华侨林联兴荣获上海大世界吉尼斯总部颁发的“最大年龄获得博士学位的外籍华人”荣誉证书。作为一名卓有建树的企业家和贤达人士，林联兴曾获得众多社会殊荣，其中包括“2009 年中华十大财智人物”(第六届)特别奖，2010 年度“十大杰出华商领袖”荣誉奖、“十大中华赤子”荣誉奖、“杰出爱国人士”勋章等。他担任董事长的印尼哈利达集团也曾荣获“促进经济建设先进单位”称号。此外，他还获颁“最值得人民记忆的慈善家”荣誉奖杯和证书、

“共和国经济建设功勋人物”荣誉奖牌和证书、“2010年最具创新型企业家”荣誉证书。他曾被邀请为中华人民共和国五十周年国庆国务院特邀嘉宾，中华人民共和国澳门回归典礼国务院特邀嘉宾，北京大学一百周年校庆特邀嘉宾，厦门大学80周年校庆特邀嘉宾。

从商业到教育事业，从文化到外交，林联兴凭借自己的经验和智慧，不仅为后来者点燃了明灯，助推了儒学的影响力，更为中国与印尼之间的外交建设添砖加瓦。作为旅居海外的闽籍华人，他信奉“爱拼才会赢”的同时，遵循礼法，以信待人，并坚信是中华文化的沉淀和渗入血液的价值观才使得华人在艰苦卓绝的环境中顽强地生存下来。林联兴先生对社会发展的责任感，救世济民的抱负，达则兼济天下的追求，对中华文化精髓的坚持与传承激励着每一位炎黄子孙。[①]

6.何灿濂[②]

何灿濂，1935年生，原籍广东省开平市。幼时家境贫苦，1951年随亲友到印尼谋生，在艰苦的岁月里不忘发奋自学，1957年考入厦门大学华侨函授部语文专修科，后入印尼锡江新华侨中学高中部任教，并担任厦门大学函授部辅导老师，努力促成厦门大学与哈山努丁大学文化交流合作，成立“郑和文化教育委员会”。历任印尼哈山努丁大学教师、中国湖北省与印尼南苏省友谊城市联络处主任、厦门大学客座教授、南昌大学国际交流文化顾问、哈山努丁大学孔子学院顾问。现今，他在印尼是一位成功的企业家、教育家和侨界领袖。长期以来，身在异乡，心系祖国，在文化、教育、经济等领域，为中印两国的友好合作交流不断努力，做出了杰出贡献。

何先生出生于战乱扰攘的年代，从小饱受饥寒流离之苦，为了谋求更好的发展，他决定随亲友去印尼谋生。到达印尼后，因贫困只能寄宿在朋友家，学缝衣、学照相、当木工，几经辗转当上了小学教师，但长期营养不良、体弱多病、穿着寒酸最终被学校以“不修边幅、有碍校风”为由辞退。在失业将近绝境时，1957年，

① 李梦彤.格物致知，诚意正心——记海院院友一代儒商印尼华人林联兴先生[EB/OL].[2020-08-16].https://oec.xmu.edu.cn/info/1116/5347.htm.

② 颜彩蓉.何灿濂：秉赤子心，念家国情[EB/OL].[2020-08-16].https://alumni.xmu.edu.cn/info/1019/4158.htm.

厦门大学在印尼锡江开始招收函授生的消息给他的人生带来了重要的转折和新的希望。他不顾别人对他的各种质疑和嘲讽，以锲而不舍的惊人毅力，发奋学习，最终成为37位报考人中9名被录取者之一，也是同期录取者中唯一一位顺利毕业的学员。1961年，他以优异的成绩毕业后，锡江著名的华中校长、教务主任亲自邀请他去华中任教。自那以后，他的人生便豁然开朗。他的这段人生转折过程，真切演绎了知识改变命运的过程，让他更加明白文化知识对人的重要性，也更加真切感受到传授文化知识者的伟大。他对母校、对老师心存感恩，也始终认为是中华民族文化的精髓和传统美德孕育了自己，使他终身受用，他立志要报效祖国、回报母校和师长，用自己的知识和力量去影响下一代，几十年如一日，从未间断。

获得厦大文凭之后，何先生真正将所学用于华语文化的传播，从亲为人师开始影响身边一个又一个华人子弟。走过几十年起伏不平的人生路程，让他明白“和谐平等的社会环境才是人生幸福的源泉”，才能不被“动荡的风浪卷翻沉没”。他凭自己的特长，尽自己的能力，走进当地最有影响力的哈山努丁大学去义务教学，架起中印两国文化交流的桥梁。在他的努力下，厦门大学和哈山努丁大学合作成立了“郑和文化教育委员会”，也在他的不断争取推进下，促成了锡江哈大孔子学院的设立及发展，开设“孔子课堂”、中文系、中华历史文化艺术馆，还创办了多个汉语培训机构。他用人生中最美好的时光和最大的精力不遗余力地传播中华文化，实现了汉语教育在当地再现发展和辉煌的美好愿望。

作为华人，何先生常说，他有两个“恩人”，一个是中国，另一个是印尼。祖籍国给了他生命和血缘，赐给他勇敢面对困难的精神，印尼给了他肥沃的土地、发展的空间和生活的源泉，他深深热爱着这两个“恩人”。为提升两国的友情，共同创造和谐共存的社会环境，他曾参加过无数次中、印文化交流活动，他发挥自己在音乐上的特长优势，为中印文化交流写过许多作品，出版和翻译了近百首印、汉文化歌曲。他将对祖国、社会、职业、家人和朋友的爱融入音乐作品中，将坎坷丰富的人生经历悟化作跳动的音符，把对祖籍国的一片赤子之心和对推动中印两国教育、文化交流的一腔热情传递给身边的人们。

2019 年 9 月，学院领导赴印尼看望何灿濂先生(右三)

音乐不分国界，音乐最能打动人心。何先生不但创作歌曲，还坚持教不会说中文的印尼人唱中文歌。他把中华文化的精神融入到歌曲之中，组建乐团，一字一句地教当地人唱。看着他们唱出字正腔圆的中文歌，何先生说，这是最直接、最有效的传播中华文化方式之一，是真正的寓教于“乐”。

新中国成立六十周年前夕，何灿濂先生入选《感动中国——建国六十周年全国优秀词曲·音乐教师人物辞典》，由他谱曲歌颂北京申奥成功的《神奇的春天》作为他的代表作也被收录，他是收录音乐教师中唯一的外籍华人。

随着国家“一带一路”倡议不断推进，中印两国在教育、文化、经贸上的往来也日益密切，在努力构建和谐社会和人类命运共同体的伟大战略指引下，何先生始终走在印尼社会的前列，他团结各个族群，积极向上向善，通过义务教学和搭桥牵线，表达中国人特别是华人华侨的善意和爱心，传递他们诚实守信、勤劳创业、热爱和平的传统美德，虽已至耄耋之年，但何先生仍在构想要到印尼其他城市去以音乐、艺术、旅游、汉语教学等形式推广中华文化、广结友谊，带动印尼学生、教师及民众学习中华文化、发扬多元文化，让他们更了解中国，一起携手走向和谐、创新、共赢之路。

7.岳拓[①]

岳拓(Thomas Roetting),德国人,1979年出生于德国莱比锡。精通多种语言,热爱中文与中国文化。2001年荣获德意志学术交流中心(DAAD)全额奖学金,来厦大海外教育学院学习汉语。回国后,致力于德国汉语推广事业,2006年开始负责德国莱比锡大学孔子学院的筹建工作,2008年起担任德国莱比锡大学孔子学院外方执行院长至今,工作期间,能力突出,硕果累累,在他的带领下德国莱比锡大学孔子学院多次获得孔子学院总部/国家汉办颁发的年度"优秀孔子学院"荣誉称号,他个人也曾获"全球孔子学院先进个人"荣誉称号。

岳拓至今仍清晰地记得他初到厦门的时刻。那是2001年9月上旬,适逢雨季。厦门以滂沱的大雨和湿润的空气"欢迎"他。这种方式令他深为陶醉,因为他想起了18岁时在东南亚的第一次旅行。厦门港的渔船灯火、中山路的繁华夜市、鼓浪屿的历史沧桑……还有凤凰花的火红灿烂、五老峰的峥嵘凌空、芙蓉湖的清澈见底……温馨的厦门、美丽的厦大一下子就吸引住了他!他格外喜欢依山傍海的厦大校园,他每星期都会安排两次锻炼:要么从白城出发沿着海滨跑步,要么从厦大后院去爬山,最后从南普陀下来。厦大校园到处是飞檐走壁的建筑和安恬静谧的角落,这对岳拓来说是意外的收获。他有一段时间经常寻找这样安静的角落,有时与南普陀寺的僧尼交流。想起这些有趣的片段,岳拓忍不住深情地说:"I loved Xiamen and Xiamen University from the very first day(我对厦门和厦门大学一见钟情)。"

在厦大,美丽而又宽松的校园环境不仅让岳拓可以心无旁骛地学习、研究,别具一格而又卓有成效的汉语教学更让岳拓受益匪浅。他回忆道,来自不同国家、带着不同肤色、操着不同腔调的留学生济济一堂上课,实在是有趣至极。最令人期待和开心的是,厦大海外教育学院每年都会组织一次中国文化之旅,其中武夷山之行令他毕生难忘。厦大的课堂充分地调动了学生的积极性,老师口中的那些词汇与语言,是那么的神奇与美妙。在老师的指导下,再加上岳拓自身的努力,他的汉语水平有了质的飞跃,并在中国汉语水平考试(简称HSK)中,取得

---

① 向冬梅,熊瑶.缘结南强学府　情倾汉语推广[EB/OL].[2020-08-16].https://oec.xmu.edu.cn/info/1116/5345.htm.

了七级水平的好成绩。同时,在学习中文的过程中,岳拓对中国佛学产生了浓厚的兴趣。厦大毗邻南普陀寺和闽南佛学院,这对爱好佛学的岳拓来说是一种得天独厚的优势。2006 年,岳拓在国外完成了他的毕业论文,文章的内容就是中国当代禅宗,这得益于他在厦门的学习和生活的宝贵经历。按原计划,岳拓的留学时间本只有一年,但由于他如此喜欢厦门,他申请延长到两年。岳拓对自己在厦门学习的这段经历给予了高度评价:"By the end of my time in Xiamen,I had a pretty good command of Chinese(离厦之前,我已经可以熟练应用中文了)。"因此,岳拓非常感恩在母校的这一段时光,这为他日后的工作打下了坚实的基础。

如今,母校已是岳拓心中无可替代的烙印和割舍不断的情缘,他对母校的思念日益浓厚。于是,每次来到中国,他一定要回到母校走一走、看一看;"自强不息,止于至善"的校训依然铭刻在他的脑海里,影响着他,激励着他。在他心底,对厦大总怀有寸草春晖之情,他表示愿意为母校汉语国际推广做贡献,力促德国莱比锡大学与母校厦门大学,莱比锡大学孔子学院与我校承办的特里尔大学孔子学院之间的多方合作与资源共享,还将组织德国学生夏令营到厦大学习。当得知母校第一个欧洲校友会在英国正式成立后,岳拓大为触动、备受鼓舞,欣然允诺要积极协助母校推动德国校友会早日成立。一名外籍校友的厦大情结,溢于言表!2006 年,岳拓参与到德国莱比锡大学孔子学院的筹建工作中,经过德国莱比锡大学、中国人民大学和中国国家汉办的多方合作和共同努力,莱比锡大学孔子学院终于在 2008 年 4 月顺利建成。岳拓凭着他过人的才学与能力,尤其是汉语知识文化储备,成了莱比锡大学孔子学院外方院长的最佳人选。作为执行院长,岳拓负责具体操作层面上的一切工作,如课程安排、推广语言和文化项目、经费预算、市场推广及公共关系、人力资源、联络赞助商及合作伙伴等等。作为中方的合作伙伴,他牢记每一位从中国派往莱比锡大学孔子学院工作的中方院长和教师的生日并为他们送上祝福,他的人性化管理和真诚受到中方人员的高度评价。

德国莱比锡大学孔子学院致力于提高办学质量,努力打造综合性文化交流平台,实现中外文化交流的共生、共享和共赢,这与岳拓付出的心血密不可分。他还在孔子学院多渠道的筹资工作方面有深入的研究,曾在第四届"全球孔子学院大会"上就此议题做了专题发言,得到了大家的认可与好评。功夫不负苦心人，在岳拓的不懈努力下，莱比锡大学孔子学院在成立之后短短五年时间内，取得了一系列突破性的成就，并于2009年、2012年两次获得孔子学院总部/国家汉办颁发的当年度“优秀孔子学院”荣誉称号，岳拓本人和该校的中方院长赖志金也分别于2008年、2011先后获得“全球孔子学院先进个人”荣誉称号。

如今的莱比锡孔子学院为中小学生、大学生、公司员工以及大众开设形式多样的汉语课程。它们大致分成两类：一是语言课，主要教汉语课程；二是文化课，包括绘画、书法、茶艺、烹饪等课程。岳拓还有更多美好的想法将逐步付诸实践，因为他认为他所从事的汉语推广事业具有非常光明的前景。作为世界四大文明古国之一，中国早已是许多外国人心中向往的神秘国度。随着中国经济的崛起以及对外交流的推进，了解中国、走近中国、学习汉语、掌握汉语、体验中国文化在许多国家已成为一股潮流。

因此，岳拓的一生将注定与汉语言及文化结下不解之缘，与中国紧密相连。他曾经有梦，希望能有朝一日到中国留学；他勇于逐梦，珍惜在华留学时光，全面学习中国语言和文化；他如今圆梦，快乐地从事着汉语文化推广事业，努力让他的汉语梦点缀世界大家庭的美丽星空，把中国爱好和平、追求和谐的美好理念传播给世界，让世界的未来更加美好灿烂！

8.许佩璇

许佩璇是第三代华裔，其家学有颇深的中华文化底蕴。六岁开始，许佩璇在佛丕府“光中公学学校”学习汉语。但由于一些原因，她的汉语学习到十岁时就停止了。2007年，她报考厦门大学海外教育学院，被录取，成为班上年龄最大的一名学生。她重新拿起汉语课本。“汉语学习不是件容易事。几十年过去了，小时候学的那些都忘光了。我被编入二年级，二年级的学生一般都已经能进行基本对话了，对中华文化也有一定程度的了解。可我什么都不懂，因此要加倍的努力。”许佩璇几乎把所有时间都花在学习上，进步非常快。

2019年11月,院友许佩璇(后排右七)参加学院主办的"水灯节"活动

很快,许佩璇成了厦大海外教育学院的名人,不仅是因为学习汉语的执着,更是由于她的活跃和热心。水灯节是泰国的传统节日,她把这个带着美好祝愿的节日搬到了中国。每年11月,在她的精心策划组织下,放水灯仪式在芙蓉湖畔进行,让在厦大学习的泰国学子感受到家的温馨,也向中国同胞们传播了泰国吉祥美好的风俗文化。不管是谁遇到难题,许佩璇都尽全力去帮忙。她的热情、善良感动了同班同学以及其他从泰国来厦大求学的留学生们。大家都很喜欢她。在路上遇到许佩璇,他们会双掌在胸前合十致意,并且亲切地叫她"妈妈"。"在泰国,'妈妈'是对长辈的尊称。"2009年,许佩璇的汉语学习暂时中止,因为厦门大学聘请她担任国际关系学院的泰语老师。尽管当时身体有些不适,但许佩璇还是很爽快地答应了。

每年,国家汉办都会外派许多汉语教师志愿者。作为汉语国际推广南方基地,"海外支教"是厦门大学的一大特色。汉语教师志愿者在开展工作前,了解一些当地的语言文化知识,对他们开展汉语教学和适应生活方面帮助很大。许佩璇在厦大担任泰语教师,其中一项工作就是给赴泰国汉语教师志愿者办培训。在泰国退休之前,许佩璇是银行的一名职员,从来没有想过自己有一天会站在中国大学的讲台上。尽管没有教大学生的经验,但她上课颇有自己的风格。她会从简单的泰语问候语的使用方法入手,形神兼备地向学生展示泰国的礼仪文化;她会通过对于不同人群阶层使用的问候姿势和发音方法的差异,讲授泰国的社会基本状况和即将赴任学校与中国国情的细微不同之处;她还配以幻灯片放映,直观地向学生们展示泰国最普通人民的生活内容和语言模式;不仅教泰国歌曲,她还教学生们泰国舞蹈……课堂上的许佩璇表情非常丰富,或深沉蹙眉,或爽朗言笑,或谆谆教诲,或冷静分析。许佩璇用她慈祥和蔼的授课方式、严谨而不失幽默的授课风格,带领培训基地的学生,领略泰国的语言文化、传统文化、宫廷文化、日常生活文化等各方面,让学生对泰国有充分的了解。每一次课程结束,都大大激发志愿者对于赴任国的兴趣。

9.韩达伟[①]

韩达伟出生于新西兰首都惠灵顿,1983年获新西兰惠灵顿维多利亚大学文学学士,后获哈佛大学硕士学位(东亚研究)。1989年至1991年在哈佛大学担任研究员,1994年在美国塔夫茨大学弗莱彻法律与外交学院获得博士学位。之后,进入联合国从事与维持和平有关的政策研究与实务工作。2011年被任命为"人道主义对话中心"执行主任。

1983年9月,韩达伟在北京语言学院进修一年中文后,正逢厦门大学国际教育中心(该中心于1987年合并到海外函授学院)首次招收留学生,当时在中国只有少量大学可以接收外国留学生,厦门大学是第一批向外国留学生开放的大学之一。那年,他和其他国家的留学生一起先汇集北京办理报到手续,然后一起从北京搭乘火车南下到厦门,"我记得我们乘坐绿皮火车的硬卧铺,每个卧铺间有6个卧铺,从北京到厦门需要40多小时,途中火车上有很多人上上下下,因此,旅行中我可以用中文与许多乘客聊天,从聊天中了解他们的日常生活。那是一次十分愉快的旅行经历,我后来一直十分喜爱乘火车旅行"。

韩达伟对厦门大学的留学生教育印象深刻,认为"在南方的大学中,我相信厦大是第一个,或者至少也是为迎接外国留学生的到来准备得最充分的一所大学"。他对自己在厦门大学的留学时光一直念念不忘。虽然1983年的厦门大学留学生教育尚处于探索发展时期,在教学及管理方面都处于"试验与试错"并在此基础上不断提高的实验阶段,但他仍清晰地记得,"当时的厦大已经编写了自己的汉语教学材料,我记得是淡黄色的出版物,也许我现在还保留着呢。一进厦

① 赵叶珠."人道主义对话中心"主任 David Harland 访谈:我在厦大度过一段鼓舞人心的时光[EB/OL].厦门大学新西兰研究中心微信公众号,2021-05-04.

大，留学中心就根据我们的中文程度分成不同的班级，实施小班教学，按照讲义上的内容，每天集中上中文听说读写课3～4小时，然后布置课后作业，其中也会穿插一些文化游览活动，让我们外出体验及运用所学的语言。学校对我们首批留学生十分重视，为了迎接我们的到来，专门新建了留学生楼"，"厦大教师对留学生特别好，他们非常乐意为留学生提供各方面的帮助，不仅仅是在学习方面，在生活方面也是如此。我记得当时我的一位同班同学生病了，教师们也热情地帮助他去医院就医"。当然，让他感兴趣的还有当地的历史和文化：优美的环境，丰富的历史，独特的语言和文化。那时的厦大在教授和学习标准汉语的同时，也满足部分外国留学生学习古汉语的需求，当时韩达伟也选修了古汉语这门课程，为他深入了解中国打下了基础。

韩达伟对汉语学习情有独钟。1987年5月，他再次来到中国北京大学进修学习，后赴美深造，仍继续学习和研究现代汉语与古汉语，还在哈佛核心课程——"现代中国政治"中承担部分教学工作。完成学业后，他加入了联合国维持和平行动部，从事着维持世界和平的工作，试图通过对话和调解，在20多个饱受战争蹂躏的国家解决或防止武装冲突。

虽然没有机会再去厦门，但是厦门大学一直是韩达伟魂牵梦绕的地方。"正是在厦大学习期间，我深刻认识到厦门是中国通向世界的主要桥梁之一。这座桥虽然主要通向海外华人，但厦门与新西兰也有很密切的联系，我就是新西兰派往厦大的第一批两位留学生之一，在厦大学习的情形至今还历历在目。我记得我们入学后不久，厦门大学在建南大会堂举办了一场庆祝会，我和另一位新西兰留学生黄金莲分别表演了两个经典的新西兰节目，黄金莲演唱了一首著名的毛利情歌《珀卡莱卡莱·安娜》(Pokarekare Ana)，我则表演了著名的毛利战舞(Ka mate)。""正是在厦门大学，我认识了鲁迅，我成了他的超级粉丝。我期待着能够重回厦大。""厦门大学自成立以来，一直是连接中国与中国以外的世界及华人社区之间的桥梁。很幸运我曾经是那座桥梁的一部分。"

(二)国际学院院友

10多年来，国际学院办学规模逐步扩大，办学层次不断提升，从单一的留学预科教育逐步发展成为中外合作预本硕连读、中外教育合作专门项目等多种办学模式，输送了一批又一批学生到国外合作院校学习深造，也迎来了一批又一批学成归国、立志报效祖国的国际化专门人才，他们都通过学院的中外合作办学渠道实现了自己的梦想。部分优秀院友代表简要介绍如下：

1.俞培众

俞培众先生，2006年进入厦大国际学院学习，后升入英国密德萨斯大学攻读本科，北京大学光华管理学院高级工商管理硕士毕业。2010年回国创办福建九洲之星投资有限公司，现担任福建省九洲之星实业有限公司董事长、福建省青年商会执行会长、全国青年联合会委员、厦门大学国际学院校友会会长、北大光华EMBA福建校友会理事等职务。

他是国际学院自主创业、年轻有为的优秀校友代表，创办的九洲之星集团集海上运输、海洋工程、房地产开发于一体，除了位于中国福建省福州市金融街的总部外，在广州、深圳、香港、新加坡、日本等多地还拥有分支机构，是一个多元化、综合性的新兴民营企业。经过近二十载的发展，他带领的集团船舶数量、总运力跻身全国民营企业前列，与邦吉、台湾中钢、必和必拓等巨头建立长期友好合作关系。

为人之本、善行为先，企业做大做强的同时，俞培众先生不忘回馈社会，多年来他坚持慈善公益事业，彰显了企业家有温度有担当的大气情怀。自国际学院校友会成立以来他一直担任校友会会长，关心支持学院发展。他时常感怀在厦大求学的美好时光，感恩母校给他带来的良好教育，不仅让他结识了许多优秀的老师和同学，还遇到了自己的人生伴侣。在厦门大学百年华诞之际，他积极通过捐款、设立奖学金等形式帮助那些来自厦大定点帮扶单位宁夏隆德县等地的学弟学妹们克服经济困难、提供学习机会，尽一份社会责任。他积极发动广大国际学院校友参与百年校庆活动，感恩母校、支持学校和学院的发展，将国际学院教育发展基金延伸汇聚成一种“大爱”，推动学院各项事业的大力发展。

2.黄刚刚

黄刚刚先生，2006年进入厦大国际学院学习，现担任华辉玻璃（中国）有限公司总经理、国际学院校友会常务副会长。他带领的公司历时35年的发展，在国内外同行中享有盛誉，汇集了一大批国内一流技术员和高级管理人才，是一家集研发、生产、销售于一体的现代化高新技术企业。公司一直以成为世界一流的玻璃深加工企业为目标，作为高端节能玻璃深加工领导品牌，华辉玻璃是闽南地区规模最大，产业最完整，自动化、信息化、智能化最先进的玻璃深加工企业。产品广泛应用于国内外建筑领域，远销欧洲、美国、澳洲、东南亚等 21 个国家和地区。

在企业发展取得一定成就的基础上，黄刚刚先生表示将用实际行动支持母校的建设和发展，进一步深化校企合作，开展共建实习基地等方面的合作，共同促进母校特别是学院各项事业蓬勃发展。

3.林少青

林少青先生，2009 年进入厦大国际学院学习，就读国际贸易专业，后留学加拿大获学士学位。2014 年，林少青学成回国后任厦门市澎澎食品有限公司法人兼总经理。公司在林少青的带领下，通过整体策划、多方咨询学习，制定了相关可行性调整策略，在市场经济萧条，整个香精香料行业总体业绩萎缩的局势下，公司业绩仍然实现了强势递增。

2018 年 3 月，林少青创办厦门龙中汇药业有限公司与赫尔希（厦门）健康管理有限公司，担任法人。在此期间，林少青积累了丰富的工作经验，致力于将企业向着产业化、集团化的方向稳步迈进。

林少青十分重视学习积累，敏锐结合市场进行研判。2019 年林少青与福建省海峡医药卫生交流协会（以下简称“福建海医会”）联合创办了厦门海医联合卫生健康科技发展基地（以下简称“海联基地”）。海联基地涵盖医疗卫生服务项目等卫生健康产业。

经过二十年的稳步发展，林少青带领的澎澎食品公司现已成为国内集研发、生产和销售于一体的速冻食品健康领域的领军品牌。毕业后，他牵挂和关切母校的发展，百年校庆期间，他用实际行动支持母校的建设和发展。

4.廖宇星

廖宇星先生,2006 年进入厦大国际学院学习,后创办厦门麻花网络科技有限公司,担任该公司总经理,是云纸项目创始人。该公司立足“新媒体·新经济·新未来”,是一家致力于应用“物联网+标准化”软硬件服务升级完善公共卫生服务行业的企业。其云纸项目成立于 2017 年,硬件端依托于智能终端,打造智慧化公共空间,实现数字化管理,拓展场景功能。软件端专注于大数据和精准广告投放,在人工智能和大数据领域深耕,实现流量价值最大化运营。目前,云纸项目已覆盖国内 473 个城市,铺设取纸设备 7 万多台,累计服务人次 1.03 亿人次,提供取纸服务超过 2 亿次。

在企业逐渐发展壮大的同时,廖宇星先生感念母校对他多年的教育及培养,他积极加强联络母校,努力推动实现校企合作,在人才培养、学生就业、协同创新、企业招聘等方面开展双赢合作。

5.刘旭阳

刘旭阳,2011 年进入厦大国际学院学习,2013 年通过国际学院艺术设计 2+2 项目成功申请到英国顶尖学府、世界百强名校英国南安普顿大学攻读本科。2015 年于英国南安普顿大学温彻斯特艺术学院获摄影学士学位,后在世界顶尖艺术名校、世界排名最高的五大著名艺术学府之一的伦敦艺术大学继续攻读硕士,于 2017 年获伦敦艺术大学伦敦传媒学院新闻与纪实性摄影硕士学位。

毕业时,当别人忙着做毕业设计时,他踏上了巴尔干半岛去拍战地遗迹。

毕业后,当别人想着找一份踏踏实实的工作时,他带着“新地形摄影”回到厦门,举办个人第一场展览“不涸”。

一路成长一路优秀的刘旭阳,想用镜头记录下的,不仅是纯粹的风光或是人物。他更希望能通过镜头,展现发生于人类行为代替自然作用下的变迁现象,去唤起人们对于人类命运、环境的关注。

第五章 厦门大学海外教育学院/国际学院科学研究与学术成果

第一节　研究机构与平台

20 世纪 90 年代以来，学院陆续设立海外汉语言文化教育研究所、孔子学院发展研究中心、国别化汉语教材开发中心、新侨研究院等多个研究机构，是国家汉办支持周边国家汉语教学重点院校之一，也是国务院侨办华文教育基地之一。目前仍保留了海外汉语言文化教育研究所等机构。

一、华文系

华文系的前身为华侨函授部中国语文专修科。自 1956 年创办以来，它几经改革与发展，于 1987 年改称中文部，2000 年更名为华文系。华文系拥有一支高水平的对外汉语教师队伍。现有专职教师 42 人，兼职教师 1 人，大部分教师持有国家对外汉语教学资格证书。华文系负责全院留学生的中文面授教学工作，除了各种类别的汉语培训外，还开展汉语言专业（经贸方向、教育方向、文化方向）本专科教学，招收语言学与应用语言学专业（对外汉语教学方向）和汉语国际教育硕士研究生及对外汉语教学、汉语国际推广、国际汉语教育专业方向博士生。此外，华文系还负责组织在本院举办的汉语水平考试，接受国家汉办和国侨办的委托，承担海外汉语师资培训任务。除了完成教学任务之外，华文系还多次主办和参加国际性和全国性对外汉语学术会议，承担多项国家和省部级研究课题，发表和出版一系列论文、教材和专著，是学院对外汉语教学与研究实体。[①]

二、海外学生部

学校真正意义上的留学生教育始于1987年。当年学校批准学院设立专门负责留学生教育管理工作的部门——留学生部。2001年，根据上级有关部门关于海外学生归口管理的文件精神，学校将港澳台侨生的社会管理统一划归海外教育学院。2003年，海外教育学院留学生部更名为海外学生部，负责全校留学生和港澳台侨生的社会管理。海外教育学院海外学生部是厦门大学负责外国留学生和港澳台侨学生社会管理的专门机构。海外学生部下设三个科室，即招生科、外国留学生事务科和港澳台侨学生事务科。招生科负责外国留学生的招生和宣传，外国留学生事务科和港澳台侨学生事务科分别负责全校外国留学生和港澳台侨学生学籍档案的建立、证件、体检、住宿、毕业证书制作等相关事务的管理工作以及相关思想教育工作，并负责组织海外学生的课外活动和外出旅游实践活动。[②] 后学校调整留学生管理政策，全校留学生（汉语进修生除外）管理划归国际处，现划归学生工作部（处）海外学生事务科分管，海外学生部也随之调整设置并撤销。目前学院设有招生科、学生工作组及台港澳学生先修部。

招生科负责来华留学的汉语言本科项目、长短期进修项目、团体合作项目、海外远程教育项目的招生录取工作。每年招收来自海外留学生千余人，来自泰国、印尼、韩国、美国、菲律宾、日本等全球八十几个国家和地区。半个多世纪以来，共招收来自全球一百多个国家和地区共六万余名海外留学生。

招生科与许多国外知名高校在团体合作项目上展开了广泛的合作，合作院校包括美国圣地亚哥州立大学、阿拉巴马州立大学、路易斯维尔大学，荷兰乌特列兹大学、莱顿大学，韩国仁荷大学、韩南大学，日本大东文化大学、爱知大学，泰国皇太后大学、宋卡王子大学普吉分校、商会大学，新加坡义安理工学院等。

① 厦门大学海外教育学院.厦门大学海外教育学院沿革大事记(1956—2006).内部资料,2006:53.

② 厦门大学海外教育学院.厦门大学海外教育学院沿革大事记(1956—2006).内部资料,2006:54.

学生工作组下设国内学生事务科和海外学生事务科，负责国内外学生的宿舍、生活指导、医疗保险、档案管理、奖助贷和学生活动等事务。国内学生事务科负责处理国内博士生、硕士生的入学教育、档案户口、奖助贷、就业指导等日常事务，并辅助办理团口和党口等相关事务；海外学生事务科负责海外博士生、硕士生、本科生和汉语进修生的入学教育、考勤、住宿、保险、签证、活动和奖学金生管理等日常事务。

台港澳学生先修部于1993年经教育部批准在厦门大学设立，下设港澳台侨大学预科班与联考补习班，负责港澳台侨预科生和联考生的教学事务与学生事务的管理。2000年前，台港澳学生先修部隶属于厦门大学教务处，2000年经学校批准归属厦门大学海外教育学院管理。台港澳学生先修部设立至今已有27年，共培养了3000余名港澳台侨学子到全国各高校就读。在社会上尤其是福建省有着广泛的影响力和知名度，是厦门大学联系和服务广大港澳台侨胞的纽带与桥梁。

三、海外汉语言文化教学研究所

1991年，经国家教委批准，海外函授学院正式更名为海外教育学院，并在学院设立海外暨港澳台汉语言文化教学研究所（简称为“海外汉语言文化教学研究所”，后又称“海外华文教育研究所”），列为全国面向东南亚的四个教学基地之一，首任所长为张绍滔。研究所致力于推进华文教育理论与实践的发展，同年7月开始筹办内部学术刊物《海外华文教育》（半年刊）和《海外华文教育动态》资料汇编。

为进一步发挥优势作用，加强对周边国家华文教育支持，2001年，经教育部批准，国家汉办发文将厦门大学海外教育学院作为支持周边国家汉语教学的重点学校，根据学校所处的地理位置，厦门大学重点支持印度尼西亚、马来西亚、菲律宾的汉语教学，国家汉办要求各重点学校针对相邻国家的特点和实际，充分发挥地缘、亲缘优势，积极、稳妥、有效地开展支持周边国家汉语教学工作。同年10月，学院获准成为国务院侨办华文教育基地。12月23日，学院举行“国务院侨办华文教育基地”揭牌仪式，国侨办副主任许又声为基地揭牌。

海外汉语言文化教学研究所、华文教育基地的主要任务是与基地的其他兄弟院校一起发挥整体优势，承担国家对周边国家汉语教学的相关项目；积极开展对周边国家汉语教学情况的调查研究；针对周边国家的特点，开展对外汉语教学研究；加强对相邻国家汉语教师的培养与培训，帮助解决教师短缺问题，编写适合相关国家需要的汉语教材；加强与周边国家汉语教学界的交流与合作，促进周边国家的汉语教学发展，做好新世纪海外华文教育工作。此外，由于海外华文教育分布广，形式多样，不同国家和地区的发展规模不一，水平参差不齐，对华文教材的需求也有所不同。为此，在编写海外华文教材时不能采用"通用版"形式，而是要针对不同国家和地区的特点，编写出适合当地需求的教材。为适应华文教育和汉语国际推广的新需求，汉语言文化教学研究所积极行动，成立了国别化汉语教材开发中心，旨在关注通过加强教材研究和建设来达到提高汉语推广的实际效果。

海外汉语言文化教学研究所一直研究致力于向海外传播汉语和中华文化，努力探索出能较好适应海外需要的办学模式，为海外尤其是东南亚各国华文教育事业的发展做出了积极的贡献。研究所以服务汉语国际推广为目标，以师资培训、教材和课程课件开发为龙头，以汉语国际教育和文化传播研究及市场推广为取向，开展国际汉语教学、教师和教材状况的调查研究，研发国别化教材和教学法，培训师资及志愿者，建立汉语推广人才储备库，开展汉语国际推广理论研究与应用开发，着力提升服务孔子学院建设发展的能力和水平。

2003 年 2 月，厦门大学语言技术中心成立。该中心由学院与计算机科学系、中文系、外文学院等 4 个院系联合组成，是一个跨系科、跨专业，以语言信息处理的理论研究与应用开发并重的研究实体。中心下设三个研究室，其中第三研究室设在学院，主要以对外汉语教学为研究对象。①

---

① 厦大海外教育学院积极开展支持周边国家汉语教学的工作[J].海外华文教育，2003(4)：74－77.

四、日本研究所

2005 年 12 月 26 日，日本研究所成立揭牌，挂靠海外教育学院。厦门大学校长朱崇实教授、日本驻广州总领事馆总领事渡边英雄先生、日本筑波大学校长特使佐藤贡悦教授、厦门日资企业代表石田忠男先生、日本图书捐赠者奥田三千子女士以及河口知商先生等专门祝贺并发言。早在 1972 年中日邦交正常化后，学校就设立了日语本科和研究生点，对日本研究有独特的优势，成立日本研究所，有利于充分利用区域优势和综合大学的资源，建设具有中国一流水平的日本研究机构，形成全面系统深入研究日本的中国南方的核心基地。

日本研究所的研究方向涉及日本语言与文化、日本文学与教育、日本经济与管理、日本哲学与国际关系、日本政策与法律，及日本社会、宗教、艺术和信息科学等 10 个不同领域，研究所的主要任务为：(1)以个人或集体研究为基础，重点研究当代日本，承担国家、学校、院、所课题，进行专题或综合研究并接受有关部门委托的研究项目；(2)开展学术交流，邀请国外专家学者来所讲学，派遣研究人员赴日本和其他国家从事研究考察、进修等学术活动，与国外有关机构交换资料，举办学术讨论会等；(3)加强全国日本研究机构之间和与日本有关研究机构间的研究交流与合作、推动信息的交流，组织跨所、跨学科的重要课题研究，以及主管有关学会的日常会务；(4)研究所成员在各所属院系培养以日本为研究方向的中外博士和硕士研究生；(5)研究所利用现有资源、根据各研究方向开办面向学校或社会的高层次日本研究人才培训班；(6)专用研究所设施：采取由日本政府出资金援助或合办的形式，兴建专用研究所设施。

五、远程教育部

2003 年学校批准设立远程教育中心。在此之前，远程教育的主要形式是函授。1991 年学院更名为海外教育学院之后，中文部下设函授教研室。鉴于远程教育在当代信息科学技术支持下从传统函授发展到广播电视教育乃至于网络教育，学院在全国率先推出“网上华文学苑”。2003 年学院撤销函授教研室，成立远程教育中心。2005 年初，学院成立远程教育教研室，2006 年远程教育中心撤销，在全院范围内招聘函授项目、网络教育项目和在线测试系统开发项目主管。2007 年，海外教育学院正式招收汉语言类的海外网络教育学历生，设置的专业有：汉语言专业（商务方向）、汉语言专业（汉语国际教育方向）、汉语言文学专业（文学方向）、汉语言文学专业（师范方向）。2014 年，海外教育学院/国际学院增设了国际经济与贸易、会计学、酒店管理、市场营销等商贸类专业网络课程，满足不同学员的学习需求。

六、孔子学院发展研究中心

为大力推进厦门大学海外孔子学院建设、促进孔子学院的可持续发展，厦门大学决定设立孔子学院总部南方基地。南方基地的总体任务是：以服务汉语国际推广和孔子学院建设为目标，以网络平台和信息资源建设为基础，以师资培训、教材和课程课件开发为龙头，以汉语国际教育和文化传播研究及市场推广为取向，及时跟踪汉语国际推广与全球孔子学院建设的现状和发展需求，为世界各国孔子学院和汉语学习者提供丰富多样的汉语言文化资源及教学服务，促进孔子学院的办学质量和汉语国际教育水平的全面提升。南方基地的建设规划是：通过 3～5 年的建设，建成对促进汉语国际推广与孔子学院可持续发展具有领先与示范作用的“一个平台、六个中心”，即一个网络平台和信息与资源、师资与管理人员培训、教材与课程课件开发、测试与评估、汉语和中华文化推广研究、市场开拓与运营五个中心。2008 年 9 月，厦门大学汉语推广总部南方基地得到国家汉办正式批复。国家汉办在批文中要求，南方基地应充分发挥厦门大学“侨、台、特、海”的办学特色，开展国际汉语教学、教师和教材状况的调查研究，建设远程教师教育体系和教学资源支撑体系，研发国别化教材和教学法，培训师资及志愿者，建立汉语推广人才储备库，开展汉语国际推广法律法规研究，为汉语国际推广和孔子学院建设可持续发展提供支撑和服务。2010 年 12 月 26 日，厦门大学汉语国际推广南方基地开通上线全球第一家专注于提供汉语国际推广新闻资讯的网站——环球汉语新闻网。该网站是为适应全球汉语学习者、国际汉语教师、汉语教学与研究机构、政府机构等对汉语国际推广的新闻需求而建立，也可为建设汉语国际推广数据库提供相关的参考依据。

厦门大学汉语推广总部南方基地在国家汉办/孔子学院总部的直接指导下，在基地理事会的规划部署下，以海外教育学院为依托，充分发挥“侨、台、特、海”的办学特色，立足全球视野，致力于从理论与实践两方面拓展汉语文化国际传播的新理念、新空间、新手段、新技术。以东南亚地区的教材和教学法，培训师资及志愿者，建立汉语推广人才储备库，开展汉语国际推广法律法规研究，建立孔子学院教师研修和孔子学院示范基地。尤其是在国际汉语师资培训、网络平台和资源库建设、国别化汉语教材开发等方面成绩显著。南方基地先后培训了7000多名国际汉语教师及管理人员（包括孔子学院外方院长、公派教师、志愿者教师、外国本土汉语教师、教育官员和中小学校长等）。其中，基地就完成了近2000名来自美国、加拿大、法国、西班牙、泰国、韩国、日本、柬埔寨等世界各国的本土汉语教师的培训任务。基地已成为中国现有汉语国际推广基地中规模最大的国际汉语师资培训基地。

南方基地设立以来，为汉办做了大量培训、咨询和支持工作，为南方基地达到设立孔子学院院长学院标准奠定基础。为孔子学院网络学院的规划、策划及汉办基地建设提供大量建设性意见。南方基地现行的运作就是按海外教育学院“六台一库”的方案实行。2013年国务院副总理刘延东决定将孔子学院院长学院落户厦大。学院为政府各部门提供咨询，充分发挥智囊的作用，先后为全国政协、国家教育部、国家人社部、国务院侨办、国务院台办、福建省侨办、福建省侨联等部门提供咨询意见。研究成果《华文传媒与汉语文化传播之研究》《孔子学院品牌发展战略研究》《东南亚汉语教学年度报告》《两岸华文教育与文化传播协同创新的机制与模式研究》等成果被国家有关部委办采用。

2011年11月12日，学校批准海外教育学院设立厦门大学孔子学院发展研究中心。2012年，为推动多学科研究“孔子学院”现象，贯彻孔子学院建设的可持续发展战略，反映学术界对“孔子学院”研究在理论和实践两方面的最新成果，提升“孔子学院”研究的深度与水平，扩大中国文化传播的途径，中心与厦门汉语推广南方基地、厦门大学共建孔子学院联合创办大型专业期刊《孔子学院发展研究》。

七、新侨研究院

2013年7月19日，学校批准在学院设立厦门大学新侨研究院。8月8日，厦门大学新侨研究院成立暨国侨办与厦门大学共建华文网络远程学历教育项目启动仪式在厦大嘉庚主楼举行。全国政协港澳台侨委员会副主任赵阳、国侨办文化司司长雷振刚、省侨办主任杨辉、市侨办主任黄娇灵、福建省新侨专业人士联谊会副理事长张晓东、福建省青年企业家商会常务理事俞培众等领导嘉宾出席揭牌与项目启动仪式。仪式上，参会的领导和嘉宾一起为新侨研究院揭牌，共同按下启动球，宣告新侨研究院的首个教育项目——国侨办与厦门大学共建华文网络远程学历教育项目正式启动。该项目旨在服务海外华侨华人及华裔新生代的华文教育，搭建包括新侨在内广大华侨华人与两岸同胞在华文教育与中华文化传播领域的合作交流平台。

"以侨为桥，沟通中国与世界"是厦门大学多年办学历程中形成的特色和优势，也是厦门大学推动高等教育国际化的重要途径。新侨研究院依托海外教育学院/国际学院师资和科研力量，力图深入开展专门针对新华侨华人群体的构成特点、分布状况、发展趋势、具体案例等调查研究与理论探索，举办新侨国际论坛、创办新侨研究专刊，建立新侨信息资源数据库等。新侨通常泛指中国改革开放后出现的海外华侨华人群体，主要包括20世纪80年代公派出国定居国外的留学生人员，20世纪90年代后一大批定居海外的自费留学生，近年来一些投资移民到海外的成功企业家及技术移民，老一代华侨在国外的第二代和第三代华侨子女以及在国外经打拼站稳脚跟，融入当地社会的一批出国经商或务工人员等。新侨与老一代华侨华人在思维方法、价值观念、行为方式等方面存在较为明显的差异，有着自身鲜明的特点，他们中大多智商高，具有良好教育背景和知识层次，拥有国际化视野，掌握一定财富和管理技术与经验，职业构成也更为多元。新侨群体在促进中国经济社会发展、推促进中外交流与合作、团结海外乡亲以及推动居住国与祖籍国的友好往来等方面发挥着越来越重要的作用。近年来，通过引资引智工作，新侨投资在中国各地引进利用外资中占有的比重越来越大；在海外高端人才引进方面，新侨更是在其中独占鳌头。长期以来，尚未有专门机构系统研究这一特殊群体，这批精英人士回国创业，中国政府如何加以扶持，也缺乏国家层面的统一政策。

新侨研究院的目标包括：开展专门针对新华侨华人和华裔新生代的特点以及当前侨务工作的新形势新任务，着手开展新侨侨情的调查研究，建立新侨侨情数据库、新侨人才资源库和新侨侨团机构库；设立一个新侨研究专业网站，每年推出“新华侨华人发展研究年度报告”，出版《新侨研究》专刊。并通过举办新侨国际论坛、新侨专题研讨会，开展海内外新侨联谊活动，中外教育合作交流，组织新侨家乡行和回国创业考察等活动，拓宽为新侨服务的渠道和空间，为国家侨务事务决策与实施提供咨询服务和智力支撑。

2018 年，本着重视学术道德，着力构建长效机制，切实提高学院科研管理工作的整体水平，加强对学院科研机构的监管态度。学院认真梳理挂靠学院的科研机构，对孔子学院发展研究中心、新侨研究院、海外汉语言文化教学研究所这三个科研机构，从科研人员、到位经费、人才培养、学术交流等方面进行了考核，按照学校的考核意见，撤销新侨研究院，自此，新侨研究院退出历史舞台。

第二节　海外教育学院/国际学院科研成果

在科学研究方面，学院以院内设置的研究机构和创办的学术刊物为平台，凝练学院科研特色和优势，以科学研究深化学科内涵，推进学科建设发展。学院还积极主办、承办各类高水平学术研讨会，提高学院在学术界的影响力和知名度，主动邀请学界知名专家、学者来院开展座谈交流，定期开展对外汉语学术沙龙，增进与国内外同行的学术研讨与交流合作。注重学科团队建设、专业教学与科研平台建设，打造了一支颇具实力的师资队伍，为推动学院学科发展，培养高水平的国际中文教育人才打下坚实学术研究基础。

以汉语国际教育和孔子学院建设可持续发展的重大需求为导向，学院开展相关的理论研究，形成了系列研究课题，推出了一批较有影响的研究成果，如《东南亚华文教育发展策略研究》《华文传媒与汉语文化传播之研究》《汉语国际推广中长期规划》《汉语国际推广法律案研究》《孔子学院品牌发展战略研究》《东南亚汉语教学年度报告》《两岸华文教育与文化传播协同创新的机制与模式研究》等，其中有些成果还被国家有关部委办采用。

一、期刊创设与发展

1957年,学院先后创办《函授通讯》和教学辅导刊物《函授教学》,这是学院最早创办的两份刊物。《函授通讯》和《函授教学》为早期函授教育的发展提供了有力的保障。随着学院的发展,学院先后创办了多种期刊,包括《海外华文教育》、《海外华文教育动态》、《国际汉语学报》、《孔子学院发展研究》、《中外教育合作研究》、*Quarterly Journal of Chinese Studies* 等。

(一)《海外华文教育》

《海外华文教育》是厦门大学海外教育学院主办,两岸关系和平发展协同创新中心、海外汉语言文化教学研究所、孔子学院发展与研究中心协办的一份大型专业学术刊物。《海外华文教育》现是科学引文数据库(SCD)收录期刊、中国学术期刊综合评价数据库(CNKI)来源期刊、《中国学术期刊网络出版总库》(CNKI)收录期刊,台湾华艺数据库收录期刊、重庆维普科技期刊数据库收录期刊。

1991年7月,学院开始筹办内部学术刊物《海外华文教育》(半年刊)。10月,《海外华文教育》(第1期)出版,并于1993年3月得到福建省新闻出版局批复同意。1999年10月《海外华文教育》获准公开发行(刊号CN－35Q0069),自2000年1月起,由半年刊改为季刊,开始在国内外公开发行。其目的旨在进一步加强同海内外华文教育工作者和广大读者的交流与合作,更好地服务于海外华文教育,以繁荣海外华文教育和促进中外文化教育交流为宗旨,力求全面、系统、迅速地反映与海外华文教育有关的最新理论和研究成果,交流世界各地华文教学经验,及时提供新的学术动态;注重从各国或地区华文教育的实际出发,从宏观到微观,从理论与实践的结合上,探索华文教学中带有规律性的具有普遍指导意义的问题。

考虑到海西开发区要发挥在文化政策上进行先行先试的示范作用,同时鉴于厦门大学已先后与美国圣地亚哥州立大学、特拉华大学,泰国皇太后大学,英国卡迪夫大学、南安普顿大学与纽卡斯尔大学,波兰的弗罗茨瓦夫大学,德国的特里尔大学，法国巴黎第十大学，土耳其中东技术大学，尼日利亚纳姆迪·阿齐克韦大学，南非斯坦陵布什大学，马耳他大学，新西兰惠灵顿维多利亚大学，加拿大圣玛丽大学合作共建了15所孔子学院。为了解决期刊在海外信息化管理的瓶颈问题，顺应信息管理国际化的发展，希望起到具有带动和影响全局的引领、示范作用，《海外华文教育》杂志与海外机构有效合作，先行先试与海外合作申请ISSN国际标准期刊号，在期刊信息化管理中取得良好的信息管理效果。2010年4月28日，《海外华文教育》杂志（季刊）获得国际连续出版物标准刊号（ISSN2221－9056）。

自2011年第1期起，《海外华文教育》实施全面改版，并扩版发行，期刊从原来的80页扩为112页，版式为大16开，并由海外华文教育研究所与南方基地共同主办。为了提高办刊质量，从2011年开始，《海外华文教育》杂志严格执行双向匿名审稿制度，并相继出台了相关的稿件审阅规章程序，初步建立起健康的刊物运行体制，力图为海内外学者提供一个高水平的交流园地。2014年2月21日，《海外华文教育》刊物加入中国期刊网（CNKI）。2014年11月17日，《海外华文教育》刊物被收录进科学引文数据库（Science Citation Database，SCD），这标志着《海外华文教育》的学术影响力进一步扩大，刊物发展水平又上了一个新的台阶。由于期刊的发展和稿件质量的提高，自2015年第一期起每期扩版至144页。2016年起调整为双月刊。2017年扩展为月刊，2018年《海外华文教育》改为双月刊出版。

《海外华文教育》一直以"止于至善"为办刊目标，以探讨各地的汉语教学的理论与方法、交流最新的汉语研究动态，挖掘汉语教学与研究的多元特征，展示汉语研究的成果，为汉语研究与国际汉语教学提供新的交流园地，以推动汉语国际推广事业的健康发展。目前，《海外华文教育》被包括部分985高校在内的多所高校认可为职称评定的刊物，不仅是国内一些大学认可的核心刊物（包括北大、南京大学、同济大学等。北师大将它作为奖励刊物），还得到了境外许多高校的认可，海外如悉尼大学，台湾如台师大、逢甲大学、中原大学、暨南大学等。

（二）《海外华文教育动态》

《海外华文教育动态》于1991年7月与《海外华文教育》同期开展资料汇编，

于 1995 年 1 月正式创刊出版。厦门大学海外教育学院主办，泰国皇太后大学、英国卡迪夫大学、尼日利亚纳姆迪·阿齐克韦大学、法国西巴黎南戴尔拉德芳斯大学、德国特里尔大学、土耳其中东技术大学、南非斯坦陵布什大学、波兰弗罗茨瓦夫大学、美国圣地亚哥大学、马耳他大学、新西兰惠灵顿维多利亚大学、美国特拉华大学、加拿大圣玛丽大学、英国南安普顿大学、英国纽卡斯尔大学等大学孔子学院共同协办。《海外华文教育动态》主要刊载有关海外华文教育的资讯，其主旨是为涉及汉语国际教育事务的上级有关部门、有关高校与研究机构提供决策参考，同时也为广大从事汉语国际推广工作的海内外同仁提供即时的学术资讯，为进一步推动学术交流、促进汉语国际教育事业的发展提供一个即时的信息交流平台。该刊于 2017 年 12 月停刊。

(三)《国际汉语学报》

《国际汉语学报》是厦门大学国际学院、两岸关系和平发展协同创新中心、厦门大学海外汉语文化研究所联合主办的一份大型专业学术刊物，创刊于 2010 年，为半年刊，每年出版两期，每期 30 万字，以书代刊，面向国内外公开发行。《国际汉语学报》的理念是“倡导汉语多元研究、推动国际汉语教育、促进中外文化交流”，主张“三个并重”，即本体研究与教学研究并重、理论研究与应用研究并重，海外汉语教学研究与境内汉语教学研究并重。《国际汉语学报》以汉语国际教育的全球视野和多学科研究角度，聚焦国际汉语教学的前沿研究，重点刊载国际汉语教学研究领域“观点新、角度新、资料新、方法新”的学术研究成果，力图反映国际汉语教育在理论和实践两方面的改革和创新成果，提升汉语言文化研究的深度，扩大汉语言文化传播的途径。具体而言，《国际汉语学报》采用国际通行的匿名审稿制度，主要刊载有关汉语教学与研究的各个领域的学术研究论文，包括语言本体研究以及语料库语言学、社会语言学、认知语言学、心理语言学、语言习得、语言对比、语言接触、语言测试与语言能力评估、语言网络教学、汉字教学、口语教学、语言文化等各个方面的学术研究论文以及高水平的研究综述与严肃的学术书评。2012 年 4 月 9 日，学院与清华大学《中国学术期刊(光盘版)》电子杂志社签订协议，《国际汉语学报》(半年刊)加入中国知网(CNKI)。2020 年，因学院期刊建设发展战略调整，《国际汉语学报》停刊。

(四)*Quarterly Journal of Chinese Studies*

2013年,*Quarterly Journal of Chinese Studies* 由厦门大学海外教育学院主办,厦门大学华文教育研究所、厦门大学孔子学院发展研究中心协办成立,是一本英文学术季刊,也是厦门大学出版的第一份及目前唯一的英文学术期刊。期刊本着立足国内,面向国际的办刊方向,致力于为全球对中国政治、经济、文化各领域(包括汉语和汉语教育)感兴趣的专家、学者提供学术沟通和交流的平台。创刊之初,刊物主编为厦门大学海外教育学院院长、澳大利亚国立大学博士郑通涛教授,编委队伍包括了美国、英国、澳大利亚、新西兰、中国(包括香港、台湾、澳门)、日本等地高校的数十位知名学者。后顺利加入了全球高校订阅量最大的国际学术期刊库EBSCOhost和ProQuest。2018年学院对现有期刊进行整合,仅保留《海外华文教育》这份刊物,*Quarterly Journal of Chinese Studies* 也正式停办。

(五)《孔子学院发展研究》

《孔子学院发展研究》是由厦门大学海外教育学院、两岸关系和平发展协同创新中心、厦门大学孔子学院发展与研究中心、厦门大学海外华文教育研究所联合主办的学术期刊,2012年创刊,为年刊,16开本,每年7月末出刊,国际标准刊号为ISSN 2225－6256。《孔子学院发展研究》是为推动多学科研究“孔子学院”现象,贯彻孔子学院建设的可持续发展战略,反映学术界对“孔子学院”研究在理论和实践两方面的最新成果,提升“孔子学院”研究的深度与水平,扩大中国文化传播的途径。

“孔子学院”是提升我国文化软实力的重大决策,已成为中国文化传播的品牌,也注定将成为一门“显学”,该刊严格遵从学术研究规范,采用国际通行的匿名审稿制度,鼓励学者从政治学、社会学、文化学、管理学、传播学、经济学、法学、教育学、语言学、国际关系学、跨文化交际学等跨学科与多学科领域开展“孔子学院”研究的最新成果。2018年学院对现有期刊进行整合,《孔子学院发展研究》正式停办。

(六)《中外教育合作研究》

中外教育合作交流是我国教育国际化和提升我国人才培养质量的重要途径之一。它既是我国经济社会对外开放的迫切需求,也是培养满足建设创新型国家所需求的具有国际视野、通晓国际规则、能够参与国际事务与国际竞争的国际化人才的必要条件。为了更好适应当前教育国际化发展趋势和中外合作办学新形势的迫切需求,2014 年 6 月 5 日,学院主办的《中外教育合作研究》创刊。该刊物以“推动和服务中外教育合作交流”为使命,聚焦教育国际化和中外教育合作学术前沿的新视野、新观点,开辟“中外教育比较”“中外合作办学理念”“中外合作办学模式与途径”“中外合作办学案例分析”“中外合作办学法律问题”“中外合作办学人才培养机制”“中外合作办学师资队伍建设”“中外合作办学课程体系与教材建设”“孔子学院与中外合作办学机制”“中外合作办学管理机制与质量评估”等多类专栏,深度分析探讨中外合作办学所涉及的各方面问题,以期为教育国际化和中外教育合作交流提供相关的理论与现实依据。2016 年起,因学院期刊建设调整,《中外教育合作研究》未再出刊。

二、举办各类高水平学术研讨会

学院积极主办、承办各类高水平学术研讨会,提高学院在学术界的影响力和知名度。早期以教材编写会议研讨为主。1963 年 7 月,首次“中医函授教材工作会议”在厦门大学召开,为期 8 天。南京、浙江、江西、福建等中医学院有关领导和中医教研组长、医师参加会议。1979 年,“中医函授教材编审会”在厦门大学召开。会议围绕海外函授教育的办学宗旨,讨论编审海外函授教材的原则、要求以及各教材的编写大纲和编审计划。

1987 年 3 月国际华文文学研讨会在厦门大学海外教育学院召开,参加会议的有海内外作家和海外函授生。5 月,“全国短期对外汉语教学研讨会”在厦门大学海外教育学院召开。1993 年“全国中医药成人教育工作研讨会”在厦门大学举办。

2000 年 7 月，学院主办的“中国对外汉语教学学会华南分会第二届学术研讨会”在厦门大学招开。10 月，由国家汉办主办的“东南亚地区华文教师培训教材编写研讨会”在学院举行。

2001 年 4 月 12 日，学院主办“新世纪海外华文教育发展战略与对策”国际学术研讨会。7 月学院联合北京大学等多所高校与美国哈佛大学、密歇根大学、纽约大学等共同发起的“国际汉语教学研讨会”在湖北举行。

2002 年 4 月，由学院筹办的全国高校外国留学生管理学会三届四次常务理事会在厦门大学举行。

2004 年 12 月由学院主办的“中日比较研究国际学术研讨会”“华文教育国际学术研讨会”在厦门大学召开。

2005 年 12 月，由学院日本研究所和计算机与信息工程学院联合主办的中日现代科学技术研讨会在厦门大学召开。

2006 年 11 月 12 日，举办海外教育学院 50 周年院庆暨“新时期海外华文教育”学术研讨会。

2007 年 8 月 11 日至 12 日，海外教育学院承办国家汉办“孔子学院建设研讨会”，国家汉办及孔子学院代表共 70 多人参加会议。会上讨论了《汉语国际推广战略研究报告》、《孔子学院中方院长指南》、合建孔子学院中存在的困难和解决的思路、教师任职条件以及中方院长选拔方案等有关孔子学院建设的重大议题。

2010 年 4 月 3 日至 6 日，学院与香港大学、复旦大学、辅仁大学、明道大学、台湾修平技术学院联合主办“两岸三地华文教学研讨会”。来自两岸三地 20 余所高校的 100 多位专家学者出席了会议。10 月 9 日，学院与桂林电子科技大学合作在广西桂林主办了“第二届汉语国别化教材国际研讨会”。来自加拿大、日本、韩国、越南、马来西亚等国家，以及中国大陆、台湾、香港 54 所大学 140 多名代表与会。

2012 年 7 月 2 日，学院与香港大学、江苏师范大学、台中科技大学、韩国外国语大学联合主办“两岸四地文学语言与文化高层论坛”。来自海峡两岸、港、澳及韩国 22 所大学、研究机构的专家学者出席了本次论坛。同年 7 月 7 日，又与韩国东亚人文学会联合举办“汉语国际教育高层论坛暨东亚人文学会第十三届学术年会”。

2013 年 9 月 11 日至 13 日，海外教育学院与东亚汉学研究学会、西北大学、台湾淡江大学联合主办的“东亚汉学研究学会第四届国际学术会议暨首届新汉学国际学术研讨会”在厦门大学举行，来自中外 30 多所大学和研究机构的 50 余位专家学者出席了本次研讨会。本届研讨会共设 13 场主题研讨，还特别设置了两岸博士生论坛。会议从传统汉学到新汉学，产生了许多有价值的学术观点，既延续了前几届的学术传统，又与时俱进地将新汉学这一研究纳入到东亚汉学研究视野，成为此次会议的一大亮点。2013 年 11 月 2 日至 3 日，由中国海洋大学和厦门大学合作主办、中国海洋大学文学与新闻传播学院承办的“2013 年第三届汉语国别化教材国际研讨会”在中国海洋大学成功召开。来自中国大陆和台湾地区及日本、韩国等国的 60 多位专家学者及博士、硕士研究生及 15 位列席代表参加了本次研讨会。中国海洋大学副校长李华军教授、中国海洋大学文学与新闻传播学院院长薛永武教授和海外教育学院院长郑通涛教授出席开幕式并致辞。郑通涛教授就“跨学科视角下的对外汉语教学研究”这一议题做了大会主题报告。学院郭建花、马杜娟、方环海等三位老师分别在分议题报告会上作了发言：“对外汉语中级精度教材研究”“介词‘对’所构语块分析与教学”“基于西方汉学视野的国别汉语教学”，多位博士研究生参加了此次研讨会，具有较高的学术价值，研讨取得了良好的效果。

2014 年 10 月 16 日，由中国留学服务中心主办、厦门大学国际学院承办的“2014 年 CSCSE-SQAHND 项目高校交流会”在翔安校区主楼群 2 号楼大厅举行。中国教育部留学服务中心 SQAHND 项目留学组，以及来自英国牛津布鲁克斯大学、赫尔大学、布拉德福德大学、德蒙福特大学，瑞典林奈大学，加拿大皇家大学等 20 余所国外高校代表到会参展。

2014 年 11 月 22 日，由学院和中国人类学学会联合主办的“第六届演化语言学国际研讨会”（The 6th International Conference in Evolutionary Linguistics）在翔安校区召开。此次研讨会的议题集中于中国语言的演化与中国人群的演化及其考古学证据、语言的横向传递与纵向传递、语言文化传播与社会生态环境的关系等。此次会议吸引了来自中国内地、香港、台湾，美国及爱沙尼亚的 40 余名知名学者参加。其中，世界著名语言学家、台湾“中研院”院士王士元，美国加州大学伯克利分校教授、台湾联合大学校长、台湾“中研院”院士曾志朗，美国科学院院士、加州大学伯克利分校 Paul Kay 教授，比利时皇家海外科学院院士、香港教育学院语言资讯科学研究中心总监邹嘉彦等著名语言学家在大会上做了精彩的主题报告。与会海内外知名专家学者共同探讨汉语演化流变和汉语教学研究、教材编写、汉语推广方法等规律，将有助于汉语文化的国际传播。

2015 年 5 月 23 日，海外教育学院与重庆大学和意大利米兰国立大学联合主办的“2015 年第四届汉语国别化教材国际研讨会”在重庆大学召开。

2017 年 11 月 3 日，为推动国际汉语教育与文化传播的理论与实践研究，促进国际汉语教育与文化传播的学科建设和人才培养，促进海内外国际汉语教育与文化传播相关领域的教师、学者、专家之间的学术交流与合作，由中国语文现代化学会汉语国际传播研究分会与厦门大学海外教育学院/国际学院共同主办、厦门大学海外教育学院/国际学院承办的“国际汉语教育与文化学术研讨会暨第五届汉语国际传播研究会年会”在厦门大学举行，来自北京大学、北京师范大学、复旦大学、厦门大学等内地 56 所高校的专家学者 150 多人参会，探讨如何借力汉语国际传播，讲好新时代的中国故事。

2019 年 5 月，学院与美国普渡大学联合成功举办了“首届国际汉语教学研究论坛”，来自美国、加拿大、新加坡等多个国家和地区 35 所高校的专家学者参加了论坛。此次论坛是一次非常有意义的学术合作实践，不仅是海内外相关领域专家、学者一个研究的交汇点，更是推动国际汉语教学理论与实践研究、促进汉语教学的学科建设和人才培养的新起点。

2019 年 5 月，举办首届国际汉语教学研究论坛合影

三、开展各类学术讲座及交流会

为进一步提升学院学术研究氛围，加强学术交流与研讨，学院主动邀请学界知名专家、学者来院开展座谈交流。2002 年，学院为了让在校的外国留学生们更多地了解中国而特别开设用英文讲授的系列中国经济、文化讲座。第一讲由南洋研究院的廖少廉教授讲授有关中国的经济体制改革方面的报告。2005 年 12 月 14 日，中国华侨历史学会副会长、北京大学教授周南京，中国华侨历史学会副会长、中国社会科学院研究员丘立本，中国华侨历史学会常务理事、北京大学教授梁英明，中国社会科学院中国近代史研究所研究员陈民等一行十一人应学院邀请，为学院作了一场别开生面的多元对话式讲座，讲座主题为“中国的和平发展与海外华文教育”。讲座后，黄鸣奋院长代表学院，敦聘周南京教授、梁英明教授、丘立本研究员等为学院兼职教授。2006 年 2 月 24 日，法国巴黎大学人文地理学博士、*Chinese Empire* 的作者、中国问题专家皮埃尔·皮卡尔访问学院。黄鸣奋院长和林自和书记接待并与皮埃尔·皮卡尔座谈交流。

2007 年 3 月 23 日，中国留学服务中心国际合作教育项目咨询专家组第一次会议在厦门大学国际学院召开。留学服务中心副主任兼专家组组长邵巍总结了自 2003 年以来中外合作办学项目引进发展情况，对目前所取得的成绩给予肯定，强调要确保中外教育合作项目顺利进行必须重视教学质量和学生质量。与会专家学者就如何提高教学质量和保证学生质量展开了热烈的讨论，并达成共识。与会专家学者还就中外国际合作办学项目相关课题研究的立项和实施办法提出了建议。时隔一年，专家组再度会聚厦大国际学院举行第二次会议。次年 5 月 5 日，中国留学服务中心国际教育合作项目咨询专家组组长、顾问第二次会议在厦门大学国际学院召开。参加会议的有：国际合作项目咨询专家组组长、教育部留学服务中心副主任邵巍博士，副组长杨大轴、郑通涛等及专家组成员共十人，厦门大学高等教育研究院刘海峰教授等，国际学院有关人员。会议主要围绕三个议题展开：(1)讨论 SQAHND 项目立项研究工作；(2)讨论承办第一次示范课活动的院校及教学交流活动内容；(3)讨论建立教辅资料库工作。

2007 年 11 月 8 日，国际学院在漳州校区举办了“2007 国际教育项目高校交流会”。19 所国外合作院校的代表应邀前来参展。厦门大学漳州校区管委会主任王巧萍、厦门大学国际处副处长陈志伟出席了此次交流会。陈志伟在开幕式的致辞中指出了国际学院在国际合作办学中的平台作用，并强调了国际学院在引进国外优质的教育资源和服务等方面所做出的贡献。翌年(2008 年 10 月 20 日)，国际学院在漳州校区举办了“2008 国际教育项目高校交流会”。此次活动云集 17 所国外高校。中国教育部留学服务中心 SQAHND 项目留学组也到场为我校学生及其家长提供出国留学的建议。2009 年 10 月 26 日，国际学院在漳州校区风雨球馆举办“2009 国际教育项目高校交流会”。来自英国、美国、澳大利亚的 17 所国外院校到场接受出国留学方面的咨询。本届交流会是国际学院自 2007 年以来举办的第三次国际教育项目高校交流活动。和往年不同的是，除了英国的赫尔大学、赫特福德大学、西英格兰大学、德蒙特福德大学等大学外，美国的德门大学、东北大学、加努恩大学和澳大利亚的塔斯马尼亚大学也到会参展。本届交流会为 2007、2008 级预本硕连读项目的学生提供全面的留学咨询，帮助他们充分了解国外学校，为出国做好准备。同时，交流会也为厦大各专业学生搭建了解国外院校的平台。2011 年 11 月 3 日，国际学院在漳州校区举办“2011 国际教育项目高校交流会”，来自英国、美国、澳大利亚、新西兰的 22 所国外院校到会参展。中国教育部留学服务中心 SQAHND 项目留学组也到场为学生及其家长提供出国留学方面的咨询。本届交流会的参展院校一共有 22 所，许多学生和家长纷纷来到现场，了解各个院校的校园环境、地理位置、学科情况、留学政策等问题。

2011 年 12 月 29 日，厦门大学 2011 年孔子学院中方院长座谈会在学院召开。此次座谈会旨在促进海外教育学院和南方基地与我校海外孔子学院之间的沟通交流，了解孔子学院建设发展的实际需求，商谈与各孔子学院在师资培训、教材开发、网络平台与教学资源建设及学术研究等方面合作途径与模式，为孔子学院可持续发展提供更具针对性、实用性的服务。美国特拉华大学孔子学院中方院长黄建军、英国南安普顿大学孔子学院中方院长傅似逸、英国卡迪夫大学孔子学院中方院长朱学艺、巴黎十大孔子学院中方院长杨晓青、尼日利亚纳姆迪·阿齐克韦大学孔子学院中方院长纪能文、波兰弗洛茨瓦夫大学孔子学院中方院长张礼龙、德国特里尔大学孔子学院中方院长郭永穗等应邀出席了座谈会。吕子玄副院长、傅万里副院长、华文系连志丹主任以及李如龙教授、陈荣岚教授、方环海教授等参加了座谈会。座谈会上，与会人员达成共识，将建立完善的合作机制与工作机制，为孔子学院可持续发展的理论与应用研究、国别化教材开发推广、汉语师资培训、孔院师生交流等方面的合作提供有力保障。

2012年3月9日，应学院邀请，来自世界华语文教学界的五名专家为海外教育学院研究生举办了一场别开生面的研讨会。研讨会在颂恩楼215会议室举行，海外教育学院/国际学院院长郑通涛教授主持会议。台湾世界华语文教育学会秘书长董鹏程教授、美国夏威夷大学东亚语文系李英哲教授、美国佛罗里达大学语言学研究所及亚非语文学系屈承熹教授、台湾政治大学外文系主任张郇慧教授、香港大学教育学院母语教学支援中心首席研究员缪锦安教授五位专家作为特邀嘉宾出席研讨会。海外教育学院对外汉语专业、汉语国际教育硕士专业的硕士生与博士生80多人参加了会议。

2012年4月，海外教育学院"对外汉语学术沙龙"隆重开幕，首次沙龙主讲人为厦门大学李如龙教授。举办对外汉语学术沙龙的目的，是借鉴国内外丰富、前沿的研究经验，定期分享学术成果，培养学术氛围，促进学术交流。对外汉语学术沙龙每两周举行一次，定期邀请国内外的相关专家主讲。自2012年起，至2020年7月，海外教育学院已开展了224期学术沙龙会，为国内外专家学者、学院教师、硕博生提供了良好的展示、交流学术研究的平台，营造了浓厚的学术氛围。

2012年11月1日，国际学院在厦门大学漳州校区举办"2012国际教育项目高校交流会"，来自英国、美国、加拿大的21所国外院校到会参展。中国教育部留学服务中心SQAHND项目留学组也到场为学生及其家长提供出国留学方面的咨询。自2007年以来，国际学院已成功举办了六次国际教育项目高校交流活动。旨在为同学们提供一个与国外院校代表面对面交流的平台，为HND预本硕连读项目大三的学生提供及时、全面的留学指导，使学生及时掌握最新的留学动态和具体的申请技巧。

2013年10月26日，国际学院在厦门大学翔安校区举办"2013年SQAHND项目高校交流会"，来自英国的23所国外大学到会参展。中国教育部留学服务中心SQAHND项目留学组也到场为学生及家长提供出国方面的咨询。与往年不同，此次国际项目高校交流会更为详细周全，分为座谈会、开幕仪式及师生家长交流会三部分。

2013年12月20日，香港大学教育学院中文教育研究中心总监谢锡金教授带领许守仁、吴鸿伟两位研究员访问学院。郑通涛向来宾介绍了学院的教学、科研概况。双方就课程教学、学术研讨、课题研究等方面的合作交流进行座谈交流,达成诸多共识。

2015 年 5 月 15 日,海外教育学院与金门大学在厦大翔安校区联合举办闽台城乡景观与文化研讨会,金门大学与学院 200 多名师生参加了此次研讨会。

自 2015 年 12 月至 2016 年 1 月间,海外教育学院共举办了四场对外汉语教学学术沙龙。12 月 8 日第一场对外汉语教学学术沙龙,由华中科技大学人文学院副院长程邦雄教授作了"汉字研究与对外汉字教学"讲座。12 月 9 日,学院举办第二场对外汉语教学学术沙龙,同济大学外国语学院院长马秋武教授作了"汉语焦点重音的韵律实现方式与类型"讲座。12 月 30 日至 31 日,举办第三场对外汉语教学学术沙龙,由富布莱特专家,美国北达科他州州立大学 Cheryl Wachenheim 教授主讲 3 场讲座。2016 年 1 月 13 日,举办第四场对外汉语教学学术沙龙。此次沙龙以座谈和现场互动的形式进行,研讨的主题为"论文写作指导与答疑"。

自 2018 年 12 月至 2020 年 11 月间,海外教育学院先后承办了四次中国侨联海外联谊研修班:2018 年 12 月 14 日至 17 日,由中国侨联、福建省侨联主办的"中国侨联海外侨领研修班"成功举办,来自世界各地 32 个国家的 68 名海外侨领参加了此次研修班;2019 年 7 月 30 日至 8 月 3 日,由中国侨联主办,中国侨联信息部、厦门大学承办,福建省侨联、厦门市侨联协办的"追梦中华·海外华文媒体高级研修班"成功举办。来自全球 23 个国家和地区的 40 余位华文媒体从业人员参加此次研修班;12 月 19 日至 21 日,由中国侨联、福建省侨联主办,厦门市侨联协办的"中国侨联第六期海外联谊研修班暨福建侨联第一期嘉庚班"成功举办。来自 36 个国家和地区的 66 名海外侨领代表参加此次研修学习;2020 年 10 月 30 日至 11 月 3 日,由中国侨联、福建省侨联主办,厦门市侨联协办的"中国侨联第九期海外联谊研修班暨福建侨联第二期嘉庚精神研修班"成功举办。来自 37 个国家(地区)的 60 多名海外侨领代表参加此次研修学习。通过研修班,学院发挥了凝聚侨领、团结侨领、传播中华文化的重要作用,深化了海外侨领对祖国国情的认识,增强了海外侨领对外讲好中国故事的能力,团结广大侨领共同维护祖国的繁荣统一。

2020 年 4 月,为推动学院学科发展,培养高水平的国际中文教育人才,为我校百年华诞献礼，学院设立并启动了厦门大学海外教育学院百年校庆系列讲座活动，邀请国际中文教育及其相关领域的名家分享他们的研究成果、经验与他们对未来发展的思考。著名语言学家、书法家、教育家、北京语言大学原校长崔希亮教授，北京语言大学汉语国际教育研究院常务副院长、博士生导师吴应辉教授，中国人民大学国际文化交流学院教授、博士生导师李泉教授，世界汉语教学学会会长、天津师范大学校长、博士生导师钟英华教授，北京大学对外汉语教育学院院长、博士生导师赵杨教授，北京语言大学副校长、博士生导师张旺熹教授等专家分别应邀开讲，每场参会聆听讲座的教师、研究生及留学生超过 200 人。

2020 年 10 月，学院首次举办海外华文教师网上研习班，
福建省海外联谊会副会长郑惠文出席并发表讲话

2020 年 10 月 30 日至 11 月 8 日，由中华海外联谊会主办，福建省海外联谊会、厦门大学承办，厦门大学海外教育学院、福建省海外华文教育发展中心协办的“2020 年海外华文教师网上研习班”成功举办。来自法国、意大利、希腊、日本、马来西亚、菲律宾、缅甸等 14 个国家的 574 位华文教育工作者通过腾讯课堂等平台在线参加了此次培训。此次研习班的成功举办既是对过去海外教育学院传统的接续，同时也开启了新时期线上教学的新模式、新常态。

四、重视科学研究，提升学术水平

长期以来，海外教育学院坚持“以教学为中心、以科研为先导”的办学宗旨，注重学科团队建设、专业教学与科研平台建设，打造了一支颇具实力的师资队伍。为鼓励教师开展科学研究，学院每年投入可观资金用于资助教师学术交流、实施科研成果奖励、举办学术讲座，形成学院教学科研上“创先争优”的良好氛围。同时，学院设立了“科研资助奖励基金”，鼓励教师结合教学实践开展科学研究，探索符合第二语言教学规律的汉语教学理论和方法，形成了以汉语国际教育和中华文化传播的理论研究与应用开发为主攻方向的科研特色，提升了学院整体科研能力和水平。

（一）主要获奖著作、教材和论文

2003年12月7日至13日，第七届全国多媒体教育软件大奖赛在天津举行，我院“中国针灸学”网络课程获一等奖。全国多媒体软件大奖赛于1998年首次举办，由教育部主管的中央电教馆主办，教育部基础教育司协办，是国内对全国教育软件评奖的权威机构。在教育部的推广与支持下，大奖赛得到了各地省电教馆的大力支持，各高校直接推荐参赛作品参赛；该次大奖赛全国约有80所高校作品进入决赛，包括南京大学、武汉大学、兰州大学、中山大学、西安交通大学、南开大学、湘潭大学、大连理工大学、复旦大学、首都师范大学等，全国31个省、直辖市参赛作品共1558件，广州暨南大学、复旦大学、北京语言文化大学均提交了汉语教学方面的多媒体课件，能在此次大奖赛中脱颖而出，展示出了学院在多媒体教育软件应用上的高标准水平。

2005年，黄鸣奋教授专著《网络媒体与艺术发展》《数码艺术学》获福建省第六次社会科学优秀成果二等奖。《网络媒体与艺术发展》综合考察了广义网络媒体对艺术本体发展的影响，在此基础上重点探讨了狭义网络媒体对于艺术的作用与影响，并分析了艺术在网络时代的未来走向。《数码艺术学》对计算机与网络技术在文艺领域应用的普通性展开研究，并探讨发展的前景及其社会科学层面上的意义。2006年教育部第四届中国高校人文社会科学研究优秀成果奖评选中，黄鸣奋教授的著作《超文本诗学》获得三等奖。《超文本诗学》从作为历史的超文本、作为理念的超文本、作为平台的超文本、作为范畴的超文本、作为课件的超文本、作为美学的超文本、作为未来的超文本等八个方面，介绍了超文本的发展历史、先驱人物的贡献，探讨了超文本与西方马克思主义、后现代主义的联系，超文本对教育的建构化、集成化及远程化的影响，建立超文本美学的可能性，并对与超文本相适应的超写作、超阅读、超比喻，超文本的技术规范、版权规范、社会规范进行了分析，对超文本的前景做了展望。

2006 年，由国务院侨办主办、暨南大学承办的国务院侨办课题研究优秀成果颁奖会暨第二届中国和平发展与海外华侨华人研讨会于 12 月 20 日在暨南大学隆重举行。会议颁发了国务院侨办课题研究优秀成果奖。陈荣岚教授应国侨办邀请出席会议，并就其获得优秀奖的课题，在会上进行交流。据悉，至 2006 年国务院侨办组织了三届重点课题研究，共立项一百零四个，收到论文及研究报告一百五十八篇。经评选，共有 29 项获奖。

2011 年 11 月 19 日，郑通涛教授专著《汉语话语言谈标志的理论及个案研究》，获福建省第九届社会科学优秀成果三等奖。该书用话语分析方法对汉语的言谈标志进行了比较详细的分析，尤其对一个汉语标志从多学科角度进行了分析。研究时采用了语用学、社会学、心理学、人类学、文化学、信息论以及控制论等学科的研究方法，将语言交际过程与信息系统中的信息交流过程相提并论，将语言研究置身于一个较为开阔的视野内。全书共分为八章，分别为：第一章，西方话语分析以及汉语话语分析的文献及评析；第二章，汉语中言谈标志定义以及言谈标志的确定；第三章，汉语言谈标志的语音特征及其分布；第四章，汉语言谈标志与认知系统的关系；第五章，汉语言谈标志在言语交流中的位置及作用；第六章，汉语言谈标志在话轮、语段、篇章以及交际互动中的作用；第七章，汉语言谈标志与文化人群的关系；第八章，结论，汉语言谈标志的理论模式也同时在本章中归纳出来。

2011 年 11 月 28 日，陈荣岚教授主持完成的国侨办重点课题《华文传媒与华人文化认同及文化传播关系》研究报告，被摘编入国侨办第 56 期《专报信息》。该《专报信息》系由国务院侨办主办，主送中共中央办公厅、国务院办公厅。

2016 年 11 月 4 日至 8 日“第十届中国社会语言学国际研讨会”在南昌大学召开，共 144 名与会者参加，分别来自韩国、日本、新西兰、中国内地和香港等国家和地区。大会设立了“中国社会语言学青年学者奖”，共有 45 篇全文送审，选出9篇入围论文在会议上接受评委答辩(评委:张振兴、冯胜利、赵蓉晖、黄行、戴红亮)。最后得出二等奖和三等奖(一等奖从缺)。学院教师陈菘霖助理教授以《声情入句——以两岸语料库为本》获得青年学者论文奖三等奖。同年,学院“汉语国际传播热点透视”丛书5本,获中国社会语言学青年学者论文奖三等奖,“国际汉语教育研究”丛书14本获中国创意设计年鉴银奖。

2020年,学院共有2项成果获得福建省第十三届社会科学优秀成果奖,其中钟叡逸老师的专著《汉语和其方言轻动词边缘地貌图》获得三等奖,张姜知的论文《系词的形式与功能——兼论名词谓语句》获得青年佳作奖。

(二)其他主要著作、教材

1.《闽南方言与华侨教学》

1996年6月,陈荣岚的《闽南方言与华侨教学》由菲律宾华文教育研究中心出版。

2.《中医湿病学》

1997年7月,王彦晖的《中医湿病学》由人民卫生出版社出版。

3.《厦门方言》

1999年8月,陈荣岚的《厦门方言》由鹭江出版社出版。

4.《湿病真传》

2003年,王彦晖的《湿病真传》由台湾久成出版社出版。

5.《对外汉语与中国文化》

2003年9月,王治理的《对外汉语与中国文化》由厦门大学出版社出版。

6.海外华文教育教材系列

2003年,学院特组织在教学第一线的老师编写了一套“海外华文教育系列教材”。系列教材力求较为系统地介绍海外学生应该掌握和了解的汉语与中国文化各方面的一些基本知识,努力做到通俗易懂、简明扼要、实用性强。系列教材包括:黄香山的《中国古代文学简史》,2003年9月由厦门大学出版社出版;王治理的《中国古代文学作品选》,2004年7月由厦门大学出版社出版;蓝小玲编著的《中华古文短篇选读》,2005年12月由厦门大学出版社出版。该书所选为古代短篇名段,有故事、笔记、游记、杂文、辞赋、序文、书信公文等。它们或是记叙故事,评议古今,或是抒发情感,表达哲理,题材广泛,内容丰富,思想性、艺术性都较高。每篇文章有简洁明晰的注释和内容简析、作者简介,可作为古代汉语、古代文学、中国文化、写作等课程的补充辅助资料,提供大量的语料和有益的参考;张灵芝的《对外汉语教学心理学引论》,2006年11月由厦门大学出版社出版;刘小斌的《HSK(初中等)应试指导》,2006年11月由厦门大学出版社出版;孟繁杰的《对外汉语阅读教学法》,2006年11月由厦门大学出版社出版。

7.《对外汉语教学论文集》

2003年8月,陈荣岚主编的《对外汉语教学论文集》由厦门大学出版社出版。

8.《华语》

由厦门大学海外教育学院陈荣岚教授任主编、北京教育科技出版社出版的《华语》高一年级第一册正式出版。这一套教材是印尼与中国两国的合作项目。2006年9月初,国家汉办赠送7000套《华语》给印尼政府,中国驻印尼代大使余洪耀代表国家汉办赠书给印尼教育部部长。

9.海外华文教育研究系列

为了适应新形势的需要，同时也为了促进我院对外汉语教学和华文教育的的学科建设和发展，2003—2008 年，学院特组织在教学第一线的老师编写了一套“海外华文教育研究丛书”。研究丛书力求以宽阔的视野和深入的思考，努力探索对外汉语教学和华文教育所面临的亟待解决的理论与实践的问题。丛书包括：常大群的《对外汉语教学与中国文化》，2003 年 9 月由厦门大学出版社出版；黄鸣奋的《华夏之光：跨文化、跨时代与跨学科探索》，2006 年 11 月由厦门大学出版社出版；黄鸣奋主编的《海外教育五十年》，2006 年 11 月由厦门大学出版社出版；朱芳华的《对外汉语教学难点问题研究与对策》，2006 年 11 月由厦门大学出版社出版；陈荣岚的《全球化与本土化：东南亚华文教育发展策略研究》，2007 年 11 月由厦门大学出版社出版；王治理的《传统文化与对外汉语教学》，2008 年 5 月由厦门大学出版社出版；刘强的《高丽汉诗文学史论》，2008 年 6 月由厦门大学出版社出版。

10.《老挝汉语教程》(1～2 册)

2010 年 10 月 12 日，学院开发的国别化系列教材之一——《老挝汉语教程》(1～2 册)由厦门大学出版社正式出版。学院朱芳华副教授为该教材的主编，老挝国立大学为教材编写的合作方。

11.《厦门大学印度尼西亚远程教育学生论文选》

2011 年 4 月 1 日，由厦门大学印尼校友会倡导，海外教育学院编辑的《厦门大学印度尼西亚远程教育学生论文选》付梓印刷完成，这是厦大印尼校友会献给母校九十周年校庆的一份厚礼。该论文选辑录了从 2000 年至 2010 年通过厦门大学汉语言文学专业学士学位论文答辩部分印尼籍学员的 26 篇论文，约 48 万字。论文内容主要涉及印尼华文教育的历史、现状及发展趋势，中华文化在印尼的传播,中国与印尼两国语言文化的对比,印尼华人与华族文化以及中国古典、现代文学等多个领域的研究。在论文的作者中,既有德高望重的印尼实业家林联兴先生和华教界前辈丘瑞霖女士,也有在各自岗位上默默无闻地致力于华文教学与中华文化在印尼传播的教育、文化、商业等各界人士。

12.《缅甸汉语教程》(1～3 册)

2011 年 12 月 25 日,学院开发的国别化汉语教材之一——《缅甸汉语教程》(1～3 册)教材及配套的《教师指导用书》,交付北京语言大学出版社正式出版。

13.“移动孔子学院学习平台”

2011 年 12 月 28 日,学院开发的“移动孔子学院学习平台”——“云＋通道＋端”移动互联网汉语学习方案和漫书汉语学习系列丛书电子教材在第七届海峡两岸图书交易会上亮相,引起参展的两岸出版社的关注,为“教育云”由概念向实际应用推广转化,更好服务汉语国际推广提供了一定的帮助。

14.《东南亚汉语教学年度报告》

2014 年 1 月 15 日,由郑通涛教授、蒋有经教授、陈荣岚教授联合署名的《东南亚汉语教学年度报告》发表,全文分别刊载于《海外华文教育》2014 年 1～4 期。该研究报告在实地考察、访谈调研的基础上,基于相关数据和具体案例,分析了东南亚汉语教学目前面临的主要困难和实际需求,并由此提出进一步推进该地区汉语教学发展的措施与对策,力求较为全面、客观、准确地反映东南亚汉语教学的现状和发展趋势,以期为国家制定区域性、国别化的汉语推广规划和决策提供相关的理论与现实依据,同时也可为探索汉语和中华文化在海外传播、中华文化与世界其他民族文化互动交流规律及汉语国际教育进入对象国本土化战略等,提供某些有价值的参考。

15.《两岸华文教育与文化传播协同创新的建构机制与运作模式研究报告》

2015年1月15日，由郑通涛教授、陈荣岚教授、方环海教授联合署名的《两岸华文教育与文化传播协同创新的建构机制与运作模式研究报告》发表，全文分别刊载于《海外华文教育》2015年1～4期。该研究报告在广泛收集整理有关台湾地区官方与民间机构以及高等院校开展华文教育的文献资料基础上，梳理总结台湾华文教育历史、现状和发展趋势之脉络，分析研究台湾华文教育体系的构成及特点；实时跟踪两岸华文教育和两岸关系发展的新动态，以实地考察、调研访谈、舆情分析和实证案例为切入点，论述两岸华文教育与中华文化传播协同创新的必要性、可行性及其走向，探讨两岸华文教育与文化传播协同创新的架构模式与运行机制，预测分析其中可能遇到的问题，并提出相应的措施和建议，以期为两岸关系和平发展的理论与实践研究和涉台事务部门的工作提供某些参考。

16."国际汉语教育研究"丛书

2015年3月12日，郑通涛教授主编的《国际汉语教育研究》系列丛书首批14本专著，由世界图书出版公司正式出版。该系列丛书收录了国际汉语教育领域最新研究成果，首批专著的作者主要是学院的教师和已毕业的博士研究生。截至目前，该系列丛书已出版专著20本，具体如下：(1)李如龙：《汉语特征与汉语国际教育》，世界图书出版公司，2016年1月；(2)郑通涛、陈荣岚、方环海：《两岸华文教育与文化传播协同创新研究》，世界图书出版公司，2016年1月；(3)方环海：《西方汉学与汉语特征研究》，世界图书出版公司，2016年1月；(4)马杜娟：《现代汉语常用介词语块研究》，世界图书出版公司，2016年1月；(5)钟叡逸：《汉语和其方言轻动词边缘地貌图》，世界图书出版公司，2016年1月；(6)胡兴莉：《复杂动态系统视域下汉语作为第二语言的交际能力理论与实证研究》，世界图书出版公司，2016年1月；(7)徐虹：《目的语环境下课外语言学习动态模式研究》，世界图书出版公司，2016年1月；(8)蒋国武：《二语语汇宏微观双向教学对比研究》，世界图书出版公司，2016年1月；(9)陈艳艺：《泰国汉语教育现状及规划研究》，世界图书出版公司，2016年1月；(10)杜迎洁：《对外汉语网络课程评价体系的构建研究》，世界图书出版公司，2016 年 1 月；(11) 臧胜楠：《音乐与语言的共生机制研究》，世界图书出版公司，2016 年 1 月；(12) 刘杨：《跨文化交际中的汉语话语误解研究——以中美交际为例》，世界图书出版公司，2016 年 1 月；(13) 陈燕秋：《台湾华语教学实务分析——基于台湾各大学附设华语教学中心现况研究》，世界图书出版公司，2016 年 1 月；(14) 何山燕：《东南亚汉语学习者语篇衔接应用与习得研究》，世界图书出版公司，2016 年 1 月；(15) 曾小燕：《复杂动态系统理论下的现代汉语外来词研究》，世界图书出版公司，2017 年 4 月；(16) 柯雯靖：《复杂动态理论下的国际汉语教师能力研究》，厦门大学出版社，2019 年 6 月；(17) 陈婷婷：《复杂动态理论下的汉语作为第二语言交际能力研究》，厦门大学出版社，2019 年 9 月；(18) 任吉特：《可供性理论视角下尼泊尔初中汉语课堂教学模式研究》，厦门大学出版社，2019 年 9 月；(19) 罗红玲：《复杂动态理论下的汉语比喻研究》，厦门大学出版社，2019 年 10 月；(20) 阮文清：《复杂动态理论下越南汉语本科生学习行为研究》，厦门大学出版社，2019 年 11 月。

17.“汉语国际传播热点透视”丛书

2016 年 2 月，由郑通涛教授主编的“汉语国际传播热点透视”系列丛书首批 5 本专辑，由世界图书出版公司正式出版。该系列丛书以“大数据背景下的舆情分析与决策支持”为主旨，在广泛汇聚当今海内外各类传媒有关汉语国际传播信息资源基础上，对监测收集到的海内外舆情数据进行鉴别、萃取、分析和解读，对提炼出的热点问题进行综合研判，以期为应对汉语国际传播的社会舆情提供决策参考和智力支持。该丛书邀请包括两岸知名学者在内的海内外相关学科领域的专家，对这些热点问题进行透视分析和精辟点评，体现了两岸和海内外学者跨学科的协同传新。截至目前，该系列丛书已出版共 9 辑，具体包括：(1)《汉语国际传播热点透视》(第 1～5 辑)，世界图书出版公司，2016 年 2 月；(2)《“一带一路”视角下的语言战略研究》(《汉语国际传播热点透视》，第 6 辑)，世界图书出版公司，2017 年 7 月；(3)《“一带一路”视角下的教育发展研究》(《汉语国际传播热点透视》，第 7 辑)，世界图书出版公司，2017 年 7 月；(4)《“一带一路”视角下的文化交流与传播》(《汉语国际传播热点透视》，第 8 辑)，世界图书出版公司，2017 年 7 月；(5)《“一带一路”视角下的人才培养研究》(《汉语国际传播热点透视》，第

9辑)，世界图书出版公司，2017年7月。

18.《国际教育背景下的语言跨学科研究》(上、下册)

2017年11月1日，郑通涛教授的《国际教育背景下的语言跨学科研究》(上、下册)由世界图书出版公司正式出版。语言学跨学科研究对于现代科学发展有着重要的意义，在当前倡导提高我国文化软实力的大背景下，大力发展汉语国际教育是文化传承、文化传播的必然要求。本书共分上下两册，汇聚作者多年潜心研究的论文资料，从理论与实践出发，从各个学科角度系统梳理汉语国际教育的发展现状，从提高对外汉语教师素质、开发国别化教学材料、加强跨境教育监管、构建对外汉语网络教学体系、加强跨境高等教育人才培养等角度论述如何增强汉语国际教育的发展与创新能力。

19.《网络舆论、公司治理与公司财务政策》

2017年4月，杨晶的《网络舆论、公司治理与公司财务政策》由厦门大学出版社出版。网络舆论通过声誉、资本市场、股东大会和监管部门等各种机制对公司的财务政策产生影响。本书从薪酬契约，定向增发和股利政策三个财务领域对网络舆论的影响进行了研究，展示了作者对该交叉领域的最新研究成果。

20.《俄罗斯汉语教程》

2017年，由王治理主编的《俄罗斯汉语教程》由厦门大学出版社出版。

21.《宁化客家艺术与非物质文化遗产》

2018年，张桃的《宁化客家艺术与非物质文化遗产》由中国国际广播出版社出版。该书对作为非物质文化遗产的宁化客家艺术等有关问题的梳理，为客家艺术学研究提供一个新的视角，丰富和完善客家艺术文化建设。

22.《“一带一路”:国别化人才需求与人才培养研究》

2018 年,郑通涛教授主编的《“一带一路”:国别化人才需求与人才培养研究》由世界图书出版公司出版。此书将“一带一路”沿线国家按国别化从经济、教育等领域开展研究,为“一带一路”建设提供因地制宜的人才培养方案。

23.《宁化客家方言语法研究》

2020 年,张桃的《宁化客家方言语法研究》由广东人民出版社出版。该书是第一本研究宁化客家方言语法的著作,对宁化客家方言的语法进行了纵向和横向两个维度的研究。从纵向来看,该书努力追溯宁化客家方言语法中的古汉语源流,探究宁化方言中的古汉语遗存;从横向来看,作者分析宁化客家方言与普通话、赣方言和粤语的关系,配有语音调查资料,具有较高的文献和学术价值。

(三)主要研究课题

1.国家项目

1989 年 2 月 12 日,庄明萱主持的国家汉办项目“台湾对外汉语教材概述”获准结题。

1990 年,蓝小玲的《闽西客家方言》获国家社科基金项目立项,经费 0.6 万元。

2001 年 11 月 17 日,学院申报的“网络汉语教学”和“东南亚汉语教学现状及发展趋势”研究项目获国家汉办立项及专项经费。

2001 年 12 月,蓝小玲的《汉语教学语法研究(针对母语为俄语的学习者)》获国家社科基金项目立项,经费 3.5 万元。

2002 年国家汉办委托陈荣岚开展“东南亚汉语教师培训教材《汉语研修教程》”“海外汉语教师培训项目”,经费共 20.5 万元。

2003 年国家汉办委托詹心丽、陈荣岚开展“东南亚汉语教学调研项目”,经费 15 万元。

2004 年国家汉办委托陈荣岚开展“东南亚华文教育发展策略研究”，经费0.8 万元，委托卢伟开展“汉语网络教学项目”，经费 10 万元。

2005 年，国家汉办委托黄鸣奋、陈荣岚开展“国外汉语教师网络培训课程课件开发项目”，经费 30 万元；委托耿虎开展“来华留学史研究”，经费 1.5 万元。

2006 年，国家汉办委托卢伟开展“乘风汉语课件脚本编写——文化脚本”，经费 6.3 万元。

2005 年 6 月 18 日，陈荣岚的《东南亚华文教育发展策略研究》获国务院侨办 2005～2006 年度课题立项。

2007 年 5 月 8 日，陈荣岚的《华文传媒与华人文化认同及文化传播》课题，获国务院侨办年度重点课题立项。

2006 年，耿虎获全国教育科学规划课题“来华留学生教育研究”立项，经费 1 万元。

2011 年，常大群的《金元之际儒学的传承及思想特点》获国家社科基金后期项目资助，经费 12 万；高清辉的《国际汉语教学评价标准研究》获教育科学规划重点项目资助，经费 3 万；陈荣岚的《海峡两岸华文教育合作交流模式研究》获国侨办重点课题资助，经费 10 万；耿虎教授的《软实力视野下的海外华文教育》获国侨办重点课题资助，经费 10 万；孟繁杰的《文本视角下台湾对外华语文教育》获国侨办课题资助，经费 3 万。

2012 年，郑通涛的《汉语国际推广云教育公共服务平台》课题，获国家发改委立项，总经费 150 万。

2013 年，方环海教授的《17—19 世纪欧洲汉学视野中的汉语类型特征研究》获教育部人文社会科学研究规划基金一般项目立项资助。

2014 年，杨晶的《网络舆论、公司治理与公司财务政策》获国家自然科学基金青年科学基金项目立项资助。

2015 年，方环海的《19 世纪稀见英文期刊与汉语域外传播研究》获国家社科基金一般项目立项资助。

2015 年，吴琳和张姜知分别获教育部人文社会科学研究规划基金项目立项资助。

2016 年，钟睿逸获国家社科基金青年项目立项，立项名称为《汉语及其方言论元结构制图法研究》。孟繁杰获中国语言资源保护工程课题“福建汉语方言调查·华安”资助。

2018年,潘超青的《“笑”的文化生成:宋元民间诙谐文化的戏曲传播路径研究》获教育部人文社科后期项目资助。

2020年,高清辉的《基于多维项目反应理论的国际中文教育测试研究》获国家社科基金一般项目(语言学)立项;方环海的《稀见近代英文期刊与中华民族形象的域外研究》获得国家民委民族研究项目立项;朱宇的《初中统编语文教材中阅读素养文本资源的跨地域比较研究》获国家语言文字推广基地建设项目立项。

2.省部项目

2012年9月10日,2012年度福建省社科规划项目评审结果公布,根据福建省社科联《关于立项下达省社科规划2012年度项目的通知》,学院共有3项课题获得2012年福建省社会科学规划项目立项,其中一般项目2项,青年项目1项,具体获批项目分别是:张灵芝博士的《孔子学院发展战略研究》(一般项目)、方环海教授的《18—19世纪西方汉学与汉语词类研究》(一般项目)、洪镔博士的《福建家族企业金字塔股权结构研究》(青年项目)。

2012年9月14日,福建省教育科学“十二五”规划2012年度常规课题评审工作结束,洪镔博士的《来华外国学生的社会适应研究》(FJCGZZ12－022)获得福建省教育科学“十二五”规划2012年度重点项目立项。同时,洪镔博士的《来华外国学生的社会适应研究》《私人汽车快速增长对厦门城市交通影响研究》课题,还分别获得福建省教育厅和厦门市社科项目立项;杨子菁副教授的《福建连江籍海外华人语言文化传承状况调查研究》获横向课题立项。

2014年9月13日福建省社会科学规划办公室公布了2014年度福建省社科规划项目立项名单,其中学院获得2项青年项目,分别是马杜娟老师的《基于汉语国际推广的常用介词语块研究》(2014C014)、张姜知老师申报的《基于英汉结构对比的阅读技巧研究》(2014C015)。

2014年9月23日福建省教育厅公布了福建省中青年教师教育科研项目立项名单,洪镔老师申报的《中外合作办学项目教学体系的评估、构建与成效检验》获得中青年项目立项(JAS14020)。

2015 年 8 月 21 日，根据福建省 2015 哲学社会科学项目立项的公示，陈菘霖博士获得 2015 福建省哲学社会科学一般项目立项，立项题目是：《微观地理分布与闽语被动式的演变关系研究》。同年 10 月 12 日，陈菘霖博士申报的《索求类动词作格化——汉、闽语的历史句法分析》课题、吴琳博士申报的《汉语动补复合词的认知域研究》课题，获福建省教育厅立项。

2016 年学院在福建省社科规划项目立项上取得历史性突破。根据 2016 年度福建省社会科学规划项目立项下达的通知，学院共获得 6 项立项，分别是王治理老师的《民族思维方式与对外汉语教学》、潘超青老师的《清末民初的语言规划与早期话剧文体嬗变研究》、钟叡逸老师的《语法地图见两岸闽客方言处置式拓展》、郭婉芬老师的《上司信任与职责外贡献之间影响路径的中美日跨国比较》、曾小燕博士生的《大数据视角下的现代汉语外来词理论研究》、魏智慧博士生的《复杂理论视角下的动态汉语类型特征研究》。

2017 年 9 月 26 日，2017 年度福建省社科规划项目立项结果公布，学院 3 个项目批准立项，三个均为青年项目，分别是应用经济学洪镔老师的“制度环境、治理结构与家族企业代际传承”，管理学陈菁老师的“制度压力、地方资源禀赋特征与地方政府债务融资研究”，语言学曾小燕博士的“复杂动态系统理论下的东南亚汉语文化传播模式研究”。2017 年福建省社科规划项目有较大调整，一是项目类型调整为重大项目、一般项目、青年项目（含青年博士项目）；二是项目资助经费调整，重大项目由之前 5 万元调整至 10 万元，一般项目由之前 3 万元调至 5 万元，青年项目由 1.5 万元调至 3 万元；三是全省立项数缩减，全省立项数 261 项（含西部扶持项目 14 项），同比上一年（477 项）缩减 45.28％。

2018 年度，潘超清教授的《“笑”的文化生成：宋元民间诙谐文化的戏曲传播路径研究》获得教育部人文社科后期项目。

附录 厦门大学海外教育学院/国际学院大事记

1956 年

经中侨委(今国务院侨办)和高教部(今教育部)批准,决定在厦门大学创办华侨函授部,先行开设数学、物理、化学 3 个函授专修科,面向海外华侨及其子弟招生,在招生、教学和管理上实行高教部、中侨委和厦门大学“双重领导”。

方德植任函授部首任主任。

华侨函授部数学、物理、化学 3 个专修科共招生 306 人。

1957 年

《函授通讯》创刊。

经中侨委和高教部批准,增设中国语文专修科。

华侨函授部中文、数学、物理、化学 4 个专修科共招生 649 人。

1958 年

中侨委批复同意函授部在印尼、缅甸设立教学辅导站,在当地聘任辅导教师。

华侨函授部中文、数学、物理、化学 4 个专修科共招生 743 人。

1959 年

召开首届华侨函授教育工作会议。

成立中医函授教研室。

中侨委批复同意华侨函授部增设中医专修科。

因应东南亚各国对华文教师须有师范教育背景的要求,中文专修科增设师范专修科。后数学、物理、化学三个专修科也增设师范专修科。

1960 年

增设中国语文进修班和化工技术班,共招收 500 人。

中侨委批准中医针灸函授生回国实习计划。

华侨函授部中文、数学、物理、化学、中医内科5个专修科及针灸、中国语文、化工技术3个进修班共招生1192人。

1961年

中侨委发文，要求根据海外侨校教师实际需求，修改教学计划，确保更多人能坚持函授学习。

中侨委批准中医内科和针灸函授生回国实习计划。

华侨函授部中文、数学、物理、化学、中医内科5个专修科及针灸、中国语文、化工技术3个进修班共招生1339人。

1962年

中侨委发文，对华侨函授部创办5年来的工作总结报告给予充分肯定，并对今后的工作提出要求。

校党委书记陆维特主持召开华侨函授工作会议。

华侨函授部中文、数学、物理、化学、中医内科5个专修科及针灸、中国语文、化工技术3个进修班共招生1369人。

1963年

为适应东南亚及其他地区大部分华侨已经加入当地国籍的新情况，经中侨委和高教部批准，华侨函授部更名为厦门大学海外函授部，函授教育对象扩大到海外华人。

根据中侨委指示，函授部为修完函授课程的缅甸华校19名骨干教师颁发厦门大学函授毕业证书。

为保证教学质量，中侨委批复同意函授部将中国语文进修班的修业年限由一年改为两年，要求两年后达到相当于高中毕业语文水平。

海外函授部中文、数学、物理、化学、中医内科5个专修科及针灸、中国语文、化工技术3个进修班共招生1218人。

1964年

海外函授部中文、数学、物理、化学、中医内科5个专修科及针灸、中国语文、化工技术3个进修班共招生1273人。

1965年

卫生部审核通过函授部编写的针灸、医经、伤寒、中药、方剂等5门课程的函授教材。

海外函授部中文、数学、物理、化学、中医内科5个专修科及针灸、中国语文、化工技术3个进修班共招生1278人。

1966年

为适应海外华侨华人提高农业知识和技能的需求，增设生物学专修班。

1966年6月—1977年

因受“文化大革命”影响，与海外联系受阻，海外函授教育被迫中断12年。

1978年

“文化大革命”结束后，海外华侨华人纷纷要求复办海外教育。为此，学校决定复办海外函授部，首先恢复中文和中医函授教育。

教育部发文同意我校复办海外函授部。学校将分散在校内各单位的原函授部的干部和教师调回海外函授部，并配备领导班子，开始筹备对外招生。学校任命蒋林为复办后的海外函授部主任。

1979年

根据上级主管部门提出的“促进与世界各国文化交流，发展友好关系，用函授与面授等多种形式向外国朋友提供学习中国文化的机会，为海外华侨华人和港澳台同胞学习祖国文化提供条件”的宗旨，决定先恢复中文和中医两大科目。中文科分设中国语文专科和中国语文高中班；中医科分设中医内科专科和中医针灸进修班。同时，着手进行函授教材的编写、教师和干部的配备，教学和行政机构设置等方面的工作。8月15日，召开中文专修科教材编写工作会议。决定先组织编写“现代汉语”“中国现代文学作品选读”“文艺理论”“中国古代文学作品选”“中国文学史”5门课程的函授教材。

1980年

教育部、国侨办批复同意对外发布厦门大学海外函授部复办消息和招生简章，并同意复办中国语文进修班和针灸班。而后，海外函授部对外恢复招生，先行开设中国语文专科、中医学专科、中国语文进修班。10月8日，教育部批复，同意海外函授部更名为海外函授学院。

海外函授部中国语文、中医内科两专科及中国语文进修班共招生514人。

1981年

卫生部中医局审核通过函授部自编的《针灸学》《中药方剂学》。国侨办审核通过函授部自编《海外初中语文教材》的设计方案。

增设中医针灸班;开办首期对外汉语教学班,学校正式宣布海外函授部改名为厦门大学海外函授学院。潘懋元任海外函授学院首任院长。

海外函授学院中国语文和中医内科两个专科,针灸进修班、中国语文高中班及短期汉语培训班共招生 320 人。

1982 年

开设中国语文和中医内科两个专科及各类进修班。

在厦大医院设置中医门诊部,作为中医函授生的临床实习基地,分别与厦门中医院、厦门第二医院达成接收中医函授实习生的协议,并开始接受中医内科、中医针灸两专科的海外函授生来校实习。

海外函授学院中国语文、中医内科两专科,针灸进修班、中国语文高中班、中国文史和中医选读课程及短期汉语培训班共招生 357 人。

1983 年

海外函授学院为当时全国唯一经教育部批准的面向海外开展函授教学的专门机构。学校成立厦门大学国际教育中心(该中心于 1987 年合并到海外函授学院),开始招收外国留学生来校学习。

海外函授学院中国语文、中医内科两专科,针灸进修班、中国语文高中班、中国文史、中医选修课及短期汉语培训班共招生 365 人。另招收入院系学习的外国留学生 22 人。

1984 年

学院编写的《中国语文教学手册》纳入国侨办年度出版计划。

制定《海外函授学院 1985—1990 年发展规划》。

开办针灸面授进修班,扩大针灸实习场所。

海外函授学院中国语文、中医内科两专科,针灸进修班、中国语文高中班、中国文史和中医选读课程及短期汉语培训班共招生 458 人。另招收入院系学习的外国留学生 18 人。

1985 年

先后举办 4 期对外汉语学习班。

先后在菲律宾、泰国、印尼、马来西亚、新加坡、日本、美国、法国、澳大利亚等国以及港澳地区设立海外招生代办点。

海外函授学院中国语文、中医内科两专科,针灸进修班、骨伤科进修班、中国语文高中班、中国文史和中医选读课程及短期汉语培训班共招生509人。另招收入院系学习的外国留学生62人。

1986年

举办针灸英语面授班，扩大针灸实习场所。

与厦门大学医院、厦门市中医院、第一医院、第二医院、思明区医院、开元区医院、漳州市中医院等单位合作，建立稳定的中医临床实习基地。建立教学评估制度，制订《课程评估系列指标》《作业批改细则》《临床实习带教细则》等。

举行建院30周年活动暨科学研讨会。

海外函授学院中国语文、中医内科两专科，针灸进修班、骨伤科进修班、中国语文高中班、中国文史和中医选读课程及短期汉语培训班共招生477人。另招收入院系学习的外国留学生54人。

1987年

学校宣布将海外函授学院与国际教育中心合署，成立统一的领导班子，下设中文部、中医部、留学生部和办公室。庄明萱任海外函授学院院长，周世雄任副院长。

举办全国短期对外汉语教学研讨会。

庄明萱院长当选中国对外汉语教学学会常务理事。

中文函授增设了文学创作研习班、华文教师高等师范进修班、中国文化专修班、短期文化旅游班等，新开设多门选读课程。

中医部针灸教研室完成专著《经络辩证学》，中医专业在原有中医内科、针灸、骨伤、妇科进修班基础上，又新开设多种专题进修班和选读课程。

函授学院共招收中文、中医函授生及短期汉语班学生501人；另招收入院系学习的外国留学生148人。

1988年

完成《汉语自学课本》系列教材的总体设计。

举办院庆32周年科学讨论会。国家汉办拨款在学院设立对外汉语教学发展基金。

函授学院共招收中文、中医函授生及短期汉语班学生519人；另招收入院系学习的外国留学生148人。

1989 年

召开教学工作经验交流会和学院发展规划研讨会。

学院制定中文教学标准化条例。

举办院庆 33 周年科学研讨会。

函授学院共招收中文、中医函授生及短期汉语班学生 798 人;另招收入院系学习的外国留学生 79 人。

1990 年

与日本冲绳国际大学签署对外汉语教学学术交流协议书。

学院印发教学规范条例汇编。

国家汉办拨款设立海外汉语言文化教学研究基金。

函授学院招收中文、中医函授生及来华留学生等共 765 人。

1991 年

教育部成人教育司批复同意增设针灸专科班。

教育部下发批文,同意将厦门大学海外函授学院更名为厦门大学海外教育学院,同时批准在学院设立厦门大学海外暨港澳台汉语言文化教学研究所(简称为"海外汉语言文化教学研究所",后又称"海外华文教育研究所")。学校任命庄明萱为海外教育学院院长兼研究所所长。

筹办内部学术刊物《海外华文教育》(半年刊)和《海外华文教育动态》资料汇编。学院主办的《海外华文教育》(第 1 期)出版。

举办院庆 35 周年庆典暨学术研讨会。

海外教育学院招收中文、中医函授生及来华留学生等共 597 人。

1992 年

庄明萱院长当选中国对外汉语教学学会第四届理事会常务理事。

国家中医药管理局批准中医海外函授教育列入全国中医函授成人高等学历教育。

海外教育学院招收中文、中医函授生及来华留学生等共 640 人。

1993 年

经国家中医药管理局批准,学院被列为全国中医药培训中心海外教育分中心。

经教育部批准,中文专修科和中医专修科提升为本科,中文函授获海外成人高等教育学士学位授权,针灸进修班升格为针灸专科班。

学院自编的对外汉语教材《交际汉语教程》由厦门大学出版社出版。

福建省新闻出版局批复,同意学院创办《海外华文教育》(内部刊物)。

中医部在全国首届高等中医药院校函授、夜大学教育办学水平评估中获二等奖。

制定学院《1993—2000 年发展规划》。

海外教育学院招收中文、中医函授生及来华留学生等共 694 人。

1994 年

南京电视台拍摄的反映我校留学生生活的专题片《厦门巧遇玛丽亚》在中国电视台和美国及加勒比海地区播出。

与学校党委宣传部联合制作反映学院对外办学成就专题片《海外学生的摇篮》。

海外教育学院招收中文、中医函授生及来华留学生等 765 人。

1995 年

学院主办的《海外华文教育动态》创刊出版。

中医部《经络辩证微机辅助诊疗系统》通过专家鉴定。

中文函授生、印尼著名华人实业家林联兴先生捐赠 200 万元人民币为学院兴建教学楼(联兴楼)。

学校任命周世雄为海外教育学院院长。

海外教育学院招收中文、中医函授生及来华留学生等共 696 人。

1996 年

举办院庆 40 周年庆典暨科学讨论会。

学院集体申报的对外教学成果获校级一等奖,福建省二等奖。

海外教育学院招收中文、中医函授生及来华留学生等共 689 人。

1997 年

开设对外汉语本科学位课程,招收外国留学生。

海外教育学院招收中文、中医函授生及来华留学生等共 579 人。

1998 年

与福建中医学院签订联合授予学院中医本科毕业生医学学士学位协议书。

与马来西亚新纪元学院达成学分转移合作培养本科生协议。

海外教育学院招收中文、中医函授生及来华留学生等共481人。

1999年

开始筹建学院远程教学计算机房。

与厦门中医院签订海外中医函授生临床实习协议书。

学校任命詹心丽为海外教育学院院长。

中医部主任王彦辉专著《中医湿病学》由人民卫生出版社出版，学院主办《海外华文教育》刊物获准公开发行(刊号CN-35Q0069)。

举行院庆43周年活动暨学术研讨会。

海外教育学院招收中文、中医函授生及来华留学生等共557人。

2000年

《海外华文教育》由半年刊改为季刊，开始在国内外公开发行。

学校决定将港澳台生先修部(预科班、补习班)归属海外教育学院管理。

与印尼中医协会签订委托代办招生协议书。

通过国务院学位办授权福建省学位委员会组织的中医学专业学士学位授予权评审，中医专业获海外成人高等教育学士学位授权。中医部更名为中医系。

举办中国对外汉语教学学会华南分会第二届学术研讨会。

华文远程教学网站——“网上华文学苑”和中医远程教学网站——“网上中医教室”开通，为海外学生通过互联网接受华文和中医教育拓展了新的途径。

承办国家汉办东南亚华文教师培训教材编写研讨会，承担东南亚华文教师培训教材——《汉语研修教程》的编写任务。

国家汉办副主任李桂苓莅临学院考察调研对外汉语教学工作。

海外教育学院招收中文、中医函授生及来华留学生等共563人。

2001年

举办建院45周年庆典暨“海外华文教育未来发展”学术研讨会，海内外专家学者及校友百余人参加。

学校敦聘香港特别行政区基本法委员会副主任黄保欣先生为海外教育学院名誉院长。

主办“新世纪海外华文教育发展战略与对策”国际学术研讨会。

与北京大学、武汉大学、湖北大学及美国哈佛大学、密歇根大学、纽约大学等海内外高校共同发起在湖北召开国际汉语教学研讨会。

学院获准为国务院侨办华文教育基地。

国家汉办确定学院为支持周边国家汉语教学重点院校。

学院申报的“网络汉语教学”和“东南亚汉语教学现状及发展趋势”研究项目获国家汉办立项及专项经费。

海外教育学院招收中文、中医远程教育，来华留学及港澳台生等共724人。

2002年

建立中医诊断实验室、多媒体教室、语言学习实验室等配套教学设施。

与漳州中医院共建中医临床教学实习基地，首批海外成人本科面授班20名学员来校实习一个学期。

中医系获准面向国内招收全日制本科生(5年制)，首批23名学生入学。

设立语言学与应用语言学专业对外汉语教学方向，与中文系联合面向国内外招收培养硕士研究生。

与马来西亚槟城中医研究院签署合作开办中医本科课程协议。

学院与印尼东方语言文化中心就汉语教学、华文师资培训及合作办学等问题达成协议，詹心丽院长和东方语言文化中心主任徐敬能出席签字仪式。

学校召开港澳台侨生社会管理专题会议，决定全校港澳台侨生归属海外教育学院统一管理。

海外教育学院招收中文、中医远程教育，来华留学及港澳台生等共1112人。

2003年

厦门大学语言技术中心在克立楼三楼会议厅举行了隆重的成立仪式。

学院网站荣获厦门大学2002—2003学年度十佳网站。

中医系获准对台单独招生，9月举办对台单招考试，首批录取台湾学生12名。

经学校批准，留学生部更名为海外学生部，统筹管理全校各类海外学生。

与印尼哈山努丁大学合作举办的中文班在该校开学。

开始自主招收对外汉语教学方向海外硕士生，首批6名泰国华文教师入学。

学院中医系设计的“中国针灸学”网络课件荣获第七届全国多媒体教育软件大赛一等奖。

学院主编的“海外华文教育系列教材”“海外华文教育研究丛书”首批5本著作由厦门大学出版社出版。

中医系《中药学》《中医诊断学》获“厦门大学校级精品课程项目”。

海外教育学院招收中文、中医远程教育，来华留学、港澳台生及研究生等共750人。

2004 年

国家汉办副主任姜明宝莅临学院考察指导工作。

与韩国韩南大学国际学院签署合作交流协议。

国家汉语水平考试委员会批准在学院设立 HSK 考点。

经学校研究，决定将学院中医系并入医学院。

国家汉办同意我校与泰国皇太后大学共建孔子学院。

学校任命黄鸣奋为海外教育学院院长。

国侨办副主任刘泽彭莅临学院考察调研华文教育工作。

海外教育学院招收中文、中医远程教育，来华留学、港澳台生及研究生等共1256 人。

2005 年

厦门大学决定成立厦门大学留学预科学院，任命郑通涛为院长。

学校批准海外教育学院设立远程教育部。

制定《海外中文远程教育培养计划》《海外留学生教学管理办法》《汉语言专业对外汉语方向硕士研究生培养方案》。

校研究生院批准学院与人文学院新闻传播系合作面向海外招收传播学专业中华文化传播方向硕士研究生。

海外教育学院黄鸣奋院长等一行赴印尼访问交流，与当地华文教育机构商讨合作开展远程教育的有关事宜。

制定海外教育学院“十一五发展规划”。

完成国家汉办国外汉语师资培训首批网络课件《汉语语音与语音教学》《汉字与汉字教学》《汉语词汇与词汇教学》《汉语语法与语法教学》《中国历史概况》等的拍摄制作。

海外教育学院招收中文远程教育、来华留学、港澳台生及研究生等共 1279 人。自 2005 年起，中医远程教育划归医学院管理，学院不再招收中医函授远程教育的学生。

2006 年

留学预科学院通过 SQA(苏格兰学历管理委员会)认证。

制定海外教育学院"汉语国际推广十一五规划"并上报国家汉办。

推出远程汉语教学网站(http://www.xmuocec.com)。

举办海外教育学院 50 周年院庆暨"新时期海外华文教育"学术研讨会。

海外教育学院招收中文远程教育、来华留学、港澳台生及研究生等共 1155 人。通过面授和远程教育,培训海外华文教师 1000 多人。

留学预科学院招收 257 名学生,其中预本硕连读项目 185 名、中法项目 17 名、本科预科项目 27 名、管理硕士 9 名、硕士预科 2 名、中英 17 名。

海外教育学院在厦门大学出版社出版《海外教育五十年》一书。共收录论文 78 篇,分为六个部分,即中华文化、中医、华文教育、网络教学与教材编写、对外汉语教学、教学管理。

2007 年

厦门大学留学预科学院更名为厦门大学国际学院,郑通涛任院长。

国际学院参加"第十二届中国国际教育巡回展"。

国际学院召开中国留学服务中心国际教育项目咨询专家组会议。

启动国际学院双语师资培训项目。

学校与日本静冈产业大学签订合作协议。

国际学院中日合作项目招生工作正式启动。

国际学院 IBTQ 双语师资培训项目开始招生。

国际学院成立首届学生会。

国际学院举办"2007 国际教育项目高校交流会"。

国务院侨务办公室批复,确定海外教育学院为"中国华文教育网"教学栏目课件制作基地。

海外教育学院完成国侨办"中国华文教育网"首批网络视频课件的样课拍摄。国侨办文宣司司长刘辉、副司长雷振刚及华文教育与对外汉语教学的有关专家到学院对已拍摄的视频课件进行评估。

海外教育学院招收中文远程教育、来华留学、港澳台生及研究生等共 1178 人。赴海外培训本土华文教师 500 人。

国际学院共招收 237 名学生,其中预本硕连读项目 186 名、本科预科项目

26名、硕士预科8名、中日17名。

2008年

厦门大学[2008]1号文件,海外教育学院与国际学院进行合并,实行“两个牌子、一套人马”的管理体制。郑通涛任院长,曾坤瑜任党总支书记。

与英国南安普顿大学签署合作办学协议。

召开中国留学服务中心国际教育合作项目咨询专家组组长、顾问第二次会议。

开设英国南安普顿大学艺术设计项目。

与日本平安女学院大学签署合作协议。

举办“2008国际教育项目高校交流会”。

陈荣岚主编的印尼国民高中《华语》教材(第2册)及配套的学生练习册、教师指导用书及CD录音光盘,由中国教育科学出版社和印尼联通书局在印尼正式出版发行。

国侨办文宣司发文,委托学院承担中国华文教育网首批网络课程全部课件的录制工作。首批网络课程课件包括《中文》示范课和师资培训两个栏目15门课程268讲。学院同时还自主承担其中4门课程课件80讲视频课件的设计制作。

学院在学校基金楼举行首次商务汉语(BCT)考试。

学校审核通过由学院起草的《孔子学院总部南方基地筹备方案》,并报送国家汉办。

承担国家汉办/孔子学院总部2008年赴欧、美等洲汉语教师志愿者培训任务,来自全国30多所大学108名即将赴法国、德国、美国、加拿大等18个国家和地区的志愿者在学院接受为期一个月的集中培训。

承办国家汉办“孔子学院建设研讨会”。国家汉办及孔子学院代表共70多人参加会议。会上讨论了《汉语国际推广战略研究报告》、《孔子学院中方院长指南》、合建孔子学院中存在的困难和解决的思路、教师任职条件以及中方院长选拔方案等有关孔子学院建设的重大议题。

学校批准学院开设汉语言专业(对外汉语方向)本科双学位课程(主辅修制)。

国家汉办正式批复成立厦门大学汉语国际推广南方基地,成立厦门大学汉语国际推广南方基地理事会，朱崇实校长任理事长，邬大光副校长任副理事长，基地日常事务运作挂靠海外教育学院，郑通涛院长任南方基地主任。

海外教育学院招收中文远程教育、来华留学、港澳台生及研究生等共1109人。培训汉语教师志愿者108名，赴海外培训本土华文教师235人。

国际学院共招收239名学生，其中预本硕连读项目169名、中法6名、本科预科项目22名、硕士预科3名、中日15名、教育硕士12名、艺术设计12名。

2009年

召开海外教育学院/国际学院第一届教职工大会。

举办“2009国际教育项目高校交流会”。

学院获准独立招收培养国内对外汉语硕士生和面向海内外招收国际汉语教育专业硕士。

国家汉办委派学院陈荣岚、黄香山、朱芳华、何宏耀4位老师前往印尼雅加达、棉兰等地巡回培训华文教师，共有308名印尼本土教师参加了此次培训。

承办国家汉办/孔子学院总部2009年汉语教师志愿者培训班。

海外教育学院招收中文远程教育、来华留学、港澳台生及研究生等共1150人，培训汉语教师志愿者337人，赴海外培训本土华文教师343人。

国际学院共招收239名学生，其中预本硕连读项目124名、本科预科项目12名、中日16名、教育硕士10名、艺术设计16名、伦敦本科6名。

2010年

与英国伦敦大学玛丽皇后学院签署合作办学协议。

汇丰银行厦门支行成为学院实习基地。

艺术设计专业教师陈文钦作品矗立德国海德堡。

与爱尔兰都柏林商学院合作开办本科教育项目。

与美国布里诺大学商学院正式签订合作协议。

承办国家汉办孔子学院外方院长高级研修班，来自美国、英国、德国、俄罗斯、法国、日本、韩国、阿根廷等25个国家和中国香港地区孔子学院(孔子课堂)的70位外方院长，聚集在一起，共同学习中国文化，交流孔子学院办学经验。国家汉办副主任、孔子学院总部副总干事王永利到场就孔子学院中长期发展规划与外方院长座谈交流。

举行“移动孔子学院学习平台”(MID)产品发布会，向媒体和社会公众发布介绍学院和南方基地开发的全球第一台“移动互联网孔子学院学习平台”。

学院开发的国别化系列教材之一——《老挝汉语教程》(1～2 册)由厦门大学出版社正式出版。该教材由学院朱芳华主编，老挝国立大学为教材编写的合作方。

为迎接国家汉办/孔子学院总部对汉语国际推广基地的考察，学院起草了《基地工作汇报》和《基地建设规划(2010—2012 年)》两份文件，由学校审核后上报国家汉办/孔子学院总部。

学校批准在学院设立“厦门大学孔子学院网络教育技术研发推广中心”。

由学院主办、上海世纪出版集团学林出版社出版的专业学术期刊《国际汉语学报》创刊发行。

开通全球第一家专注于提供汉语国际推广新闻资讯的网站——环球汉语新闻网。

经国家汉语口语水平测试考试委员会批准，针对母语非汉语学习者的“国家汉语口语水平测试”考点在学院正式设立，方便外国留学生和来华培训师资参加国家级的汉语水平测试。

海外教育学院招收中文远程教育、来华留学、港澳台生及研究生等共 1364 人。培训汉语教师志愿者 162 人，培训国外本土汉语教师及教育官员 529 人，赴海外培训本土华文教师 1320 人。

国际学院招收 205 名学生，其中预本硕连读项目 144 名、本科预科项目 7 名、中日 12 名、教育硕士 10 名、艺术设计 14 名、伦敦本科 18 名。

2011 年

举办中美留学论坛。

2007 级毕业生杨铮做客英国上议院出席皇家重大颁奖活动。

学校党委任命陈志伟同志为学院新一任海外教育学院/国际学院党总支书记。

举办“2011 国际教育项目高校交流会”。

艺术设计项目学生作品入选第五届《中国大学生美术作品年鉴》。

承办国家汉办赴泰国、菲律宾、尼泊尔等国汉语教师志愿者储备人员培训班。

多次承办国家汉办志愿者教师以及教师教材培训班，同时，与台湾铭传大学合作举办“华语教学师资培训班”。

学院主办的《海外华文教育》杂志（季刊）获得国际连续出版物标准刊号（ISSN 2221－9056）。

学院与桂林电子科技大学合作在广西桂林主办了“第二届汉语国别化教材国际研讨会”。

学校批准在学院设立厦门大学孔子学院发展研究中心。

学院开发的国别化汉语教材之一——《缅甸汉语教程》（1～3 册）教材及配套的《教师指导用书》，交付北京语言大学出版社正式出版。

学院开发的“移动孔子学院学习平台”——“云＋通道＋端”移动互联网汉语学习方案和漫书汉语学习系列丛书电子教材在第七届海峡两岸图书交易会上亮相，引起参展的两岸出版社的关注。

厦门大学 2011 年孔子学院中方院长座谈会在学院召开。

海外教育学院招收中文远程教育、来华留学、港澳台生及研究生等共 1372 人。培训汉语教师志愿者 315 人，培训国外本土汉语教师 218 人。

国际学院招收 321 名学生，其中都柏林项目 116 名、预本硕连读项目 132 名、本科预科 10 名、中日 10 名、教育硕士 12 名、艺术设计 26 名、伦敦本科 15 名。

2012 年

由教育部中国留学服务中心和我校共建的“出国留学培训基地”在我校揭牌成立。

国际学院校友会正式成立。

都柏林项目学生搬迁翔安校区。

举办“2012 国际教育项目高校交流会”。

承办国家汉办培训，包括亚洲各国汉语教师教材培训班、柬埔寨校长培训班、印尼汉语教师培训班、印尼校长培训班、泰国官员教材培训班、泰国汉语教师培训、泰国教育官员汉语高级研修班、泰国本土汉语教师教材培训班、柬埔寨汉语教师培训班、印尼教育官员暨校长教材培训班、菲律宾教育官员培训班、西班牙汉语教师与教育官员培训班、马来西亚汉语教师培训班、蒙古国汉语教师及教育官员培训班、马来西亚校长培训班、韩国校长汉语高级研修班、美国教育官员汉语高级研修班、美国本土汉语教师培训班、加拿大本土汉语教师教材培训班等培训活动。

海外教育学院招收中文远程教育、来华留学、港澳台生及研究生等共1638人。承办国家汉办/孔子学院总部本年度各项培训任务，累计培训2258名国际汉语教师及管理人员（包括孔子学院公派教师、志愿者教师和外国本土汉语教师、教育官员和大中小学校长等）。

国际学院招收283名学生，其中都柏林项目113名、预本硕连读94名、本科预科21名、中日12名、教育硕士8名、艺术设计9名、伦敦本科26名。

2013年

厦大党委决定成立中共海外教育学院/国际学院委员会，撤销中共海外教育学院/国际学院总支部委员会，陈志伟改任学院党委书记、伍伟平改任学院党委副书记。

学院荣获2013年厦门大学共青团年度表彰。

学院师生获“CSCSE－SQAHND项目十周年”多项大奖。

学院与台北教育大学人文艺术学院签订学术交流合作协议。

国际学院学生从漳州校区至翔安校区搬迁工作圆满完成。

学院酒店管理专业教师公开课被CSCSESQA收录为精品课程。

举办“2013年SQAHND项目高校交流会”。

成功举办SQAHND项目示范课活动。

承办国家汉办/孔子学院总部培训活动，包括韩国本土汉语教师培训班，印尼教育官员汉语高级研修班，老挝本土汉语教师教材培训班，老挝教育官员汉语高级研修班，越南教育官员汉语高级研修班，菲律宾志愿者教师培训班，赴亚非各国孔子学院志愿者教师培训班，马来西亚与中亚国家教育官员汉语高级研修班，马来西亚、塔吉克斯坦本土汉语教师教材培训班，马来西亚汉语教师教材培训班等培训活动。

学校批准在学院设立厦门大学新侨研究院。

学院申报的自主设置目录外二级学科“汉语国际推广”博士点顺利获批，并于2015年开始招生。该二级学科博士点与硕士点隶属新闻传播学一级学科。

厦门大学新侨研究院成立暨国侨办与厦门大学共建华文网络远程学历教育项目启动仪式在厦大嘉庚主楼举行。

与东亚汉学研究学会、西北大学、台湾淡江大学联合主办的“东亚汉学研究学会第四届国际学术会议暨首届新汉学国际学术研讨会”在我校举行；与中国海洋大学合作主办的“2013年第三届汉语国别化教材国际研讨会”在青岛举行。

海外教育学院招收中文远程教育、来华留学、港澳台生及研究生等共1184人。承办国家汉办/孔子学院总部本年度各项培训任务，累计培训906名国际汉语教师及管理人员（包括志愿者教师、外国本土汉语教师、教育官员及大中小学校长等）。

国际学院招收416名学生，其中都柏林项目169名、预本硕连读141名、本科预科38名、中日11名、教育硕士2名、硕士预科2名、艺术设计25名、伦敦本科28名。

2014年

海外教育学院/国际学院举行党委换届大会。新一届的党委书记陈志伟、副书记伍伟平。

学校与英国南安普顿大学就国际学院合作项目签署意向书。

举行2014年CSCSE－SQAHND项目高校交流会。

学校决定王艺同志任中共厦门大学海外教育学院/国际学院委员会委员、副书记（主持工作）。

主办演化语言学国际研讨会。

厦门大学与爱尔兰都柏林商学院合作举办的会计学专业和金融学专业两个本科教育项目通过了教育部中外合作办学的合格评估。

学院主办的《海外华文教育》刊物加入中国期刊网（CNKI）。

学院申报的自主设置目录外二级学科“国际汉语教育”博士点与硕士点顺利获批。

《海外华文教育》刊物被收录进科学引文数据库。

由学院和中国人类学学会联合主办的“第六届演化语言学国际研讨会”在翔安校区召开。

海外教育学院招收中文远程教育、来华留学、港澳台生及研究生等共1175人。国际学院招收485名学生，其中都柏林项目175名、预本硕连读178名、本科预科60名、中日5名、教育硕士2名、艺术设计33名、伦敦本科30名、语言中心2名。

2015 年

学院与金门大学在厦大翔安校区联合举办闽台城乡景观与文化研讨会，金门大学与学院 200 多名师生参加了此次研讨会。

海外教育学院招收中文远程教育、来华留学、港澳台生及研究生等共 802 人。国际学院招收学生共 516 名，其中都柏林项目 176 人，自主项目 340 人。

2016 年

完成了新一届学生党支部委员的换届选举，新配党支部书记 3 名，按期换届率达到 100%。学院现有党支部 9 个，其中教工支部 4 个，学生支部 5 个。

海外教育学院招收外国留学生 614 名(本科生 64 名、长期进修生 407 名，短期进修生 143)，港澳台侨生 137 名，国内外硕、博士研究生 72 名，在学远程教育学生 500 名。国际学院共招收学生 552 名，其中自主项目招生 372 人，与爱尔兰都柏林合作举办会计学和金融学专业(荣誉)学士学位项目本科生 180 人。

2017 年

新制定了《海外教育学院/国际学院领导班子民主生活会工作条例》和《海外教育学院/国际学院"三重一大"决策制度实施方案》，并对《党政联席会议制度实施办法》和《中心组学习制度》进行了修订。

对 3 个教师支部和 4 个学生党支部委员进行换届，新配教工党支部书记 2 名，学生党支部书记 4 名，支部换届率 78%。

举办"一带一路"文教融合与人才培养论坛。

与山东鲁东大学联合举办第五届汉语国别化教材国际研讨会。

举办"国际汉语教育与文化"学术研讨会暨第五届汉语国际传播研究会年会。

海外教育学院招收外国留学生 550 名(本科生 74 名、长期进修生 368 名，短期进修生 108)，港澳台侨生 128 名，国内外硕、博士研究生 96 名，在学远程教育学生 516 人(含本硕 92 人)，其中本科 444 人，专科 72 人。国际学院共招收学生 601 名，其中自主项目招生 421 人，与爱尔兰都柏林合作举办会计学和金融学专业(荣誉)学士学位项目本科生 180 人。

11 月，学校任命陶涛为海外教育学院/国际学院院长。

2018 年

学院先后拟订了《海外教育学院/国际学院"三重一大"决策制度实施方案》

《海外教育学院/国际学院新闻宣传工作管理办法》《〈海外华文教育〉期刊管理章程》《海外教育学院/国际学院人才引进政审制度》《厦门大学海外教育学院/国际学院思想政治与意识形态考核实施条例》等制度共七项。

与中国(教育部)留学服务中心、北京嘉华世达国际教育交流有限公司等签署合作协议,共同推进中外教育合作。

首次承办由中国侨联、福建省侨联主办的“中国侨联海外侨领研修班”。

牵头负责并完成厦门大学与英国创意艺术大学合作办学机构厦门大学创意与创新学院的申报。

海外教育学院招收外国留学生 704 名(本科生 59 名、长期进修生 291 名,短期进修生 354),港澳台侨生 89 名,国内外硕、博士研究生 78 名,在学远程教育学生共 449 人,其中学历生 446 人,非学历进修生 3 人,毕业 39 人,获学位 26 人。国际学院共招收学生 715 名,其中自主项目招生 531 人,与爱尔兰都柏林合作举办会计学和金融学专业(荣誉)学士学位项目本科生 184 人。

2019 年

出台《海外教育学院/国际学院二级党校工作条例》和《海外教育学院/国际学院 2019—2022 年二级党校教育培训规划》。

与美国普渡大学联合举办“首届国际汉语教学研究论坛”。

学院主办刊物《海外华文教育》进行主编、编辑部主任改选,重新明确了办刊方向,制订了《〈海外华文教育〉期刊管理章程》,规范“三审三校”制度以及期刊稿件管理流程,从规章制度上把好学术期刊出版导向关和质量关。

与福建省侨联、厦门市侨联共同协办由中国侨联主办,中国侨联信息部、厦门大学承办的“追梦中华·海外华文媒体高级研修班”。

学院成立校友工作小组,建立校友工作联络机制。

承办由中国侨联、福建省侨联主办,厦门市侨联协办的“中国侨联第六期海外联谊研修班暨福建侨联第一期嘉庚班”。

海外教育学院招收外国留学生 556 名(本科生 56 名、长期进修生 367 名,短期进修生 133 名),港澳台侨生 162 名,国内外硕、博士研究生 77 名,在学远程教育学生共 370 人。国际学院共招收学生 766 名,其中自主项目招生 585 人,与爱尔兰都柏林合作举办会计学和金融学专业(荣誉)学士学位项目本科生 181 人。

2020 年

启动国际学院搬迁漳州校区工作，2020 级新生顺利入驻漳州校区。

承办由中国侨联、福建省侨联主办，厦门市侨联协办的“中国侨联第九期海外联谊研修班暨福建侨联第二期嘉庚精神研修班”。

与福建省海外华文教育发展中心共同协办由中华海外联谊会主办，福建省海外联谊会、厦门大学承办的“2020 年海外华文教师网上研习班”。

11 月，学校决定将厦门大学汉语国际推广南方基地/孔子学院办公室与厦门大学海外教育学院/国际学院中的海外教育学院合并，成立“厦门大学国际中文教育学院/海外教育学院”，学院下设“厦门大学中外语言交流合作中心”，原海外教育学院系级机构予以保留。原厦门大学海外教育学院/国际学院中的国际学院独立成立厦门大学国际学院。学校党委研究决定，撤销中共厦门大学海外教育学院/国际学院委员会、中共厦门大学汉语国际推广南方基地总支部委员会，成立中共厦门大学国际中文教育学院/海外教育学院委员会、国际学院委员会，任命范丽任中共厦门大学国际中文教育学院/海外教育学院委员会委员、书记，毛通文任厦门大学国际中文教育学院/海外教育学院副院长(主持工作)。任命何元赞任中共厦门大学国际学院委员会委员、书记，陶涛任厦门大学国际学院院长。

海外教育学院共有来自 50 多个国家和地区的留学生共 196 人，其中本科生 140 人，汉语进修生 56 人。在学远程学生共 304 人。研究生 246 人(国内学生 184 人，国际学生 62 人)；国际学生港澳台侨联考补习班 102 人。举办涉外短期班 3 次，共计 690 人。

国际学院积极克服疫情及校区搬迁影响，创新招生及录取方式，“线上＋线下”相结合，开展“云端校园开放日”“漳州校区探校直播”等。全年共参加全国各省高考咨询会 36 场，完成了 30 多场线上直播，累计观看数超 30 万人次。自主留学项目春季录取 35 人，秋季录取 473 人，合计招生人数 508 人。